김기태 박사의
저작권 클리닉

저작권 상담사례 200선

국립중앙도서관 출판시도서목록(CIP)

김기태 박사의 저작권 클리닉 : 저작권 상담사례 200선 / 김기태
지음. -- 서울 : 이채, 2009
p. ; cm

ISBN 978-89-88621-75-2 03010 : ₩15000

저작권[著作權]
011.2-KDC4
346.0482-DDC21   CIP2009001807

김기태 박사의 저작권 클리닉

초판 1쇄 인쇄 / 2009년 7월 13일
초판 1쇄 발행 / 2009년 7월 17일

지은이 / 김기태
펴낸이 / 한혜경
펴낸곳 / 도서출판 異彩(이채)
주소 / 135-100 서울특별시 강남구 청담동 68-19 리버뷰 오피스텔 1110호
출판등록 / 1997년 5월 12일 제 16-1465호
전화 / 02)511-1891, 512-1891
팩스 / 02)511-1244
e-mail / yiche7@dreamwiz.com
ⓒ 김기태 2009

ISBN 978-89-88621-75-2 03010

※값은 뒤표지에 있으며, 잘못된 책은 바꿔드립니다.

김기태 박사의
저작권 클리닉

저작권 상담사례 200선

이채.

서문

필자가 어쭙잖은 지식에도 불구하고 저작권에 관한 상담을 시작한 지도 어언 10년이 넘었습니다. 한국출판학회 사무국장으로 일하던 시절, 알음알음 사귀었던 주변의 출판계 종사자들과 더불어 저작권 관련문제들에 대한 의견을 교환하다 보니 차츰 용기가 생겼지요. 그러던 중 편집자들이 자발적으로 모여 만든 사이트 "북에디터"에서 온라인 저작권 강좌를 개설하고, 그것이 "저연모(저작권을 연구하는 모임)"라는 오프라인 모임으로까지 발전하면서 자연스레 상담 전문가로 인식되는 계기가 된 것이 아닌가 싶습니다. 어쨌든 수많은 상담사례를 통해 알게 모르게 저작권 침해를 둘러싼 크고 작은 분쟁들이 해결되는 모습을 지켜보는 일은 무척이나 큰 보람이 아닐 수 없었습니다. 그리고 2005년 5월부터는 대한출판문화협회 저작권상담실을 통해 보다 전문적이고 체계적인 상담활동을 할 수 있게 된 것 또한 제게는 크나큰 보람으로 다가왔습니다. 그로부터 2년 정도 시간이 지났을 때 저는 "저작권 상담사례 연구"라는 논문을 〈한국출판학연구〉에 발표했습니다.

지난 15개월 동안 대한출판문화협회 저작권상담실을 통해 이루어진 상담사례를 분석함으로써 최근 발생하고 있는 저작권 분쟁의 유형과 양상을 정리하고, 저작권자 및 저작물 이용자들 사이에 제기되고 있는 저작권 관련 의문점은 무엇인지 파악함으로써 저작권 상담업무의 지향점과 개선방안을 제시하는 데 그 목적을 두고 진행된 연구의 결과물이었지요. 연구 결과 아직도 우리 사회 전반에 걸쳐 저작권 관련 법과 제도에 대한 이해도가 매우 낮다는 점을 확인했으며, 저작권에 관한 전반적인 이해보다는 자기가 알고 싶은 사실만 알면 된다는 식으로 상담에 임하는 사람들이 많았고, 어떻게 하면 법망을 피해서 남의 저작물을 이용할 수 있는지 알고 싶어 하는 매우 이기적인 상담 요청자들이 많았다는 점 등을 알 수 있었습니다.

이 같은 문제점들을 개선하기 위해서 저는 먼저 문화산업계 전반에 걸쳐 저작권 보호에 관한 전방위적인 교육과 홍보가 이루어져야 하며, 관련교육 프로그램의 개발과 운영을 위한 업계별 '저작권교육위원회'의 설립이 필요함을 강조했습니다. 또, 업계별로 다양한 계약서 작성 매뉴얼을 만들어 배포하고, 개별 업체에서는 사안별로 보다 구체적인 계약서를 작성할 수 있도록 관련 실무자들을 훈련시킬 필요가 있으며, 나아가 각종 협회 등 단체 차원에서 계약서 작성실무를 지도하고 실습할 수 있는 교육 프로그램을 개발하는 방법도 강구해야 한다는 점도 강조했습니다.

결론적으로, 저작권 보호의 당위성에 대하여 초등학교는 물론 중·고등학교에서부터 가르쳐야 하며, 대학 및 대학원에서도 지속적으로 정당하고 공정한 저작물 이용방법에 대해 가르치는 프로그램이 빠른 시일 내에 도입되어야 한다는 점, 나아가 상담 및 교육 전문인력의 양성을 위하여 정부 차원의 지원과 연구가 이루어져야 하며, 산학협력의 틀 안에서 대학 및 대학원에 전공과정이 개설됨으로써 문화산업의 기본권인 저작권 및 이를 지탱해 줄 법과 제도에 대한 연구와 실무에의 적용이 원활하게 이루어질 수 있도록 보다 풍요로운 저작권 환경을 구축하기 위한 방안이 다각도로 검토되어야 한다는 점을 확인한 바 있습니다.

이 같은 염원이 마침내 열매를 맺기 시작한 모양입니다. 지난 2008년 4월 23일, 저작권위원회 주최로 저작권아카데미에서 열린 "저작권 교육의 정규 교과내용 반영을 위한 설명회"가 성황을 이룬 것을 보고, 참가자들을 대상으로 "교과서 제작 시 유의해야 할 저작권 문제"라는 주제의 강의를 맡은 것이 매우 자랑스러웠습니다.

이번에 펴내는 책(저작권상담사례집)은 비록 제가 맡았던 상담사례의 집대성을 위한 기초작업에 불과하지만, 요사이 우리 문화산업 실무자들이 맞닥뜨릴 수 있는 저작권 관련 이슈들을 망라했다고 해도 좋을 만큼 다양한 내용을 담고 있습니다. 다만, 답변이 중복되는 것이 불가피하다고 판단되는 경우에는 그대로 두었으며, 원활한 이해를 돕기 위하여 질문의 내용을 손질하기도 했습니다.

　아무쪼록 실무자들이 활용하는 가운데 업무의 유연성 확보와 함께 건전한 저작물 이용 풍토 조성에 기여할 수 있기를 바랍니다. 그동안 온라인·오프라인 상담실을 찾아주신 모든 분들의 관심과 성원이 없었다면 이 책은 결코 세상에 나올 수 없었다는 점에서 두루 감사의 말씀을 전합니다. 또, 중구난방이었던 원고를 잘 정리해서 책으로 만들어 준 이채 한혜경 대표와 편집자 여러분께 고마움을 전합니다.

2009년 5월

김기태

저작권상담실에 부는 변화의 바람

필자가 대한출판문화협회 저작권상담실을 운영하기 시작한 지도 어느덧 4년의 세월이 흘렀습니다. 그동안 온라인상담실은 상시 운영체제로 가동되어 왔으며, 수시로 전화 상담과 함께 직접 상담을 원하는 의뢰인들과는 매주 하루씩 오프라인상담실을 통해 만나 왔습니다. 지극히 기초적인 지식만 있으면 해결할 수 있는 단순한 문제에서부터 분야별 전문가들의 조심스런 자문이 필요한 문제에 이르기까지, 그리고 아무것도 문제될 것이 없는 사안임에도 지레 겁을 먹고 움츠러드는 의뢰인에서부터 정말 문제가 커질 수도 있는 중대한 잘못을 저질러 놓고도 태연을 가장하는 후안무치의 당사자에 이르기까지 참으로 다양한 질문과 사람들을 경험해 왔다고나 할까요. 그러면서 결과적으로는 시간이 흐를수록 출판계를 비롯한 문화산업 분야에 점차 건강하고 건전한 저작권 상식이 뿌리를 내리고 있구나 하는 안도와 보람을 느끼고 있는 중입니다.

　이러한 저작권상담실의 풍속도를 바탕으로 실제 이루어진 주요 상담내용을 살펴보면 대개 비슷한 처지에서 고민해 봤을 법한 이야기들이 아닐까 싶은 것들이 대부분입니다. 그 중 눈에 띄는 것들을 살펴보면 다음과 같은 것들이 있습니다.

1. 오래 전 출판계약을 맺었으나 사정상 절판시켰던 도서를 최근 되살리기 위해 제목과 표지, 본문편집 등을 바꾸어 다시 출판했다. 그런데 저자가 이를 알고 자신의 저작권을 침해했다면서 과다한 배상을 요구하고 있다. 어떻게 대응해야 하는가?
2. 최근 외국에서 출간된 시리즈물의 기획 아이디어를 차용해서 새로운 국내용 시리

즈물을 기획, 출판하고자 한다. 아이디어와 함께 주인공과 주변 인물의 캐릭터를 모방하는 경우 저작권 침해에 해당하는가?

3. 어느 사진작가가 미술관을 돌아다니면서 전시장 풍경을 촬영했다. 그렇게 찍은 사진 속에 유명 미술작품이 들어 있는 경우 이 사진을 사진작가의 동의만으로 도서편집에 이용한다면 화가에 대한 저작권 침해인가?

4. 우리나라 사람들이라면 누구든지 듣거나 읽어봤음 직한, 그래서 그 내용을 잘 알고 있는 고전문학 작품들, 예컨대 〈홍길동전〉이나 〈춘향전〉, 〈열하일기〉, 〈난중일기〉 같은 것들을 새로운 책으로 만든다면 아무런 문제가 없는가?

5. 대기업 총수 등 유명 경제인들의 어록(연설문)을 모아 책으로 펴내는 경우 고려해야 할 저작권 문제는 무엇인가?

6. 서점 판매용이 아닌 특정 학원생들에게만 배포할 목적으로 만든 책이라서 ISBN도 없고 납본도 하지 않았는데, 그래도 저작권 보호를 받을 수 있는가?

7. 약 10년 전 모 출판사와 출판물(전집류)에 대한 출판권 양도·양수 계약을 체결했는데, 당시 넘겨받은 출판물을 가까운 시일 내에 다시 편집해서 출판하려고 한다. 그냥 출판해도 문제가 없는가?

8. 저자가 아닌 제3자가 특정도서의 내용을 바탕으로 강의하는 형식의 동영상을 제작한다면 그 저작권은 누구에게 있으며, 만일 문제가 된다면 강의를 의뢰한 곳과 강의를 한 사람 중 어느 쪽에 책임이 있는가?

9. 대학 강의실에서 교수가 수업에 활용한 다양한 저작물들을 이용하여 새로운 책으로 출판하는 경우 인용된 도서 또는 자료의 출처를 제대로 명시했다면 아무런 문제가 없는가?

10. 대학 당국의 방침에 따라 교수들이 직접 강사로 참여하여 부설 교수학습지원센터에서 제작한 동영상 강좌에 대한 저작권은 누구에게 있는가?

보다 정교해지고 보다 폭넓어진 상담내용

위에 제시된 질문의 예에서 알 수 있는 것처럼 상담내용들이 전반적으로 정교해지는 한편 폭넓은 문제점을 내재하고 있습니다. 나아가 복합적인 문제점들을 드러내고 있는 것으로 보아 저작물 이용행태 또한 날로 복잡해지고 있는 것으로 보입니다. 그렇다면 이상과 같은 질문에 어떤 실마리를 제공해야 할까요? 필자가 제시한 답변을 중심으로 살펴보면 다음과 같습니다.

1. 출판계약이 유효한 상황이더라도 저자와 상의 없이 출판사에서 임의로 도서의 제목을 바꾼 것은 저작인격권 중 '동일성유지권'의 침해에 해당한다. 현행 저작권법에서 "저작자는 그의 저작물의 내용·형식 및 제호의 동일성을 유지할 권리를 가진다."고 규정하고 있기 때문이다. 아울러 절판된 도서라면 그것이 저작재산권양도계약에 따라 모든 권리가 출판사에 있는 것이 아닌 한 기존 출판계약 또한 무효가 되었을 것이므로 복제권 등 저작재산권 침해문제도 제기될 수 있다. 따라서 출판사는 저자에게 적정의 위자료 및 인세에 준하는 저작권사용료를 지불해야 하지만, 그 요구 금액이 과도하다면 법적 절차에 따를 수밖에 없을 것이다.

2. 원칙적으로 아이디어에 불과한 것은 보호받는 저작물이 될 수 없다. 보호받는 저작물이란 기본적으로 "인간의 사상이나 감정을 창작적으로 표현한 것"이어야 하므로 구체적인 표현이 아닌 아이디어나 방식 등은 해당되지 않는다. 다만, 미술저작물로서의 캐릭터·상표 등을 가져다 쓰는 것은 또 다른 문제를 야기할 수 있으므로 주의해야 한다. 따라서 인물의 성격이나 이름, 제호 등만 차용할 뿐 내용 자체가 완전히 다르다면 저작권 침해문제는 없을 것으로 판단된다.

3. 우선 미술작품 자체의 저작권 유무가 판단되어야 한다. 만일 원작품의 저작권이 소멸된 상태라면 그것을 촬영한 사진 역시 문제가 되지 않으며, 촬영한 사람 또한 저작권을 주장할 수 없을 것이기 때문이다. 결국 사진이 중심이 아닌 배경으로 찍혔

더라도 그림으로서의 원저작물성을 감지할 수 있다면 해당 그림 저작권자의 권리가 미친다. 다만, 전시실 내부의 특징을 잘 포착하여 창작적으로 찍은 사진의 경우에는 별도의 사진저작물로 보호된다.

4. 저작재산권이 소멸된 고전작품이라 하더라도 그것을 오늘날 독자들이 이해하기 쉽도록 현대어로 다시 해석한 사람—한문을 한글로, 고어를 현대어로 바꾼 사람—의 저작권이 존재할 수 있으므로 유념해야 한다. 현행 저작권법에 따르면 "원저작물을 번역·편곡·변형·각색·영상제작 그 밖의 방법으로 작성한 창작물은 독자적인 저작물로서 보호된다."고 규정되어 있기 때문이다. 따라서 만일 번역자가 생존해 있거나 사망 후 50년이 경과하지 않았다면 번역자의 이용허락이 필요하다.

5. 저작권법상 '어문저작물'이란 곧 '말'과 '글'로써 이루어진 것을 뜻하므로, 글뿐만 아니라 말의 형태로 공표된 것도 그것의 독창성이 인정된다면 저작권법으로 보호받는 저작물이 될 수 있다. 따라서 특정 경제인의 어록을 인용하는 경우 정당한 절차를 거쳐 이용허락을 받아 게재하는 것이 바람직하다.

6. 저작권은 어떠한 형식이나 절차의 이행을 필요로 하지 않으며, 저작물의 창작과 동시에 발생하는 권리이다. 그러므로 저작물이 어떤 매체에 어떤 방식으로 구현되어 있느냐 하는 문제, 즉 도서의 경우 ISBN 부여나 납본 여부에 관계없이 내용으로서의 저작물의 창작 여부만 입증할 수 있으면 저작권 보호의 대상이 되는 것이다.

7. 원칙적으로 설정출판권은 출판권자가 제3자에게 임의로 양도할 수 없다. 따라서 양도받은 출판권은 무효이며, 개별 저자와의 재계약 절차 없이 출판하는 것은 위험한 일이 아닐 수 없다.

8. 원저작물을 바탕으로 영상을 제작하는 행위는 곧 2차적저작물의 작성에 해당한다. 따라서 2차적저작물작성권을 갖고 있는 저작재산권자의 동의 없이 특정도서를 영상제작에 사용하는 것은 저작재산권 침해에 해당하며, 그 책임은 행위자 및 공범에게 두루 적용된다. 결국 강의 의뢰자와 강의자 모두 책임을 질 수밖에 없을 것이다.

9. 저작권법상 추후 보상 여부와 별개로 학교교육 목적에 따른 저작물의 이용은 저작재산권의 제한규정에 따라 권리의 침해라고 할 수 없다. 하지만 이 같은 저작재산권의 제한은 어디까지나 강의실에서의 교육에만 해당하므로 그것이 정당한 '인용'에 해당하지 않는 한, 즉 강의실을 벗어난 이용의 경우에는 일일이 이용허락을 받아야 한다.

10. 현행 저작권법의 '영상저작물에 관한 특례' 조항에 따르면 영상저작물의 제작에 참여한 사람들이 영상저작물에 대해 갖는 권리는 모두 영상제작자에게 귀속된다. 따라서 영상저작물을 만든다는 사실을 알고 동영상 강좌에 출연하는 사람들의 권리 역시 학교에 귀속되는 것으로 보아야 한다. 다만, 위에서 살펴본 것처럼 강의의 바탕이 되는 교재의 저작권이 미칠 수 있으므로 저자가 직접 강의하는 방식으로 제작하는 것이 가장 바람직하다.

편집물과 편집저작물을 구별하는 기준

그 밖에도 이른바 '편집물'과 '편집저작물'을 어떻게 구별하며, 그것의 법적 보호에는 어떤 차이점이 있는지 묻는 경우가 많았습니다. 편집물이 "저작물이나 부호·문자·음성·음향·영상 그 밖의 형태의 자료의 집합물을 말하되, 데이터베이스를 포함"하는 개념이라면, 편집저작물이란 "편집물로서 그 소재의 선택·배열 또는 구성에 창작성이 있는 것"을 말하며 독자적인 저작물로 보호됩니다. 여러 개의 저작물 또는 여러 가지의 자료를 특정한 의도에 따라 정리하고 배열하여 만들어 낸 저작물로 영화나 방송 프로그램의 편성도 이에 해당하며, 출판물에서는 신문·잡지 등의 정기간행물을 비롯해 학술·문예의 작품집이나 사전·연감·시가집·법령집 등이 이에 해당합니다. 그런데 편집저작물의 보호는 그 편집방법에 있어서 아이디어를 보호하는 것이 아니라 편집물에 구현된 편집방법을 보호하는 것이지요.

결국, 편집저작물의 저작자가 권리를 주장할 수 있는 것은 제3자가 그것과 유사한 편집저작물을 무단으로 작성해서 이용했을 경우에 한정되며, 편집저작물 중의 일부 저작물만을 누군가가 무단으로 이용했을 경우에는 그 저작물의 원저작자의 권리만이 작용할 수 있다는 점에 주의해야 합니다.

거듭 "아는 만큼 보인다!"는 말이 실감나는 요즈음입니다.

차례

제1부 실무 기초 사례

제2부 출판 실무 사례

제3부 실무 응용 사례

실무 기초 사례

제 1 부

1. 저작물성의 범위

일러스트레이터입니다. 예전에 다니던 회사에서 업무상 어떤 그림을 그렸습니다. 그림에 대한 저작권은 회사에 귀속되었고, 회사 이름으로 저작권 등록까지 마쳤습니다. 어차피 회사에서 업무의 일환으로 그린 그림이므로 미련은 전혀 없습니다. 그런데 그 그림의 느낌이 문제입니다. 제가 그 회사를 그만두고 프리랜서로 활동 중이거든요. 어느 의뢰인이 제 포트폴리오를 보고 저작권이 등록되어 있는 그 그림과 유사한 느낌의 그림을 원하고 있습니다. 그래서 이 그림은 저작권이 다른 회사에 있으니 안 된다고 하였더니, 그 그림과 똑같은 것을 그려 달라는 것이 아니라 그런 느낌의 그림으로 다시 그려 달라는 뜻이라고 하더군요.

혹시나 하는 마음에 저작권자로 등록되어 있는 회사에 문의했더니, 그 그림은 이미지가 중요한 것이라서 해당 이미지에 대한 저작권을 등록했기 때문에 비슷한 느낌의 그림을 그려서 쓰게 해서는 안 된답니다. 정말로 느낌에 대한 저작권도 주어지는 건가요? 그림이 주는 이미지에 대한 저작권이라니 이해가 되지 않습니다. 등장하는 캐릭터가 다르고, 표현방식도 다른데 느낌이 비슷하다는 이유만으로 저작권 침해가 될 수 있을까요?

∾

특정 저작물에 대한 저작재산권 침해가 성립하려면 기본적으로 세 가지 요건이 충족되어야 합니다.

첫째, 창작적인 표현을 복제해야 합니다. 저작권법에서는 아이디어가 아닌 창작적인 표현만을 보호하기 때문입니다.

둘째, 어떤 기존의 저작물에 의거하여 작성했거나 혹은 작성된 복제물이 실질적으로 기존의 저작물과 유사해야 합니다. 그런데 의거와 실질적 유사성의 관계는, 의거했으나 실질적 유사성이 없으면 2차적저작물 또는 별개의 저작물이 되며, 의거를 하고 실질적 유사성도 있으면 비로소 저작재산권 침해가 성립하는 것이지요. 또 실질적 유사성은 있으나 의거하지 않았으면 우연의 일치로서 별개의 독립 저작물이 됩니다.

셋째, 불법적인 복제라야 합니다. 저작권법에서는 공정이용에 해당하는 저작재산권의 제한과 법정허락 등이 있으므로 이러한 규정에 해당하여 불법복제가 아니라면 저작재산권의 침해문제가 있을 수 없기 때문이지요.

질문내용을 살펴보건대, 만일 말 그대로 이미지만 유사할 뿐 실질적인 표현 자체가 다르다면 아무런 문제가 없습니다. 그러나 누가 보더라도 이전의 그림과 새로 그린 그림이 실제 표현상 유사하다고 느낀다면 저작권 침해가 우려됩니다. 예컨대, 유명화가들의 작품은 이미지가 유사하면서도 독립적인 작품으로 인식된다는 점을 참조하면 그 뜻을 알 수 있을 겁니다. 그리고 이미지 자체를 저작권으로 등록할 수는 없습니다. 아이디어 차원이 아닌 그것의 표현 형태에 저작권이 주어지기 때문입니다.

2. 장비 매뉴얼 문구의 저작물성

장비의 매뉴얼을 제작하면서 외국 장비업체의 매뉴얼에서 일부 문장을 카피하였다면 문제가 되나요? 여기서 말하는 문장은 통상 장비를 사용할 수 있도록 설명하는 문장으로서 "작동스위치를 1초보다 더 길게 누르면 완전히 닫힌다.", "만약 리셋을 하지 않으면 작동이 정상적이지 않을 수 있다."와 같은 주로 명령문으로 이뤄진 것입니다.

∿

저작권이 주어지는 저작물로 인정되려면 창작물로서의 독창성이 있어야 합니다. 이러한 독창성에 대한 국내 학자들의 견해를 살펴보면 "그것이 작자 개인의 독자적인 사상 또는 감정의 표현으로서, 남의 것을 단순히 모방한 정도의 작품이 아니며, 또한 누가 하더라도 같거나 비슷할 수밖에 없는 내용의 것이 아니어야 한다는 의미"라고 해석하고 있습니다. 그런데 인간의 사상이나 감정의 표현은 선인(先人)의 문화적 유산 위에 성립하는 것으로, 절대적이며 완전하게 무엇을 창조한다는 것은 불가능하기 때문에 여기서의 독창성이란 정도상의 문제로서, 다른 것을 직접적으로 모방한 일이 없이 독립적으로 무엇을 만들었을 때는 독자적인 창작이 이루어졌다고 보는 것이 일반적인 통념이며, 이것이 바로 독창성이라 이해해도 무방하다고 합니다.

　한편, 미국 저작권법에서는 "어떠한 경우에 있어서도 창작성 있는 저작물에 대한 저작권 보호는 그 형태 여하를 불문하고 당해 저작물에 기술, 설명, 예시, 또는 그것에 포함되는 아이디어, 절차, 공정, 체제, 조작 방법, 개념, 원칙 또는 발견에 대하여는 적용하지 아니한다."고 규정하고 있습니다. 이를 적용해서 작성된 미국저작권청 규칙에 따르면 다음과 같은 경우에는 저작권 보호 대상이 아니라고 합니다.

① 단어·성명·제목·표어와 같은 간결한 문구; 널리 알려진 상징물이나 도안; 인쇄체적 장식, 글자 도안(lettering), 채색(coloring)의 약간의 변형; 구성물이나 내용의 단순한 나열

② 작품 속에 표현되고 묘사된 특별한 방식과는 구별되는 생각(idea), 계획, 방법, 체계 또는 방책

③ 정보를 기록하도록 고안된, 그러나 그 자체가 정보를 전달하는 것은 아닌 시간표, 그래프 종이, 회계 장부, 일기장, 수표, 기록표, 주소록, 보고서 양식, 주문서 등

④ 독자적 창작성을 갖고 있지 않은, 공유재산인 정보만으로 구성된 작품; 예컨대 표준달력, 신장 및 체중표, 줄자나 자, 운동경기 일정표, 그리고 공문서나 공공 자료로부터 취득한 명세서나 표

⑤ 활자체로서의 타이프페이스

또, 1994년에 성립된 WTO/TRIPs 제9조 제2항은 "저작권의 보호는 표현에는 미치지만 아이디어, 절차, 운용 방법, 수학적 개념 그 자체에는 미치지 아니한다."고 규정하고 있으며, WIPO 저작권협약 제2조 역시 마찬가지입니다.

이처럼 아이디어와 표현의 이분법은 사실과 표현의 이분법과 쌍둥이라고 할 수 있는 것으로서 저작권법에서 고전적인 법리입니다. 이것은 저작권법이 권한 없는 복제로부터 독창적인 창작을 보호함으로써 저작자로 하여금 새로운 저작물을 창작하는 데 인센티브를 부여한 것과 만인의 공유(public domain) 영역에서 새로운 저작물에 대한 기본적 요소를 보존한 것 사이의 균형을 유지하려는 의도를 반영하고 있습니다.

따라서 법원은 저작권으로 보호할 수 있는 저작물의 범위를 아이디어까지 확장해서는 안 된다는 의미로 해석하고 있지요. 이것은 새로운 저작물을 창작하기 위해 아이디어를 타인이 이용하는 것을 허용하고 따라서 문화의 발전을

촉진함으로써 공공의 복지에 이익이 되기 때문입니다.

결국 귀하가 예를 든 경우에는 보호되는 저작물이라고 보기 어렵겠습니다.

법원은 저작권으로 보호할 수 있는 저작물의 범위를 아이디어까지
확장해서는 안 된다는 의미로 해석하고 있지요. 이것은 새로운 저작물을 창작하기 위해
아이디어를 타인이 이용하는 것을 허용하고 따라서 문화의 발전을 촉진함으로써
공공의 복지에 이익이 되기 때문입니다.

3. 어학 사전의 저작물성

출판사나 일반 영어학원에서 학생용 어휘 숙어집(포켓용)을 판매 혹은 무료 제공해 주고 있는데요. 시중 서점에도 엄청난 양의 단어-숙어집이 판매되고 있기도 하고요. 도서마다 구성은 약간씩 차이가 있는 듯한데, 사전의 예시문에 대해서 궁금해서요. 판매 혹은 무료 배포용(온라인 파일 제공) 어휘 리스트를 제작할 때 예시문이나 단어에 대한 뜻을 기존 인터넷/책 사전(네이버, 롱맨, 콜린스, 옥스포드, 코빌드 등) 내용을 그대로 사용해도 저작권에 걸리지는 않는지 궁금합니다. 상식적으로는 저작권이 당연히 있으니 그것을 그대로 카피해서 쓴다면 불법도용이 될 것 같은데, 어떤 선생님께서 그건 저작권에 안 걸린다고 말씀하셔서 그게 사실인지 정말 궁금합니다.

∾

같은 사전이라도 항목별 설명에 창작성이 인정된다면 당연히 보호받는 저작물이 됩니다. 가령 단순히 낱말의 뜻에 불과한 내용으로 이루어진 사전(辭典)이라면 전체 형식을 모방하지 않는 한 각각의 낱말별 항목마다 저작권이 주어지는 것으로 보기는 어려울 것입니다. 하지만 해설이 담긴 사전(事典), 즉 백과사전이나 생활사전이라면 각각의 항목별 해설 자체에 창작성이 인정될 가능성이 높습니다. 게다가 예문이나 관련분야 설명까지 곁들여진다면 당연히 보호받는 저작물로서 저작권이 주어지겠지요. 각각의 내용을 잘 살펴서 이용하기 바랍니다.

4. 유네스코 문화유산의 저작물성

교육콘텐츠 제작을 하고 있는 업체에서 일하고 있는 일꾼입니다. 이번에 "유네스코 세계유산"을 소재로 보드게임을 제작하려 하고 있는데요, 현재까지 기획된 내용으로 본다면 "유네스코 세계유산"에 대한 설명과 이미지 설명 부분이 제본된 책의 형태는 아니지만, 여러 장의 페이지로 게임에 삽입될 것 같습니다.

1. 약 100여 장의 "유네스코 세계유산"에 대한 페이퍼가 도서로 인정을 받을 수 있는 지요? 물론 보드게임을 표방하고 있기 때문에 보드게임이라는 저작물로 등록이 되는 것인지요?

2. 세계유산의 이미지를 삽화로 처리한다면 다양하게 출판된 도서, 인터넷에 게시되어 있는 사진 등을 참고해서 그리게 될 것 같습니다. 이와 같은 경우에도 저작권 침해 사례가 되는 것인지요?

3. 세계유산 저작권을 유네스코 유산위원회가 소지하고 있는 것으로 알고 있는데 위와 같은 사용에 대해서 당사자인 유네스코와 협의를 해야 되는 것인지요?

∽

저작권 보호의 대상이 되는 저작물은 기본적으로 "인간의 사상이나 감정을 창작적으로 표현한 것"이어야 합니다. 곧 구체적인 저작물을 살펴보지 않는 한 그것의 저작물성을 판단하기가 쉽지 않습니다. 단순히 유네스코에 의해 "세계유산"으로 지정되었다고 해서 곧바로 저작물이 되는 것은 아니며, 그것을 구체적으로 표현해야 저작물이 된다는 뜻이기도 합니다.

1. 도서 인정 여부는 일단 국제표준도서번호(ISBN)가 부여되는지의 여부에 따라 달라질 문제입니다. 도서의 요건에 대해서는 국립중앙도서관 문헌번호 센터를 통해 확인하기 바랍니다.

2. 사진 등의 자료가 저작권 보호대상이 되는 저작물인지의 여부에 따라 달라질 문제이므로 그것의 저작물성을 따져본 후 판단하기 바랍니다.

3. 세계유산 자체가 저작물로 보호되는 것이 아니라, 그것을 사진이나 그림 등으로 표현한 저작물에 저작권이 주어지는 것입니다. 그리고 그 저작권자는 저작물을 창작한 사람이나 단체가 되는 것이지요. 따라서 단순히 "세계유산"이라는 소재만을 활용한다면 굳이 유네스코와 협의할 필요가 없으며, 유네스코에서 펴낸 각종 저작물을 그대로 활용하는 경우에만 유네스코의 저작권 문제가 대두됩니다.

곧 세계유산에 대한 새로운 내용으로 게임을 제작한다면 유네스코의 저작권 침해문제는 생기지 않을 것으로 보입니다.

5. 인터넷에 떠도는 사진의 저작물성

편집자입니다. 저자가 출판을 의뢰한 원고 가운데 다수의 사진이 포함되어 있는데, 이 사진들의 많은 부분이 인터넷 등에서 가져온 것이라고 합니다. 다소 전문적인 분야인데, 저자는 어디서나 볼 수 있는(누구나 찍을 수 있는) 사진이어서 저작권에 문제는 없을 거라고 하는데, 저작권 문제가 어떻게 되나요? 외국 사이트나 잡지 등에서 가져온 사진이 많습니다.

∾

사진저작물과 관련한 판례 중에 "단지 사진작가의 사진기술을 이용해서 그 촬영대상을 복제하는 수준에 그치는 것이 아니라 사진작가가 그의 사진기술과 창의성을 동원, 촬영에 이른 것이라면 저작권이 인정된다."는 내용이 있습니다. 구체적으로 어떤 근거에 따라 "어디서나 볼 수 있는(누구나 찍을 수 있는) 사진이어서 저작권에 문제가 없다."고 하는지 모르겠으나, 인터넷상에 올라 있는 사진이라 하더라도 만일 저작권이 인정되는 저작물이라면 그것을 무단 이용한 저자와 출판사는 사진저작권자의 복제권 등 저작재산권을 침해한 것이 됩니다. 일단 어떤 형식으로든 공표된 것이라면 그것을 만든 사람이 있을 것이고, 또 그렇게 만든 사람이 나름대로 자기 저작물에 대한 자신감이 깔려 있을 수도 있을 겁니다. 그렇다면 무조건 창작성이 없다고 단정할 것이 아니라 어떤 특성을 내포하고 있는지 살펴보는 것이 현명하다고 생각합니다. 사용하려는 사진의 가치를 다시 한 번 판단해 보기 바랍니다.

6. 공표되지 않은 저작물의 보호방법

출판 사업을 시작하려고 합니다. 책을 내기 위해 원고를 거의 다 완성해 가는 중이며, 1인 출판사로서 혼자 할 수 있는 부분 이외의 일들은 외주 형식으로 진행하려고 하는데요. 한 가지 걱정되는 것이 출판되기 이전에 원고가 사전 노출된다는 점입니다. 출판이 되고 나면 저작권이 생길 테니 걱정 없겠지만, 제작 과정에서 생길지 모르는 불미스런 사건들에 대해서는 걱정이 드는 게 사실입니다.

사업도 잘 모르고, 도움을 받을 만한 인맥도 별로 없는 상태라서 혹여 내용 유출과 같은 사고가 나지 않을까 걱정이 많이 되는데요. 혹시 저자 및 출판인들이 책을 내기에 앞서 제작 과정에서 그 권리를 인정받기 위해 할 수 있는 어떤 절차 같은 것이 있는지요? 아니면 외주사와의 계약서에 반드시 넣어야 할 사항은 무엇인가요?

༄

저작권은 어떤 형식이나 절차를 이행해야만 생기는 권리가 아닙니다. 창작과 동시에 생기는 배타적인 권리가 바로 저작권입니다. 따라서 귀하가 이미 저작물을 작성했고 그것의 작성자임을 입증할 수만 있다면(컴퓨터에 저장된 날짜도 입증자료가 됩니다), 아무런 걱정도 할 필요가 없습니다. 만일 누군가 출판 과정에서 내용을 빼내 이용한다면 그는 귀하의 저작인격권 중 공표권을 포함해서 저작재산권에 이르기까지 수많은 저작권적 권리를 침해한 것이 되므로 법적 책임을 면할 수 없습니다.

그래도 안심이 안 된다면 저작권위원회의 등록제도를 활용하기 바랍니다. 완성된 원고를 가지고 저작권위원회를 찾아가 저작권자의 성명, 저작물 내용, 저작물의 종류 등을 모두 등록한다면 이후 제3자에 의한 무단이용을 적극적으로 막을 수 있을 것입니다. 이때의 등록이란 저작권 발생요건이 아니라 제3자에게 대항하기 위한 보조 수단임을 잊지 말기 바랍니다.

7. 동일성유지권의 범위

현재 저작권 보호기간 중에 있는 국내외 사진이나 도판을 변형할 경우, 예를 들어 사진을 복제해서 전체가 아닌 일부만 사용한다거나, 포토샵 등으로 색깔을 바꾼다든가, 특정부분의 문양만 크게 확대해서 쓴다거나 하는 경우에도 원저작물의 저작권자에게 이용허락을 얻어야 하는지요. 이 경우 저작권자가 자신의 저작물임을 모를 정도의 변형이라면 어떻게 되는지 궁금합니다.

∾

저작자에게는 저작재산권뿐만 아니라 저작인격권이 별도로 주어집니다. 저작인격권이란 "저작자가 자신의 저작물에 대해 갖는 정신적·인격적 이익을 법률로써 보호받는 권리"이며, 그 중에서도 동일성유지권을 눈여겨볼 필요가 있습니다. 저작자에게는 곧 "자기 저작물의 내용·형식 및 제호의 동일성을 유지할 권리"가 있기 때문이지요.

저작물은 저작자의 인격을 구체화한 것이므로 저작물에 구현된 저작자의 사상 또는 감정의 표현에 있어서 완전성 혹은 동일성을 유지할 필요가 있다는 취지를 이해할 필요가 있습니다. 따라서 저작물을 이용하는 사람의 입장에서 이용목적을 달성함과 동시에 효과를 드높이기 위해서 저작물의 일부를 없애거나 고치고자 할 때에는 반드시 저작자의 동의를 얻어야 합니다. 다만, 단순한 오자(誤字)나 탈자(脫字)를 고치는 것은 예외입니다. 여기서 내용 혹은 형식의 변경이란, 저작자의 의사와는 관계없이 무단으로 주제를 변경하고자 전개과정을 바꿈으로써 원작의 본질을 손상시키는 경우, 등장인물 또는 배경 따위를 바꿈으로써 마찬가지로 원작의 본질을 해치는 경우, 그리고 비극(悲劇)을 희극(喜劇)으로 바꾸거나 시를 소설로 바꾸는 것처럼 표현형식 자체를 고치는 행위 등을 가리킵니다.

한편, 여기서 "저작권자가 자신의 저작물임을 모를 정도의 변형"을 예시했는데, 말 그대로 완전히 다르다면 별개의 저작물이므로 아무런 문제가 생기지 않겠지요. 곧 아이디어만 가져왔을 뿐 표현 자체가 달라진 경우이므로 문제가 되지 않습니다.

결국, 질문내용대로 만일 저작권자의 허락 없이 사진이나 도판을 마음대로 변형시킬 경우 저작재산권 침해뿐만 아니라 저작인격권 침해까지 성립되므로 형사상 가중처벌과 함께 민사상 손해배상 및 저작인격권 침해에 따른 위자료 지불 책임까지 발생할 수 있습니다. 따라서 저작권자와의 협의를 통해 이용허락을 얻은 후에 이용하는 것이 바람직합니다.

8. 번역물과 동일성유지권

일본 작가 미우라 마야꼬의 책을 출간하려고 합니다. 번역자에 따르면—이 번역자가 지난 1970년대에 낸 책을 다시 내는 것입니다. 물론 그 출판사는 없어졌습니다—마야꼬가 우리나라에서 책을 출간하는 경우 일체의 저작권사용료를 받지 않겠다고 했다면서 그냥 출간해도 된다고 합니다. 물론 원저작물은 현재도 일본에서 계속 출판되고 있습니다. 이런 경우 번역자의 말을 믿어야 하는지요? 원저작물의 저작재산권자와는 협의를 거치지 않아도 되는지 걱정이 됩니다. 또 번역자가 원저작물을 그대로 번역한 것이 아니라 우리 현실과 맞지 않는다고 판단한 부분은 임의로 뺐다는데, 이렇게 번역해도 아무런 문제가 없을까요? 저작권사용료를 받지 않겠다고 한 저자들을 확인할 수 있는 방법이 따로 있는지, 그리고 번역물일 경우 책의 제목이나 부제, 또는 소제목들을 원제목과 다르게 낼 경우 취해야 할 절차가 있는지도 궁금합니다.

∽

"원저작물을 번역·편곡·변형·각색·영상제작, 그 밖의 방법으로 작성한 창작물"로서 여러 가지 방법에 의해 원저작물을 토대로 작성된 '2차적저작물'은 원저작물과 관계없이 '독자적인 저작물'로서 보호됩니다. 그러나 그것이 원저작물의 저작자의 권리를 침해해도 좋다는 뜻은 아닙니다. 원저작자의 허락 여부와는 관계없이 2차적저작물의 작성자에게 부여되는 권리가 있기는 하지만, 그것이 원저작자의 권리를 침해하였다면 그에 따르는 책임은 별도로 추궁당할 수 있는 것이지요.

질문내용에 나오는 일본 작가 '미우라 마야꼬'는 아마도 『빙점(氷點)』의 작가 '미우라 아야코(三浦綾子)'를 가리키는 걸로 보입니다. 또, 원작자가 원작에 대한 저작권사용료를 받지 않겠다고 했다는 번역자의 말을 확인할 수 있는 방법은 현재로서는 없는 걸로 보입니다. 왜냐하면 미우라 아야코는 1922년생으로 지난 1999년에 이미 세상을 떠났기 때문입니다. 결국 간접적인 방법, 즉 일본 현지의 상속권자나 에이전시를 통해 확인해 보는 방법밖에 없는 것으로 보이며, 일본으로부터 허락 없이 번역본을 내는 경우 향후 있을지도 모르는 저작권 침해의 문제에 대해서는 일단 책임질 각오를 하는 것이 좋겠습니다.

아울러 원작과 다르게 번역된 부분에 대해서는 일단 그 내용이 원작자 미우라 아야코의 명예를 훼손하지 않는 내용으로 개작되었다면 저작인격권상의 동일성유지권 침해문제는 발생하지 않습니다. 저작인격권은 저작자 일신에 전속되므로 저작자 사망과 동시에 소멸하기 때문입니다. 또, 저작권사용료를 받지 않겠다고 한 작가들의 현황을 알 수 있는 공개 자료는 어디에도 없습니다. 개별적으로 확인하는 수밖에 없다는 말이지요.

끝으로, "번역물에서 책의 제목이나 부제, 또는 소제목들을 원제목과 다르게 낼 경우 취해야 할 절차"가 별도로 있다기보다는, 원작자가 살아 있는 경우에는 저작인격권상의 동일성유지권을 존중하여 일일이 허락을 받아야 하며, 원작자가 사망한 경우에는 명예를 훼손하지 않는 범위 내에서 개변(改變)이 가능하다는 정도로 알아두면 되겠습니다.

9. 공동집필과 성명표시권

3년 전에 영어 참고도서의 원고를 공동집필한 적이 있습니다. 그것이 책으로 발간되어 시중에 유통되었고 이번에 재판이 나왔는데, 이번 재판에서는 제 이름이 필자명에서 삭제된 채 출간되었더군요. 초판 발행 당시 제가 직접 출판사와 계약한 것이 아니고, 공동집필한 팀의 대표와 출판사 대표 사이에 출판계약이 이루어졌습니다. 하지만 제가 저작자 중 한 명으로서 집필한 것은 분명한 사실이고, 초판 표지와 판권지에는 제 이름이 필자로 표기되어 있었던 것도 분명합니다. 이번에 저와는 아무런 상의도 하지 않은 채 책에서 제 이름을 빼버린 출판사의 행위에 대해 제가 취할 수 있는 법적 조치는 무엇일까요?

∽

저작재산권과는 달리 저작인격권이란 "저작자가 자신의 저작물에 대해 갖는 정신적·인격적 이익을 법률로써 보호받는 권리"라고 할 수 있으며, '공표권·성명표시권·동일성유지권'의 세 가지가 있습니다. 인격권이란 정신적인 권리이므로 그것을 경제적 또는 물질적 기준에 따라 파악할 수는 없습니다만, 인격을 소유한 저작자로서의 당사자만이 권리침해에 대한 정도를 느낄 수 있고, 가해자의 침해정도를 입증할 수 있을 때 그 범위 안에서 물질적인 배상을 청구할 수 있습니다.

저작인격권으로서의 성명표시권이란 "저작자가 그의 저작물을 이용함에 있어서 자신이 저작자임을 표시할 수 있는 권리"이므로 저작자가 자신의 저작물에 대해 자신이 창작자임을 주장하는 것은 당연한 권리입니다. 따라서 저작자는 자신의 저작물의 원작품은 물론 그 복제물에, 그리고 그것을 공표함에 있어서 그의 실명(實名)이나 이명(異名) 중에서 마음에 드는 것을 선택해 표시할 수 있습니다. 즉, 저작자로서의 자기를 실명으로 표시할 것인가, 아니면 남들이 잘 아는 예명이나 아호 또는 필명으로 할 것인가, 심지어는 남들이 잘 알지 못하는 자기만의 독특한 이름으로 표시할 것인가 등을 결정할 권리가 저작자에게 있습니다. 또한 그것을 표시하는 방법에 있어서 미술저작물에서처럼 원작품에 직접 표시할 수도 있고, 출판물에서처럼 표지 또는 판권지에 문자로써 표시하는 등 다양하게 할 수 있습니다. 아울러 성명을 표시할 수 있는 권리가 있다면 표시하지 않을 권리 또한 있는 것이므로 저작자의 표시 없이 무명저작물로 공표할 수도 있지요.

한편, 저작물 이용자는 저작자의 특별한 의사표시가 없다면 저작자가 저작물에 표시한 대로 저작자를 밝혀야 합니다. 즉, 이용자는 저작물을 이용하기 전에 저작자를 어떻게 표시할 것인지 저작자에게 물어볼 필요는 없으며, 특별한 의사표시―예컨대, 저작물에는 실명으로 표시되어 있는데 공표할 때에는 독특한 이명으로 표시해 달라고 저작자가 적극적으로 요청하는 경우―가 없는 한 저작물에 표시된 대로만 저작자를 표시하면 됩니다. 다만, 저작권법에서 "저작물의 성질, 그 이용목적, 또는 형태 등에 비추어 부득이하다고 인정되는 경우에는 그러하지 아니하다."고 규정하고 있으므로 무조건 성명표시권 침해가 성립되는 것은 아닙니다. 주요 시험문제로서 특정 저작물을 인용할 경우 부득이 저작자의 성명을 표시하지 않을 수도 있을 것이기 때문이지요.

결국, 저작인격권으로서의 성명표시권은 저작자가 저작물에 자신이 저작자임을 다양한 방법으로 표시하거나 표시하지 않을 수 있다는 것, 그리고 이용자가 저작물을 이용함에 있어서 저작자가 표시한 바에 따라 저작물에 저작자를 표시해야 한다는 것으로 요약할 수 있으며, 이용자가 이용 저작물에 저작자를 표시함에 있어서 원저작자를 무시하고 다른 사람으로 표시하거나 빼는 것은 명백한 성명표시권 침해입니다.

이러한 저작인격권은 저작재산권과는 다른 특성을 가지고 있는데, 먼저 저작인격권의 성질은 '일신전속성'에 있습니다. 저작인격권으로서의 공표권, 성명표시권, 동일성유지권 등은 저작자 자신만이 가질 수 있고 행사할 수 있기 때문에 재산권처럼 양도하거나 상속될 수 없다는 뜻이지요. 그러므로 저작자가 사망하게 되면 자동적으로 저작인격권은 소멸합니다.

저작인격권을 행사함에 있어 우선 저작자는 고의 또는 과실로 저작인격권을 침해한 자에 대해 손해배상에 갈음하거나 손해배상과 함께 명예회복을 위해 필요한 조치를 청구할 수 있습니다. 재산권의 침해와 마찬가지로 저작인격권에 손상을 입은 권리자는 제일 먼저 생각할 수 있는 것이 침해자를 상대로 손해배상과 유사한 금전적 배상을 생각할 수 있습니다만, 그 액수를 산정하는 것은 정황을 통한 법관의 판단에 따를 수밖에 없으며, 청구한 액수대로 배상을 받아 내는 것도 쉬운 일이 아닙니다.

그리고 "명예회복을 위하여 필요한 조치"란 신문이나 잡지 등에 정정 또는 사과광고를 게재하도록 청구하는 것이 대표적이며, 정기간행물을 통해서 인격적 권리가 침해된 경우에는 같은 간행물의 다음 호에서 정정기사 또는 사과문을 게재하도록 청구하는 것이 일반적이지요. 이러한 조치는 침해자에게 고의 또는 과실이 인정되는 경우에만 청구할 수 있으며, 본안 소송 이전에 가처분신청을 통해 신속하게 그 목적을 달성할 수도 있고, 이것 역시 꼭 필요한 조치인지의 여부는 어디까지나 법원이 판단할 문제입니다.

물론 민사상 손해배상이나 명예회복을 위한 청구와 동시에 형사상 고소를 통해 처벌을 청구할 수도 있으므로 어떤 방식으로 귀하의 저작인격권 침해문제를 해결하고 싶은지 판단해 보기 바랍니다. 먼저 귀하의 요구사항을 담은 내용증명 우편을 보낸 후 반응을 살펴보는 것도 좋은 방법이 되지 않을까 싶습니다.

10. 저작자 사후의 저작인격권

사망한 지 50년이 지난 외국 저자의 작품을 우리말 번역이 아닌 해당 국가의 현대어로 번역하여 출간하려고 합니다. 이와 관련하여 취해야 할 절차에는 어떤 것이 있는지 궁금합니다. 저작인격권이란 것이 있다고 들었기 때문인데요. 저작자 사후 50년이 경과한 작품은 자유롭게 출간할 수 있다고 생각했던 터라 당황스럽습니다. 어떻게 해야 할까요?

∾

저작인격권이란 저작자에게 주어진 정신적인 권리입니다. 따라서 그것을 단순히 경제적 또는 물질적으로 파악할 수는 없지요. 그러므로 인격을 소유한 저작자로서의 당사자만이 권리의 침해에 대한 정도를 느낄 수 있고, 가해자의 침해 정도를 입증할 수 있을 때 그 범위 안에서 '위자료(慰藉料)'라고 하여 물질적인 배상을 청구할 수 있습니다. 특히, 저작권법에서 규정하고 있는 저작인격권의 성질은 '일신전속성(一身專屬性)'으로 요약할 수 있습니다. 즉, 저작인격권으로서의 공표권, 성명표시권, 동일성유지권 등은 저작자 자신만이 가질 수 있고 행사할 수 있기 때문에 재산권처럼 양도하거나 상속될 수 없다는 뜻이지요. 따라서 저작자가 사망하게 되면 자동적으로 저작인격권은 소멸합니다.

그러나 만일 어떤 저작물의 저작자가 사망한 것을 아는 어느 이용자가 그 저작물의 저작인격권을 무시하고 상업적인 용도로 무단이용한다면—예컨대, 저작자의 이름을 인지도가 높은 다른 사람으로 바꾸어 출판하거나 내용을 임의로 개작하여 외설물로 둔갑시키는 등—원저작자의 명예가 훼손될 수밖에 없을 것입니다. 그렇기 때문에 저작권법에서는 저작자가 사망하여 저작인격권이 사라지고 없더라도 저작물을 이용하는 사람이 저작자의 명예를 훼손하는 방법으로 저작인격권을 침해했다면 저작재산권을 양도받은 사람 또는 상속자가 침해자를 상대로 이의를 제기할 수 있다고 규정하고 있지요.

　결국 저작물 이용행위가 원작자의 명예를 훼손하는 것이 아닌 한 자유롭게 이용해도 무방하겠습니다.

저작인격권으로서의 공표권, 성명표시권, 동일성유지권 등은 저작자 자신만이 가질 수 있고 행사할 수 있기 때문에 재산권처럼 양도하거나 상속될 수 없습니다.

11. 저작자 아닌 자를 저작자로 표시한 경우

어느 번역도서를 보면 분명히 옮긴이가 표시되어 있고 또한 옮긴이의 도장이 찍힌 인지가 붙어 있는데도 출판사에서 마치 자기들에게 저작재산권이 있는 것처럼 행동하고 있습니다. 저작권법 제137조 '부정발행 등의 죄'를 보면 제1호에 "저작자 아닌 자를 저작자로 하여 실명·이명을 표시하여 저작물을 공표한 자"를 적시하면서 "1년 이하의 징역 또는 1천만 원 이하의 벌금에 처한다."고 규정하고 있는데, 만일 옮긴이가 분명히 존재하는 책에다가 "copyright by 출판사"로 표시하고 있다면 이는 저작권법 위반이 아닌지요? 저작권법 위반에 해당한다면 이런 사실을 발견한 제3자가 고발 조치할 수는 없는지 궁금합니다.

∽

'권리의 침해죄'는 친고죄(親告罪)이지만 '부정발행등의 죄'는 비친고죄로 규정되어 있습니다. 따라서 "저작자가 아닌 자를 저작자로 하여 실명 또는 이명을 표시한 다음에 그 저작물을 공표한 자"를 발견했다면 제3자라 하더라도 고발 조치할 수 있겠습니다. 이처럼 저작권법에서 말하는 "저작자가 아닌 자를 저작자로 하여 실명 또는 이명을 표시한 다음에 그 저작물을 공표한 자"에 대한 처벌은 저작인격권을 침해한 경우뿐만 아니라 저작자의 표시를 허위로 함으로써 사람들을 속이는 행위에 대해서 처벌한다는 취지를 띠고 있습니다. 즉, 실질적인 저작인격권의 침해라면 저작권법에 따라 처벌하면 되므로 여기서 말하는 '저작자 허위표시 후 공표의 경우'는 그 저작물의 복제물을 구매하거나 이용하는 대중들을 속여서 이득을 극대화하려는 자를 처벌하려는 것이지요.

이에 해당하는 경우로는 공표권과 관련해서 미공표 저작물에 대한 저작재산권을 양도받았거나 저작물의 이용허락을 받은 경우에 저작자가 아닌 자를 저작자로 표시하여 공표했을 때, 또는 미공표의 미술저작물·건축저작물·사진저작물의 원작품을 양도받은 자가 그 원작품을 전시의 방법으로 공표함에 있어서 저작자 아닌 자를 저작자로 표시했을 때, 그리고 저작자의 동의를 얻어 2차적저작물 또는 편집저작물을 작성한 자가 그 2차적저작물 등을 공표함에 있어서 원저작물의 저작자가 아닌 자를 원저작자로 표시하여 공표했을 때 등이 있습니다. 따라서 실제의 저작자가 아님에도 유명세를 타려는 의도 혹은 대중을 속이려는 의도에서 허위로 저작자로 표시하여 공표한다면 그 권리자의 고소에 관계없이 처벌이 가능하도록 비친고죄로 규정하고 있는 것이지요. 그러므로 복제물에 표시된 저작자의 이름을 신뢰하여 구입했는데 그 내용을 통해 허위임을 알았다거나 어느 저작물의 복제물에 자기 이름이 무단으로 표시된 것을 발견한 사람은 피해자로서 고발을 통해 형사적 처벌을 요구할 수 있습니다.

하지만 문의내용을 살펴보면 애매한 점이 있습니다. 번역에 의한 2차적저작물 작성자에게도 원저작권자와는 별도의 저작권이 발생한다는 점에서 번역물에 저작권자 표시를 한 것이 과연 원저작권자의 저작권을 무시한 행위, 즉 "원저작물의 저작자가 아닌 자를 원저작자로 표시하여 공표"한 행위에 해당하는가 하는 것이지요. 번역자로부터 출판권자가 저작재산권을 양도받았다면 출판사가 새로운 저작권자로 표기될 수 있기 때문입니다. 이런 점을 잘 헤아려서 고발 여부를 판단해 보기 바랍니다.

12. 작고 문인의 저작물 이용에 따른 저작권 문제

단편 문학선집을 만들려고 합니다. 황순원의 '소나기'나 주요섭의 '사랑방 손님과 어머니' 등등 한국의 여러 단편소설을 묶어서 내려고 하는데요. 저작권에 대해 잘 모르겠습니다. 이상과 채만식 선생님은 일찍이 타계하여 저작권 시효가 만료된 걸로 나와 있습니다. 저작권 이용 계약신청을 하면 저희가 그 소설을 출판해도 되는 것입니까? 가장 먼저 나온 출판사에 가서 물어보라고 하던데 거기가 어딘 줄도 잘 모르겠고요. 자세한 설명 부탁드립니다.

∾

저작권은 저작인격권과 저작재산권을 포함한 개념입니다. 그리고 저작권은 문화의 향상 및 발전을 위해 주어지는 권리이므로 그 중 재산적 권리(저작재산권)는 저작자 사후 50년이 지나면 자유이용 상태에 놓이게 됩니다. 곧 누구든지 원작을 마음대로 이용할 수 있는 것이지요. 하지만 저작인격권(성명표시권, 동일성유지권)은 여전히 명예훼손에 준하여 인정되므로 자유이용 상태에 놓인 저작물이라고 하더라도 이용자는 저작자의 명예를 훼손하는 방법으로 성명 또는 동일성을 훼손하면 안 됩니다. 형법상 "사자에 대한 명예훼손죄"가 적용되기 때문이지요.

결국 저작자 사후 50년이 지난 저작물이라면 저작자의 성명 표시와 원작의 동일성을 유지한다는 조건 아래 이용허락이나 이용절차 따위가 필요 없이 누구든지 마음대로 이용할 수 있습니다. 하지만 저작권이 유효한 저작물이라면 저작권자를 찾아서 협의한 후 이용조건 및 범위에 대한 약정(계약)을 체결하고 허락을 받아 이용해야만 합니다.

13. 업무상저작물의 요건

우리 회사는 출판 등을 주요사업으로 하고 있으며, 해당 직원이 재직 중 회사업무의 일환으로, 출판을 목적으로 창작(그림 및 글) 작업을 하였습니다. 하지만 출판이 연기되고 현재는 해당 직원이 퇴사를 하게 되었는데, 이 경우 회사는 해당 직원이 작업한 창작물에 대해 저작권을 가질 수 있나요? 아니면, 원창작자만이 저작권을 주장할 수 있나요?

∾

어떠한 저작물이든지 개인의 창작활동이 없다면 절대 만들어질 수가 없습니다. 그러나 경우에 따라서는 저작물을 작성한 개인이 아닌 그가 속한 법인이나 단체의 명의로 공표되기도 합니다. 따라서 개인이 작성한 저작물이라고 할지라도 일정요건을 갖추었다면 그가 속한 법인이나 단체 또는 개인인 사용자(使用者)를 저작자로 볼 수 있으며, 이러한 것을 가리켜 '업무상저작물'이라고 합니다. 하지만 이러한 업무상저작물이 되기 위해서는 적어도 몇 가지 요건을 충족해야 합니다.

첫째, 법인 등의 사용자가 저작물의 작성에 있어서 기획해야 합니다. 기획이란 어떤 저작물을 작성할 것인가에 대한 구체적인 계획을 세우는 일이라고 할 수 있는데, 대개는 그 법인 등의 직무에 종사하는 사람들이 아이디어의 창출에서부터 진행되는 모든 과정을 수행하는 경우가 많으므로, 그러한 저작물을 어떠한 방법으로 언제까지 작성할 것인가를 사용자가 최종적으로 판단하는 것이라고 생각할 수 있습니다.

둘째, 저작물 작성자는 반드시 그 법인 등에 종사하는 사람, 즉 종업원이어야 합니다. 그러므로 고용관계에 있지 않은 외부의 사람에게 위탁하여 작성한 저작물은 업무상저작물이 될 수 없습니다.

셋째, 종업원이 업무상 작성한 저작물이어야 합니다. 왜냐하면 법인 등에 소속된 종업원이라고 할지라도 그 사람이 업무와 관계없는 시간과 장소에서 얼마든지 저작물을 작성할 수 있기 때문이지요. 즉, 잡지 또는 신문이나 방송에 종사하는 기자가 기사를 쓰거나 일반 회사의 홍보실에 근무하는 사람이 제품 안내문안을 작성하는 것은 곧 업무상 행위라고 할 수 있지만, 누군가가 퇴근 후 집에서 시나 소설을 썼다면 그것은 개인의 저작물이 된다는 뜻입니다.

넷째, 저작물이 법인 등의 명의로 공표되어야 합니다. 위의 조건을 모두 갖추었다고 하더라도 작성자 개인의 명의로 공표되었다면 업무상저작물이 될 수 없습니다. 예컨대, 신문사 명의로 공표되는 것이라도 거기에 저작자가 누구인지 밝힌 상태에서 실리는 문예물이나 만화, 논설(칼럼), 투고 등은 그 당사자가 곧 저작자입니다.

다섯째, 법인 등의 사용자와 저작물 작성자인 종업원 사이의 계약이나 근무규칙 등에 있어서 다른 정함이 없어야 합니다. 즉, 단체의 명의로 공표하더라도 저작권은 작성자인 종업원이 갖는다거나 일정기간이 경과하면 종업원에게 저작권이 귀속된다거나 하는 특약이 있다면 그대로 따라야 한다는 뜻입니다. 따라서 업무상저작물로서의 모든 요건을 갖춘 저작물의 경우라도 그것에 따른 별도의 정함이 있다면 업무상저작물이 될 수 없는 경우도 있습니다.

이상과 같이 충족되었다면 이는 회사의 저작물로 보아도 무방하겠습니다.

14. 업무상저작물의 책임 범위

소규모 출판사에 근무하고 있습니다. 이곳에서는 삽화와 사진을 따로 발주하지 않고 100퍼센트 기존 책이나 인터넷에서 도용하고 있습니다. 사장님에게 이의를 제기했지만 편집부는 이해 당사자가 아니니 상관없고, 문제가 발생한다면 자신이 알아서 할 테니 아무 염려하지 말라고 하시더군요. 이런 경우 정말 회사의 대표에게만 책임이 있는 건가요? 아니면 책을 만든 편집부 직원들에게도 책임이 있나요?

∾

저작권법에서는 "법인의 대표자나 법인 또는 개인의 대리인·사용인 기타의 종업원이 그 법인 또는 개인의 업무에 관하여 죄를 범한 때에는 행위자를 처벌하는 외에 그 법인 또는 개인에 대하여도 각 해당 조의 벌금형을 과한다."고 하여 양벌규정으로서 저작권 등을 침해한 당사자뿐만 아니라 그의 고용주 또한 처벌의 대상임을 밝히고 있습니다. 만일 법인의 대표자나 법인 또는 개인의 대리인이나 사용인(使用人) 그 밖의 종업원이 그 법인 또는 개인의 업무에 관해 저작권 관련 범죄행위를 저질렀을 때에는 행위자를 처벌함과 동시에 그 법인 또는 개인도 아울러 해당 조의 벌금형으로 처벌할 수 있도록 규정한 것이지요. 곧 종업원 등의 범죄행위에 따라 5천만 원 이하 또는 3천만 원 이하, 1천만 원 이하의 벌금형에 처해질 수 있습니다.

여기서 주의할 점을 살펴보면 다음과 같습니다.

첫째, 행위자의 범죄행위가 법인 또는 개인을 위한 업무상 행위여야 합니다. 원래 민사적으로는 법인 또는 대표자인 개인의 책임을 묻지만 형사적으로는 행위자 개인의 책임을 묻는 것이므로 만일 범죄행위가 소속된 곳과 관련이 없는 상태에서 이루어졌다면 행위자 개인의 처벌만으로 끝나는 것이지요. 따라서 업무에 관한 행위인지의 여부는 그 행위의 효과가 최종적으로 귀속하는 주체가 어디인가에 따라 객관적으로 판단될 문제라고 하겠습니다.

둘째, 양벌규정에 따라 벌금형을 받게 되는 법인 또는 개인에게는 고의에 따른 요건이 필요하지 않다는 점입니다. 즉, 업무상의 행위가 범죄를 구성할 때에는 그 행위자의 소속 법인 또는 개인의 고의나 과실 여부에 관계없이 벌금형이 과해지는 것이며, 특히 "과할 수 있다"가 아니라 "과한다"라고 명시함으로써 행위자가 처벌되면 사용자인 법인 등도 당연히 벌금형으로 처벌되는 것입니다.

결국, 법인 등 사용자를 동시에 처벌하는 것은 종업원 등에 대한 주의 의무를 태만히 수행한 데에 따른 당연한 결과이며, 만일 사용자가 고의로 종업원 등에게 범죄행위를 하도록 종용한 경우에는 교사범(敎唆犯) 또는 공동정범(共同正犯)으로서 벌금형이 아닌 해당 조의 직접적인 벌칙을 적용받게 되는 것입니다. 따라서 귀하의 경우처럼 대표가 모든 것을 책임지겠다고 불법행위를 강요했다면 그 모든 책임은 대표에게 있습니다. 다만, 그러한 사실을 나중에 입증할 수 있겠느냐 하는 점이 관건입니다. 계속 불법행위를 강요한다면 지금까지 이루어진 일들을 포함해서 대표가 책임지겠다는 증거를 남겨야 합니다. 업무를 거부하거나 아니면 책임 소재를 분명하게 밝힐 수 있는 효율적인 방법을 강구해 보기 바랍니다.

15. 학교신문 연재물의 저작권 귀속 여부

일선 고등학교의 교사입니다. 학교 신문에 실린 글(연재물)을 모아 학교 홍보용 단행본으로 출판하는 경우 필자들의 허락이 없으면 문제가 되지 않을까요? 독자들의 반응이 좋을 경우 상업출판도 고려하고 있습니다.

⟡

신문에 실리는 글은 어디까지나 1회 게재를 목적으로 하는 것이므로 신문에 실린 후의 저작권은 자동으로 저자에게 귀속됩니다. 따라서 연재물을 모아 단행본으로 내려면 새로운 출판계약을 별도로 맺어야 합니다. 다만, 신문원고 청탁 시 단행본 출판에 따른 사실을 미리 알리고 계약서를 작성한 사실이 있다면 별개의 문제입니다.

그런데 학생들의 글에는 또 다른 문제가 있습니다. 학생들은 대부분 민법에서 책임무능력자로 규정하고 있는 '미성년자'이기 때문인데요. 민법 규정에 따르면 미성년자가 법률행위(계약 체결 등)를 하려면 원칙적으로 법정대리인(학부모 등)의 동의를 얻어야 합니다. 만약 미성년자인 학생에게서만 동의를 얻은 경우에는 그 행위를 취소할 수 있습니다. 즉, 미성년자가 부모 등 법정대리인의 동의 없이 자신의 재산(저작재산권)을 처분하면 이 행위를 취소할 수 있는 것이지요.

따라서 학교신문에 실린 학생의 글에 대해서는 학부모의 동의 아래 이용허락을 얻어야만 안전하게 단행본을 출판할 수 있겠습니다.

16. 저작물 이용허락과 저작권사용료

우리 출판사에서 미술연구서를 출간 준비 중인데요. 저자가 직접 작가들로부터 출판에 사용해도 좋다는 허락을 구한 작품들이 몇 개 있습니다. 이 작품들의 경우, 특별히 저작권사용료를 지불하지 않고 사용해도 아무런 문제가 없는 것인지, 아니면 다시 협의해서 지불해야 하는 것인지, 또는 어느 기관을 통해 소정의 절차를 밟아야 하는 것인지 궁금합니다.

∽

저작물의 이용허락은 저작권자에게 주어진 고유 권한이므로 저작권자가 어떤 형태로든 이용허락을 했다면 다른 기관이나 사람을 통한 추가적인 절차는 필요 없습니다. 다만, 그러한 이용허락이 있었다는 사실을 입증할 필요가 생길 수도 있으므로 가급적 문서에 의한 이용허락을 얻는 것이 좋으며, 이 경우 저작물의 이용조건(저작권사용료 등을 포함해서)과 범위에 대해 자세히 기술하는 것이 좋겠습니다.

저자에게 다시 한 번 확인해서 문서상의 이용허락이 가능하다면 추가적으로 그렇게 하는 것이 좋겠습니다.

17. 저작물 이용허락 계약 시 주의사항

저는 소설과 시나리오에 관심을 갖고 습작에 열중하고 있는 작가 지망생입니다. 3년 전에 한 번 인터넷으로 전자책(e-Book) 출판계약을 한 적이 있는데, 아는 사람에게 계약서 내용에 대해 물어보니 전적으로 저에게 불리하게 되어 있다고 하더군요. 이미 계약한 후라 어쩔 수 없어 그냥 계약 만료시기를 기다리고 있습니다.

저처럼 불리한 계약으로 인한 피해를 입지 않으려면 어떻게 해야 하는지, 계약 시 주의해야 할 점은 무엇인지 알려 주세요. 저작권 등록을 하면 된다는 말도 들었는데, 과연 그런지도 알고 싶습니다.

∾

계약이란 당사자가 어떤 식으로든 합의해서 이루어지는 민법상 개인적 행위이기 때문에 나중에 이를 번복하는 일은 매우 어렵습니다. 따라서 계약 만료를 기다릴 수밖에 없지요. 그리고 계약내용을 잘 파악해서 계약 만료일 이전에 계약이 만료됨을 서면으로 알리기를 바랍니다. 만일 저절로 만료되는 것으로 알고 있다가 혹시라도 계약서에 만료에 대한 서면 통고가 없는 한 자동으로 연장된다는 조항이 있다면 다시 계약이 시작되는 것으로 해석할 수도 있기 때문이지요.

　그런데 우리나라의 경우 저작권은 완전 무방식주의를 택하고 있기 때문에 등록한다 해도 불공정계약을 피할 수는 없습니다. 등록이란 그저 제3자에 대한 대항의 수단으로, 즉 자신이 저작자임을, 또는 저작재산권을 양도받은 사람이거나 출판권을 설정한 사람(출판권자)임을 증명하기 위한 수단일 뿐 그것이 곧 저작권 보호를 위한 방식은 아니기 때문입니다. 저작권 등록의 내용은 매우 다양하며, 자세한 내용은 저작권위원회 홈페이지를 살펴보기 바랍니다.

18. 저작물의 재사용에 따른 이용허락

이미 출판된 어학 분야 책의 내용을 어학 관련 소프트웨어개발사에 이용허락할 경우 주의해야 할 저작권 관련사항은 어떤 게 있을까요? 출판사 입장에서, 소프트웨어사 입장에서, 그리고 저자의 입장에서 서로 주의해야 할 사항을 알고 싶습니다. 3자 모두 고의가 아니더라도 본의 아니게 상대에게 서로 피해를 줄 수 있을 것 같은데……. 출판사인 저희와 소프트웨어개발사 간의 제휴를 목적으로 일이 추진되었고 저자의 허락도 받은 상태입니다. 우선 저자가 관련 소프트웨어개발사에 저작물을 이용하게 할 경우, 유효기간과 저작권사용료 등의 문제 이외에 해당 저작물이 다른 곳에 사용되지 못하도록 하는 세부조항을 만들면 되는 건지요. 구체적으로 어떤 식의 조항이 들어가야 하는지, 특히 주의해야 할 사항은 무엇인지 궁금합니다.

∾

저작물의 이용에 관한 배타적 권리(exclusive right)는 저작재산권자에게 있습니다. 그러므로 저작재산권자는 자신의 저작물을 제3자에게 양도할 수 있을 뿐만 아니라 일정한 방법으로 저작물의 이용을 허락(license)할 수도 있습니다. 즉, 저작재산권자는 자신의 저작물을 스스로 이용할 수 있을 뿐만 아니라, 경우에 따라서는 다른 사람에게 이용을 허락하고 적당한 대가를 받음으로써 재산적 이익을 추구할 수 있다는 뜻이지요. 그러므로 저작재산권자로부터 허락을 얻지 않고 어떤 방법으로든지 저작물을 이용하는 것은 위법입니다.

그런데 정당하게 이용허락을 받은 이용자가 획득하는 권리의 성질에 주의할 필요가 있습니다. 저작재산권자가 저작물에 관하여 갖는 권리는 배타적 권리, 즉 누구를 상대로 하든지 행사할 수 있는 권리이지만, 이용허락을 받은 사람이 갖는 권리는 이용에 따르는 채권적인 권리라는 점입니다. 따라서 저작물의 이용에 대한 배타적 권리를 가진 저작재산권자는 같은 이용방법으로 여러 사람에게 이용허락을 할 수 있으며, 이용자는 이에 대해 이의를 제기할 수 없습니다. 이러한 이용허락의 종류에는 크게 세 가지가 있습니다.

첫째는 '단순이용허락'이 있는데, 이 경우에는 이용허락을 받은 사람은 저작재산권자가 같은 이용방법에 의하여 다른 사람에게 이용허락을 해도 아무런 제재수단이 없습니다.

둘째는 '독점이용허락'이 있는데, 이 경우 역시 특정의 이용자에게만 이용허락을 하고 다른 사람에게는 이용을 허락하지 않겠다는 채권과 채무의 관계를 맺은 것에 불과하므로, 저작재산권자가 다른 사람에게 독점이용에 대한 허락을 했다면 저작재산권자에게 채무 불이행에 따른 계약위반을 추궁할 수 있을 뿐, 제3의 이용자를 상대로 한 제재를 가할 수 있는 것은 아닙니다.

셋째는 '배타적 이용허락'이 있는데, 이 경우는 저작권법에 있어서 '출판권의 설정'이 대표적인 것으로, 배타적 이용을 전제로 한 계약이 이루어졌다면 이용자는 제3의 이용자에 대해서도 권리의 침해를 주장할 수 있습니다.

하지만 여기서 말하는 '이용허락'이란 첫째와 둘째의 경우만을 뜻하는 것으로 해석하면 됩니다. 또, 저작재산권자로부터 이용허락을 얻은 이용자라고 하더라도 "허락받은 이용방법 및 조건의 범위" 안에서만 그 저작물을 이용할 수 있습니다. 여기서 "허락받은 이용방법"이란, 복사·인쇄·녹음·녹화·공연·방송·전송, 그리고 전시 등과 같은 이용형태는 물론 이용부수, 이용횟수, 이용시간, 이용장소 등을 포함한 구체적인 이용방법을 모두 뜻합니다. 그리고 "허락받은 조건"이란, 저작물을 이용하는 대가로서 얼마의 금액을 언제까지 지급하기로 한다든가, 별도의 특약을 하는 것 등이라고 할 수 있습니다. 예컨대, 어떤 사람이 컴퓨터프로그램을 응용한 소프트웨어 형태의 이용을 위한 목적으로 어느 저작물에 대한 이용을 허락받았는데 소프트웨어가 아닌 전자책(e-Book)으로 꾸며서 전송의 방법으로 이용했다면 그것 역시 위법이 됩니다.

또한 저작물을 1년 동안만 이용하기로 계약을 맺었다면 1년이 지난 후에는 이용할 수 없으며, 모든 권리는 다시 원래의 저작권자에게로 복귀됩니다.

아울러 저작물을 일정한 용도에 의한 이용허락을 통해 이용에 관한 정당한 권리를 얻은 사람이라도 저작재산권자의 동의가 없이 제3자에게 이를 양도할 수 없습니다. 여기서 이용자가 얻은 권리란 곧 "허락받은 이용방법과 조건의 범위 안에서 그 저작물을 이용할 수 있는 권리"를 말하기 때문이지요. 예컨대, 어느 때로부터 3년 동안 출판에 의한 방법으로 저작물을 이용하기로 한 이용자가 1년이 지난 후에 다른 출판업자에게 저작물의 출판에 의한 이용권을 양도할 때에는 반드시 저작재산권자의 허락이 있어야 하며 그렇지 않을 때에는 역시 위법이 됩니다.

결국, 저작재산권자로서의 저자가 가장 중요한 위치에 있으며, 저자와 출판사, 저자와 소프트웨어개발사, 출판사와 소프트웨어개발사 사이에 어떤 약정을 하느냐 하는 문제는 당사자들끼리의 협의에 따라 달라질 문제이며, 그 내용은 정확하게 구체적으로 계약서에 명시되는 것이 좋습니다. 특히, 출판계약서상에 저자가 출판사에 위임한 사항, 즉 '허락한 이용방법과 조건'이 무엇인지 헤아려서 소프트웨어개발사와의 계약에 임한다면 큰 문제는 없겠습니다. 그렇더라도 저작인격권에 유념해서 성명표시권이나 동일성유지권을 침해하지 않도록 주의시키는 조항을 통해 저작인격권 침해문제가 발생하지 않게 해야 한다는 점을 잊지 말기 바랍니다.

19. 저작권자 불명의 저작물 이용

어느 인터넷 사이트에 올라 있는 글을 보고 아이디어가 떠올라 단행본을 준비 중에 있습니다. 물론 스토리는 작가가 새롭게 구성할 겁니다. 다만 사이트에 소개된 글의 일부분(소재)만 빌리려고 하는데, 사이트 운영자는 그 글에 대한 저작권이 자기네 소유가 아니라 글을 올린 네티즌의 소유라고 합니다. 그런데 그 네티즌과 연락할 길이 전혀 없습니다. 그냥 책을 출판해도 별 문제가 없을까요?

∽

현행 저작권법에서는 보호대상으로서의 저작물을 "인간의 사상 또는 감정을 표현한 창작물"이라고 규정하고 있습니다.

그동안 구축된 판례를 보면 저작권의 보호대상은 학문과 예술에 관해 사람의 정신적 노력에 의해 얻어진 사상 또는 감정을 말이나 문자, 음, 색 등으로 구체적으로 표현한 창작적인 표현형식이라는 점, 그리고 표현되어 있는 내용, 즉 아이디어나 이론 등의 사상 및 감정 그 자체는 설사 그것이 독창성, 신규성이 있다 하더라도 원칙적으로 저작권의 보호대상이 되지 않는다는 점, 그러므로 저작권의 침해 여부를 가리기 위해 두 저작물 사이에 실질적인 유사성이 있는가를 판단함에 있어서도 창작적인 표현형식에 해당하는 것만 가지고 대비해야 한다는 점을 확인할 수 있습니다. 그리하여 소설 등에 있어서 추상적인 인물의 유형 혹은 어떤 주제를 다루는 데 있어서 전형적으로 수반되는 사건이나 배경 등은 아이디어의 영역에 속하는 것들로서 저작권법에 의한 보호를 받을 수 없다는 점을 다시 한 번 강조하고 있으므로 대비해서 판단해 보기 바랍니다. 귀하가 이용하고자 하는 네티즌의 글이 어느 차원에 해당하는지 잘 헤아린다면 판단하는 데 큰 어려움이 없을 테니까요.

20. 저작재산권이 소멸한 저작물의 이용

신생 출판사인데, 문학전집을 기획 중입니다. 저작자 사후 50년이 지나면 저작권이 소멸되기 때문에 출판 등이 자유롭다고 알고 있는데요.

1. 만약 사후 50년이 지나지 않았더라도, 아래와 같은 저작권법 규정에 따라 전집 출판이 가능하지는 않은지요?

2. 그리고 이 규정에 나와 있는 복제권자의 범위는 어떻게 되는지요? 계약을 맺지 않은 출판사도 해당이 되는지요?

※ 저작권법 제60조(출판권의 존속기간 등)

① 출판권은 그 설정행위에 특약이 없는 때에는 맨 처음 출판한 날로부터 3년간 존속한다.

② 복제권자는 출판권 존속기간 중 그 출판권의 목적인 저작물의 저작자가 사망한 때에는 제1항의 규정에 불구하고 저작자를 위하여 저작물을 전집 그 밖의 편집물에 수록하거나 전집 그 밖의 편집물의 일부인 저작물을 분리하여 이를 따로 출판할 수 있다.

∾

만일 저작자가 사망해서 그 권리, 즉 저작재산권이 유족이나 유언에 의한 상속인에게 상속되어 있다면 그 유족 또는 상속인이 바로 저작재산권자로서 저작권법 제60조에서 말하는 복제권자가 됩니다. 따라서 귀사에서 기획 중인 문학전집(정확한 명칭은 선집이 맞겠지요?)에 이미 사망한 작가의 작품을 싣고자 한다면 복제권자인 저작재산권 상속인의 허락을 받아 실을 수 있습니다. 이렇게 허락을 받아 출판한 쪽, 즉 출판사는 복제권자가 아니라 해당 편집물인 문학선집의 출판권자가 되는 것이지요.

참고로 여러 저작물의 동시적인 이용허락에 대해서는 저작권신탁관리업체로 지정되어 있는 단체에 문의해 보는 게 좋겠습니다. 신탁관리단체를 통하게 되면 수많은 작가들의 작품을 일괄계약할 수 있으며, 저작권사용료 또한 일괄 지불할 수 있기 때문에 편리하니까요. 아니면 일일이 작품별로 저작재산권 상속인들을 접촉하는 것도 무방합니다.

만일 저작자가 사망해서 그 권리, 즉 저작재산권이 유족이나 유언에 의한 상속인에게 상속되어 있다면 그 유족 또는 상속인이 바로 저작재산권자로서의 복제권자가 됩니다.

21. 저작재산권 소멸 이후의 출판권

글 작가, 그림 작가 모두 사망한 지 50년이 넘었습니다. 외국 출판사 중 이 책의 초판본을 이용해서 100주년 기념판으로 만든 책이 있고요. 이 책을 이용해서 국내 출판을 하려 했더니, '편집권'이 있기 때문에(참고로 100주년 기념판은 2000년에 출간되었습니다) 저작권 계약을 해야 한다는 말을 들었습니다. 제가 알기로는 이런 퍼블릭 저작물들에 대해서는 외국에서 최근에 재출간된 책이라 하더라도 따로 계약을 할 필요는 없다고 들었는데요. 정확한 설명 부탁드립니다.

∾

우리나라의 현행 저작권법상 '편집권'은 인정되지 않습니다. 유럽 일부 국가에는 '판면권'이라고 해서 저작권에 준하는 권리(저작인접권)를 출판사에 인정하는 경우도 있습니다만, 국제관례상 상호주의 원칙에 따라 우리가 보호하지 않는 것을 외국 출판물이라고 해서 보호할 필요는 없겠지요. 특히 저작자 사후 50년이 경과한 저작물의 저작재산권은 소멸되어 자유이용 상태에 놓이게 되므로 저작자의 명예를 손상시키는 방법으로 저작인격권을 훼손하지 않는 한 누구든지 마음대로 이용할 수 있습니다. 따라서 귀하의 말대로 저작자 사후 50년이 경과한 것이 확실하다면, 편집권 운운하는 주장에 개의치 말고 (껄끄럽다면 100주년 기념판을 참조하지 말고) 외국에서의 초판을 기준 삼아 국내에서 번역출판한다면 아무런 문제가 없겠습니다.

22. 저작재산권이 소멸한 저작물의 2차적저작물에 대한 권리

1. 사망한 지 100년이 훨씬 넘은 A국 사람 '갑'의 글을 추려 A국 B출판사가 펴낸 책에 관련분야의 전문가인 A국 사람인 C씨가 서문을 써놓았습니다. 이 책을 한국어로 번역할 경우에 B출판사의 허락을 받아야 합니까? C씨의 서문을 번역하지 않고 '갑'의 글만을 번역하여 출간할 경우에는 어떤가요?

2. 독일 출판사가 희랍어/독일어 또는 라틴어/독일어 대역으로 출판한 책을 번역하여 한국에서 출간할 때, 독일어 번역자가 사망한 지 50년이 넘었다면, 그냥 써도 무방한가요, 아니면 독일 출판사의 허락을 받아야 하나요? 고대로부터 전해오는 희랍어나 라틴어 저작물을 번역하더라도 허락을 받아야 하나요?

∾

1. 원저작자는 사망한 지 100년이 넘었더라도 그의 원저작물을 가공하여 2차적저작물 또는 편집저작물을 작성한 사람이 별도로 있다면 그의 저작권은 별개로 인정됩니다. 즉, 문의내용 중에 "갑의 글을 추려"라는 표현이 있는데, 이는 곧 편집저작물을 가리키는 것으로 보이므로 서문뿐만 아니라 전체 내용을 그대로 이용하려면 'A국 B출판사'와 협의를 해야 하는 것으로 판단됩니다. 곧 서문만 저작권이 존재하는 것이 아니라 책 전체에 원저작자의 권리와는 별도의 편집저작권이 존재하는 것으로 판단됩니다. 따라서 귀사에서 저작권에 관계없이 한국어판 출판을 하려면 원작자의 작품을 별도로 파악해서 그것을 새로이 추려 엮는 방식으로 번역하면 되겠습니다.

2. 번역행위는 곧 2차적저작물을 작성하는 창작행위로서 번역자에게는 원작자와는 별도의 저작권이 주어집니다. 그런데 원저작물에는 애초에 저작권이 없고, 그것을 번역한 사람 역시 사망 후 50년이 지났다면 번역물 역시 저작권이 소멸되어 자유이용 상태에 놓였으므로 누구든지 마음대로 이용할

수 있습니다. 다만, 앞의 경우와 마찬가지로 그것이 편집저작물(소재의 선택과 배열에 있어 창작성이 인정되는 저작물/선집 또는 전집류)에 해당한다면 누가 그것을 엮었느냐에 따라 그의 저작권 존재 여부를 또한 살펴보아야 합니다.

번역행위는 곧 2차적저작물을 작성하는 창작행위로서 번역자에게는 원작자와는 별도의 저작권이 주어집니다.

23. 저작재산권 소멸의 기준

저는 출판사 창업을 준비하고 있는 사람입니다. 작가 사망 후 50년이 지나면 저작권이 소멸된다고 들었습니다. 그런데 다른 변수가 있을 수는 없는지요? 해당 작가가 생전에 저작권을 가족이나 특정단체에 양도했을 경우에도 저작권은 소멸된 것으로 볼 수 있는지요?

∽

그렇습니다. 저작권은 인격권과 재산권을 포함하고 있는데, 그 중 인격권은 저작자 사망과 동시에 소멸되며(다만, 저작자 사후에는 명예를 훼손하는 방법으로 저작인격권을 침해하면 안 됩니다), 재산권은 사후 50년까지만 보호됩니다. 이는 "문화의 향상발전"이라는 본연의 목적을 위해 국제적으로 통용되고 있는 원칙이기도 합니다. 다만, 선진국을 중심으로 사후 70년 이상으로 늘려야 한다는 목소리가 높아지고 있으며, 이미 국가별로는 사후 70년 이상으로 보호수준이 높아진 경우도 있습니다. 하지만 우리나라에서는 아직까지 사후 50년 보호기준이 적용되고 있으므로 저작자 생전에 양도 또는 상속되었든, 저작자 사망과 함께 상속되었든 저작권은 저작자 사후 50년까지만 보호되며, 그 이후에는 자유이용 상태에 놓이게 되어 누구든지 이용할 수 있습니다.

24. 저작재산권 보호기간의 기산점

저작재산권의 보호기간인 저작자 사후 50년 규정에 대해 자세히 알고 싶습니다. 만으로 따져서 계산하는 것인지, 아니면 몇 주년 식으로 계산하는지요? 예컨대 1958년 10월에 돌아가신 저자의 경우 2008년 10월에 저작재산권이 소멸되는지요? 그리고 사후 50년이 훨씬 지난 저자의 기념사업회가 있을 경우 기념사업회에 저작권이 있을 수 있는지 자세히 알고 싶습니다.

∽

저작권은 저작인격권과 저작재산권으로 나뉘는데, 인격권은 제3자에 대한 양도나 상속이 불가능한 저작자 고유의 권리이므로 저자가 사망하게 되면 자동으로 소멸합니다.

또 저작재산권은 저작자 사후 50년 동안 보호되는데, 이때 기산점은 사망한 해를 제외하고 다음 해 1월 1일 0시부터 시작됩니다. 그리하여 50년이 되는 해 12월 31일 자정에 만료되는 것이지요. 이렇게 해서 저작재산권까지 소멸되고 나면 해당 저작물은 자유이용 상태에 놓이게 되므로 (저작자의 명예를 훼손하는 방법이 아닌 한) 누구든지 자유롭게 그 저작물을 이용할 수 있습니다.

만일 사후 50년이 지난 저자의 기념사업회가 있는 경우에도 위의 원칙은 그대로 적용됩니다. 다만, 사업회에서 저자의 평전을 만들었다거나 전체 작품을 모아 전집물을 만들었다면 해당 평전에 대한 저작권 및 전집물로서의 편집저작물에 대한 저작권은 기념사업회가 보유하며, 이때 저작재산권 보호기간은 공표 후(다음 해부터 기산하여) 50년입니다. 즉, 기념사업회에서 직접 창작 내지 작성한 것이 아닌 원저작물로서의 저자의 작품은 누구든지 마음대로 이용할 수 있겠습니다.

25. 패러디와 저작권 침해의 경계

현재 저희 출판사에서 진행하는 책 중에 휴대폰 모바일 콘텐츠 관련도서가 있습니다. 이 책 표지에 모 통신사의 유명 광고내용을 모방한 문구를 사용하려고 하는데 저작권 문제가 걸립니다. 광고 카피 중 몇 가지 말을 약간만 수정하고 광고화면을 삽화로 다시 그려서 사용하려고 합니다. 물론 패러디 형식이지만 비꼬는 투의 패러디는 아니고 그 아이템을 많이 차용하는 방안인 셈이지요. 삽화를 새로 그리기 때문에 초상권에서는 벗어나는데 패러디가 저작권에 어떻게 영향을 미치는지 궁금하네요.

또 하나, 컴퓨터 입문서 중 포토샵을 다룬 책을 진행하게 되었습니다. 이 책에는 샘플 사진이 들어가게 되는데 필자들이 직접 전시회에 가서 찍어 온 인형이나 인테리어 소품 등의 사진을 책에 사용할 때 소품 제작자 등에 허락을 받아야 하는지요?

∾

첫 번째 질문부터 살펴보지요. 저작물의 모방성과 관련하여 자주 문제가 되는 것이 바로 '패러디(parody)' 기법인데요. 패러디란 원래 문학에서 "특정한 작품의 진지한 소재와 태도, 또는 특정작가의 고유한 문체를 모방해서 그것을 저급하거나 매우 걸맞지 않는 주제에 적용시키는 것"을 말합니다. 우리 주변을 둘러보면 패러디라고 주장하는 창작행위는 얼마든지 있을 수 있겠지요. 하지만 그것이 진정한 의미에서 패러디라면, 패러디라고 여겨질 수 있을 정도의 작품성이 엿보인다면 다행이지만 무단복제에 불과하다면 문제는 달라집니다. 질문내용으로 보건대 패러디가 아닌 저작권 침해 가능성이 매우 높으며, 특히 광고화면을 삽화로 처리한다고 했는데 그것 역시 저작권 침해 가능성이 매우 높습니다. 아이디어만 차용해 오고 내용 자체가 완전히 달라지지 않는 한 저작권 침해로부터 자유로울 수 없음을 유념하기 바랍니다.

두 번째, 인테리어 소품 자체도 응용미술저작물 또는 건축저작물로 볼 수 있습니다. 따라서 그것을 만든 사람이 저작권자가 되겠지요. 이를 평면적인 사진으로 찍는다면 그것을 창작적인 사진저작물로 보아 별도의 저작권이 부여되겠지만, 원저작권자인 인테리어 소품 작가의 저작권은 여전히 유효한 걸로 보입니다. 따라서 사진을 찍은 사람뿐만 아니라 인테리어 제작자에게도 허락을 받고 이용하는 게 좋겠습니다. 돌다리도 두드려 보고 건넌다는 심정으로 조심해서 나쁠 것은 없으니까요.

26. 보호받지 못하는 저작물의 기준

국제회계기준에 관한 도서를 출판하려고 합니다. 우리나라의 기업회계기준 등은 그냥 수록해도 되는데, 국제회계기준(IAS)의 원문을 수록하는 경우에는 별도의 로열티 등 비용을 지불해야 하는지 궁금합니다. 보통 UN협약 및 OECD협약 등 국제적으로 통용되는 것들은 원문을 수록할 수 있는 것이 아닌지요?

෴

저작권법은 근본적으로 저작자인 개인이나 단체의 권리를 보호하기 위해 마련된 제도적인 장치이지만, 무조건 보호만을 규정하고 있지는 않습니다. 즉, 저작권법 제정의 취지에는 저작권을 보호함으로써 국가적인 차원에서 문화의 향상과 발전을 도모하기 위한 공공성 또한 강하기 때문이지요. 따라서 저작물의 성질로 보아 국민에게 널리 알려 이용하게 함으로써 훨씬 더 유익한 효과를 가져올 수 있는 것은 보호의 대상에서 제외하기로 하고, 이를 저작권법에 명시하고 있습니다.

현행 저작권법에 따르면 '헌법·법률·조약·명령·조례 및 규칙' 등 각종 법령은 저작권법의 보호를 받지 못합니다. 여기서 말하는 법령이란, 헌법을 비롯해서 형법, 민법, 상법, 저작권법 등의 각종 법률과 대통령·국무총리의 령, 각 행정부처의 령, 그리고 법률과 동등한 효력의 조약이나 협약은 물론 그 밖의 국제법규까지 포함하는 개념입니다. 이처럼 법령을 보호받지 못하는 저작물로 규정하고 있는 까닭은 그것이 모든 국민의 실생활과 관련하여 수시로 이용가능한 상황에 놓여 있어야 하므로, 그것을 작성한 누군가의 허락에 의해서만 이용할 수 있다면 많은 문제점이 생길 소지가 있기 때문이지요. 하지만 어느 개인이 각종 법령을 체계적으로 배열했거나 법령에 대한 해설을 곁들인 저작물을 만들었다면 이는 별도의 저작물로서 보호됩니다. 즉, 수많은 법령 중에서 관련법규만을 모아 창작성이 있게 배열했다면 편집저작물이 될 수 있고, 어떤 법령에 대해 알기 쉽도록 해설을 붙여 다른 저작물을 작성했다면 그것은 하나의 독립적인 저작물로 인정됩니다.

따라서 질문에 등장하는 '국제회계기준(IAS)'이 여기에 해당한다면 저작권이 인정되지 않으므로 자유롭게 이용해도 무방합니다.

27. 외국 저자의 저작권위탁관리

외국 도서에 대한 저작권위탁관리에 대해 문의합니다. 어떤 외국 도서를 번역하여 국내에서 출판하고자 하는데, 원저작자로부터 국내에서의 번역서 출간에 대한 모든 사항을 위임받았습니다. 특별히 계약 같은 게 있는 건 아니고요. 원래대로라면 번역서를 내고자 하는 국내 출판사와 원저작자 사이에 계약을 체결하고 원저작자가 직접 저작권사용료를 받아야 하는데, 현재 원저작자는 저작권사용료까지도 저희더러 모두 받아 송금해 주기를 바라고 있습니다. 출판사에서는 출판계약과 별도로 저작권에 대해서도 별도 계약을 해야 한다고 하는데요, 꼭 그렇게 해야 하는지요? 출판계약서에 본 도서에 대한 저작권 행사를 저희가 모두 대리한다는 사항을 명시하고(약식으로 하는 거지요), 번역에 따른 인세에 저작권료를 포함하여 받아도 되지 않을까 해서 여쭤봅니다. 만약 별도로 계약서를 작성해야 한다면, 어떻게 계약서를 작성해야 할까요? 저작권 이용에 관한 중개계약서를 활용하면 되는 것인지 알고 싶습니다.

∽

법률적으로 '대리(代理)'란 권리자인 본인을 대신한 다른 사람(대리인)이 저작물의 이용허락 등의 법률행위를 수행하고 그 법률행위의 효과는 본인에게 귀속되는 것을 말합니다. 즉, 법률행위는 다른 사람이 하지만 그에 따른 효과는 권리자에게 귀속되므로 대리인에게는 아무런 직접적인 권리가 주어지지 않는 셈이지요. 또, '중개(仲介)'란 권리자와 저작물 이용자 사이에 저작물의 이용에 관한 계약이 성립되도록 노력하는 사실행위를 업무로 하는 것을 말합니다. 예컨대, 부동산이나 상품판매에 있어서의 주선(周旋) 또는 거간(居間) 등의 중개업무와 같은 것이지요. 이는 권리자를 위한 행위이기는 하지만 권리자를 대리하여 법률행위를 하는 것이 아니므로 앞의 '대리'와 다르며, 처음부터 자기 명의로 계약을 체결하는 것이 아니므로 '신탁(信託)'과도 다릅니다.

어떤 경우든 일단 원저작권자의 위임장이 있어야 하며, 위임장에 위임된 사항에 따라 대리인지, 중개인지, 아니면 신탁인지 결정됩니다. 따라서 귀하가 원저작권자로부터 어떤 권리를 위임받았는지 확인할 수 있는 입증자료를 제시하고 확인절차를 거친 후 출판사와 계약을 체결해야 할 것으로 보입니다. 그 밖의 계약내용은 당사자끼리 협의해서 결정할 문제이므로 잘 판단해서 결정하면 되겠습니다.

28. 저작권신탁관리의 범위

저작권신탁관리에 대해 알고 싶습니다. 제가 알아본 바에 의하면 음악이나 예술, 문예, 방송 등은 저작권에 대해 자동으로 보호가 되어, 저작자가 따로 신청하지 않아도 저작권이 등록되고 위탁관리되는 것으로 알고 있습니다. 그런데 만화 같은 경우에는 저작권이 어떻게 되나요? 제가 보기에는 아직까지 예술이라 할 수도 없고, 문학이라 할 수도 없는 어중간한 입장에 있는 것 같은데, 따로 관리해 주는 곳이 있나요? 아니면 '한국문예학술저작권협회'란 곳에서 같이 보호를 해 주는 건가요?

∽

저작권은 국제적으로 무방식주의 원칙에 따라 보호되므로 등록 등 어떤 절차나 형식의 이행을 필요로 하지 않으며, 창작과 동시에 보호되는 배타적 권리입니다. 이때 저작권자 여부는 저작자 스스로 입증할 수 있어야 하며, 자동적으로 어딘가에 등록되거나 위탁관리되는 것은 아닙니다. 저작자가 필요에 따라 저작권위원회에 필요한 사항을 등록함으로써 제3자에 대한 대항권을 얻는다든가, 신탁관리단체에 자기 저작권을 맡겨서 대신 행사하게 하는 등 직접 신청해야 하는 것이지요.

한편, 저작권법에서 예시하고 있는 문학이니 예술이니 하는 것은 절대적인 기준이 있는 것이 아니기 때문에 인간의 사상이나 감정을 표현한 창작물이라면 그것이 어떤 형식이든 저작물로서 보호됩니다. 만화 역시 훌륭한 창작물이므로 저작권법의 보호를 받는 데 아무런 문제가 없습니다. 만화를 창작한 사람이 저작자이면서 동시에 저작재산권자가 되어 권리를 행사하면 됩니다. 이것 역시 따로 어딘가에 등록하거나 위탁할 필요가 전혀 없으며, 위탁하고자 한다면 위탁기관을 스스로 정해서 그곳과 계약을 하면 되겠습니다.

29. 신탁관리 저작물의 이용에 따른 저작권 문제

자서전류의 책을 내려고 하는데 원고 중에 저자가 음악을 하던 시절 자신이 작사·작곡한 노래의 가사가 삽입되어 있습니다. 그리고 그 노래들은 모두 한국음악저작권협회에 등록되어 있는 곡들입니다. 이런 경우, 출판사가 인세를 지불하는 것과 별개로 저자 본인의 책에 저자 자신이 지은 노래의 가사가 들어가는 것에 대한 저작권료를 출판사가 지불해야 하는 것인지요? 저작권협회 측에서는 저자 자신이 쓰는 것이라도 재산권이 위탁되었으므로 당연히 지불해야 한다고 말합니다. 그런데 어느 법률사무소에서는 협회에 권리를 위탁한다는 것은 다른 사람이 자신의 권리를 쓸 때 관리해 달라는 뜻이 담겨 있으므로 자신이 쓰는 경우에는 저작권사용료를 내지 않는 것이 당연하다고 합니다.

노래의 음원에 대해서도 그렇습니다. 홍보 차원에서 비매품으로 노래를 몇 곡 담으려고 하는데 저작권자가 아닌 사람이 판권을 가지고 있는 곡이 몇 개 있습니다. 판권 소유자는 자신이 허락했으므로 협회 측에는 비용을 지불하지 않아도 된다고 말합니다. 물론 협회에서는 그렇지 않다고 하고요. 이렇게 판권 소유자와 협의가 되어 음원을 쓸 경우에도 법적으로 어떤 문제가 발생할 수 있는 걸까요?

∽

저작권법상 '저작권신탁관리업'이란, "저작재산권자·출판권자 또는 저작인접권자를 위하여 저작재산권·출판권·저작인접권 또는 그 이용권을 신탁받아 이를 지속적으로 관리하는 업"을 말합니다. 저작권자·출판권자·저작인접권자들로부터 그들이 갖고 있는 권리 즉, 저작재산권·출판권·저작인접권 또는 이용권을 이전받아 이를 관리해 줌으로써 권리자의 이익을 증대시키고 그에 따르는 수수료 등을 수입으로 삼는 업종을 가리킵니다.

다시 말하면 '신탁(信託)'에 의한 저작권위탁관리란 신탁업무를 설정하는 자인 저작권자(위탁자)와 그러한 신탁을 인수하는 자(저작권위탁관리업자인 수탁자)가 서로의 신뢰를 바탕으로 위탁자가 저작재산권 등을 수탁자에게 이전하거나 기타의 처분을 하고, 수탁자는 위탁자의 이익을 위해 그 재산권을 관리하거나 처분할 수 있도록 하는 것을 말합니다. 따라서 신탁업무를 수행하는 수탁자는 권리자인 위탁자의 수익을 고려해서 저작물을 관리할 의무를 부담하며, 관리의 결과로 생기는 이익이나 손실은 위탁자인 저작권자에게 귀속하므로 대리나 중개업무와는 확실히 구별되나 결과적으로는 신탁에 의한 관리를 해 주고 그에 대한 일정액의 수수료를 받을 수 있을 뿐입니다. 그러므로 신탁의 방법으로 위임된 권리는 법률상으로는 수탁자인 위탁관리업자에 속하지만 경제적인 면에서는 위탁자인 저작권자에게 속합니다.

결론적으로, 저작권자 자신이 자기 저작물을 이용하는 행위에까지 수탁자의 권리가 미친다고 볼 수 없으므로 저작권협회에 별도의 저작권사용료를 지불할 필요는 없습니다. 법적으로는 확실히 그렇습니다만, 혹시 저작권자와 협회 사이에 체결한 신탁관리업무에 관한 계약서에 어떤 내용이 특별히 약정되어 있는지 모를 일이므로 확인해 보기 바랍니다. 그리하여 만일 저작권자 개인과 협회 사이에 자신의 저작물에 대한 이용행위에까지 협회의 권리가 미친다고 명시되어 있다면 민법상 계약이 유효하므로 그 내용을 따라야 할 것으로 보입니다. 그렇지 않다면 당연히 저작권자는 협회와 관계없이 자신의 저작권을 행사할 수 있는 것이 마땅합니다.

30. 저작권위탁관리업의 내용과 의미

외국 도서를 번역하려면 이용할 수밖에 없는 것이 이른바 '에이전시'라는 곳인데, 이들의 업무를 규정하고 있는 법적 근거는 무엇인가요? 왜 국내 도서에 대해서는 비슷한 업무를 하는 곳이 별로 없는지 궁금합니다.

∾

저작권은 저작권자 자신에 의해 직접 관리되는 것이 가장 이상적입니다. 그러나 엄청나게 다양해지고 있는 저작물과 그것을 이용하려는 사람들의 폭발적인 증가에 따라 적절한 저작물 또는 이용자를 선별하기가 사실상 어려워지는 추세에 있습니다. 우선 저작권자의 측면에서 보면 저작권에 관한 전문지식이 부족하여 자신의 권리를 적절히 행사하지 못하는 경우가 많고, 누군가에 의해 자신의 저작물이 이용되고 있는지 파악하기 어려우며, 따라서 저작물에 대한 권리자의 직접적인 관리가 거의 불가능하다고 해도 과언이 아닙니다. 또한 이용자의 측면에서 보면 이용허락을 얻기 위해 저작권자와 개별적으로 접촉하는 일이 쉽지 않으며, 허락을 받아내는 절차에 있어서도 전문지식이 부족한 경우에는 어려움이 많을 수밖에 없습니다. 특히 국제적인 저작물 거래에 있어서는 어려움이 훨씬 더 커지게 됩니다.

이러한 문제점을 보완하고 저작물 거래과정에 실질적인 도움을 주기 위해 현행 저작권법에서는 '저작권위탁관리업'에 대해 규정하고 있습니다. 저작권위탁관리업에는 대리·중개·신탁이 있으며, 이 중에 하나 또는 여러 분야를 동시에 업으로 삼을 수도 있도록 규정하고 있는 것이지요. 여기서 '대리(代理)'란 권리자인 본인을 대신한 다른 사람(대리인)이 저작물의 이용허락 등의 법률행위를 수행하고 그 법률행위의 효과는 본인에게 귀속되는 것을 말합니다. 이때 법률행위는 다른 사람이 하지만 그에 따른 효과는 권리자에게 귀속되므로 대리인에게는 아무런 직접적인 권리가 주어지지 않습니다. 다음으로, '중개(仲介)'란 권리자와 저작물 이용자 사이에 저작물의 이용에 관한 계약이 성립되도록 노력하는 사실행위를 업무로 하는 것을 말합니다. 예컨대, 부동산이나 상품판매에 있어서의 주선(周旋) 또는 거간(居間) 등의 중개업무와 같은 것이지요. 이는 권리자를 위한 행위이기는 하지만 권리자를 대리하여 법률행위를 하는 것이 아니므로 앞의 대리와 다르며, 처음부터 자기 명의로 계약을 체결하는 것이 아니므로 신탁과도 다릅니다. 끝으로, '신탁(信託)'이란 신탁업무를 설정하는 자인 저작권자(위탁자)와 그러한 신탁을 인수하는 자(저작권위탁관리업자인 수탁자)가 서로의 신뢰를 바탕으로 위탁자가 저작재산권 등을 수탁자에게 이전하거나 기타의 처분을 하고, 수탁자는 위탁자의 이익을 위해 그 재산권을 관리하거나 처분할 수 있도록 하는 것을 말합니다.

거듭 살피건대, 저작권위탁관리제도를 도입한 이유는 저작물의 거래비용을 최소화하는 한편 저작물 이용허락의 활성화를 도모할 수 있다는 점에 있습니다. 이 같은 장점에도 불구하고 오늘날 저작권위탁관리는 주로 외국 저작물의 수입과정에 치중되어 있고, 국내 저작물의 경우에는 그다지 유용하지 않는 것으로 보입니다. 그나마 우리 출판계에서 주로 활용하고 있는 저작권 중개실태를 살펴보면, 현재 외국 저작물 이용실태에 있어 가장 큰 문제점으로 지적되고 있는 것은 뭐니뭐니 해도 '에이전시와 출판사와의 신뢰 구축'이 제대로 이루어지지 않았다는 점이 아닐까 싶습니다. 출판사는 중개업체를 그냥 거간꾼으로 생각하고, 중개업체들은 저작권료 정산문제 등을 이유로 출판사를 신뢰하지 못하는 경우가 많다는 느낌이 듭니다. 문화산업의 근간으로서 국제 교역무대에서 날로 그 비중이 커지고 있는 지적재산권의 인프라를 내포하고 있는 출판산업의 긍정적인 팽창을 위해서라도 저작권위탁관리업체와 출판사의 상생을 위한 협조관계 구축은 필수적인 조건이 아닐 수 없습니다.

31. 노랫말 이용에 따른 저작권

노래 가사를 가지고 책을 만들려고 합니다. 그런데 우리가 기획한 책은 가사집이 아니고, 특정음악을 선정해서 그 노래의 가사를 원고로 삼고 그림을 넣는 형태일 경우에 작사를 한 사람과 작곡을 한 사람 모두와 계약을 해야 하는지, 아니면 작사가에게만 이용허락을 얻으면 되는 것인지 알고 싶습니다. 어떻게 해야 할까요?

❧

동요나 가곡, 대중가요 같은 음악저작물의 경우 가사와 음이 함께 쓰이게 마련이지만, 노랫말(가사)만 따로 사용하게 되면 이는 어문저작물이 됩니다. 문의 내용처럼 가사만 이용한다면 작곡가와는 아무런 관계가 없으므로 작사가의 허락만으로 이용이 가능합니다. 만일 여러 사람의 가사가 필요하다면 한국음악저작권협회나 한국문예학술저작권협회 같은 저작권신탁관리단체와 상의해서 일괄계약을 할 수도 있을 겁니다.

32. 음악저작물의 저작권과 저작인접권

이번에 우리 출판사에서 서양 음악의 역사에 관한 책을 준비하고 있습니다. 이 책은 주로 대학 교재로 쓰일 예정인데 책 속에 예로 든 음악의 음원(베토벤, 바흐 등의 클래식)을 녹음한 CD를 비매품으로 만들어 독자들에게 증정하려고 합니다. 음원은 특정한 연주자나 음반회사의 것이 아니라 저자들이 현재 소장하거나 대학의 자료실 등에 보관 중인 자료를 사용할 것입니다. 음악 전체를 싣는 것도 아니고, 음악 중 일부분(길면 3~4분 정도)만 쓸 예정입니다. 이런 경우에도 저작권 침해에 해당하는 걸까요?

∽

클래식 음악저작물의 경우 저작권자, 즉 작곡자가 사망한 지 이미 50년 이상이 지났다면 저작물 자체의 저작권은 소멸되었으므로 누구든지 마음대로 사용할 수 있습니다. 그러나 그것이 연주의 형태로 녹음되어 음반이 만들어지게 되면 음반 자체에 저작권과는 별도의 저작인접권이 부여됩니다. 이때 저작인접권자는 연주자(지휘자를 포함한 모든 악기 연주자가 해당되며, 그 권리는 대개 음반제작사에 위임되어 있는 경우가 많습니다)와 음반제작자(음반제작회사의 대표)입니다. 그리고 이러한 저작인접권은 음반이 발매된 때로부터 50년 동안 보호되므로 그 기간을 따져 보아서 보호기간에 해당된다면 저작인접권자의 허락을 받아야 해당 음원을 사용할 수 있겠습니다. 전체 음악저작물이 아닌 일부를 사용하더라도 마찬가지이므로 음원의 저작인접권 유무를 확인해 보기 바랍니다.

33. 그림을 그린 사람의 권리

영어 학습용 이미지북의 일러스트를 의뢰받아 의뢰인이 구성한 내용에 맞추어 그림을 그렸습니다. 계약서 쓰기를 차일피일 미루면서 구두로만 "책이 출판될 때 그림 그린 사람의 이름을 올려주겠다."고 약속했는데, 출판을 앞둔 시점이 되자 이번에는 그린 이의 이름을 올리는 것은 자신의 고유 권한이라고 주장합니다. 또 계약서를 쓰면서 저작권은 전부 자기가 갖고 대신에 캐릭터 저작권만 저에게 주겠다고 합니다. 그렇다면 정말로 책이 출판될 때 그림 그린 사람의 이름을 넣을 것인지 말 것인지 결정하는 일이 내용을 구성한 사람의 고유 권한인가요?

∿

저작권은 저작물을 창작하는 순간 자동적으로 생기는 권리이며, 기본적으로 직접 창작한 사람에게 주어지는 권리입니다. 따라서 그림에 대한 권리는 당연히 그림을 그린 사람에게 있는 것이지요. 귀하의 권리를 확실하게 보장받으려면 책이 나오기 전에 이 같은 사실을 명확하게 문서화할 필요가 있습니다. 즉, 글에 대한 권리는 글쓴이가, 그림에 대한 권리는 그린 이가 가져야 하는 것이지요. 표지에 글쓴이와는 별도로 그림을 그린 사람이 누구인지 나타내는 것은 글쓴이의 고유 권한이 아니라 저작권자인 그림을 그린 사람의 고유 권한입니다. 굳이 계약을 하지 않더라도 그림을 그린 것만 입증한다면 저작자로 인정받을 수 있으므로 크게 걱정할 필요는 없겠습니다.

34. 일러스트레이터와 의뢰인의 관계

우리 회사에서 특정 나라의 지도를 기획, 인쇄한 적이 있습니다. 그 지도에는 여러 가지 건물과 배경이 들어가서 프리랜서로 일하는 전문 일러스트 작가에게 지도를 의뢰하게 되었습니다. 처음에는 컷당 가격을 산정해서 비용을 지불했는데, 일이 잘 되어서 더 상세한 지도를 맡기게 되었습니다. 원래 처음에 일을 맡겼던 화가의 작업이 부실해서 재작업을 의뢰한 것이었기에 일러스트 작가는 다른 화가가 그린 그림을 바탕으로 작업에 들어갔습니다. 따라서 우리로서는 일러스트 작가의 독창성이 100퍼센트 반영된 것이라고 생각하지 않습니다. 우리가 준 자료가 상당히 있었고 밑그림까지 제공된 것이니까요.

그런데 마무리 단계에서 일러스트 파일을 받아 별도의 책자에 이용하려고 했더니 일러스트 작가는 자기한테 저작권이 있기 때문에 컷으로 쓸 수 있는 파일을 줄 수 없다고 합니다. 이미 지불한 비용이 적은 것도 아닌데 난감한 처지에 놓였습니다. 우리로서는 지도와 별도로 좀 더 상세한 가이드맵을 담은 책자를 만들 생각이고 본사에서 발행하는 잡지에도 그 일러스트를 이용할 생각으로 많은 돈을 들여 작업을 맡긴 것인데, 이제 와서 일러스트 작가는 지도 이외에는 자기가 작업한 것을 절대로 쓸 수 없다고 합니다. 저작권은 100퍼센트 모두 자기에게만 있다고 주장합니다. 애초에 계약서를 쓴 것도 아니라서 더욱 난감합니다.

우리는 일러스트 작가에게 작업을 의뢰하면서 그에 따르는 대가를 충분히 지불했는데도 불구하고 저작권이 왜 일러스트 작가에게 있는 것인지 모르겠습니다. 나아가 그렇게 해서 나온 결과물을 다른 업체에 준다거나 판매한다는 것도 아니고 우리 회사에서 발행하는 다른 책자에만 사용하겠다는데도 별도의 사용료를 내야 하는지 이해가 되지 않습니다.

우선, 저작권 보호를 받는 저작물로 인정되려면 창작물로서의 독창성이 있어야 합니다. 이러한 독창성에 대한 국내 학자들의 견해를 살펴보면 "그것이 작자 개인의 독자적인 사상 또는 감정의 표현으로서, 남의 것을 단순히 모방한 정도의 작품이 아니며, 또한 누가 하더라도 같거나 비슷할 수밖에 없는 내용의 것이 아니어야 한다는 의미"라고 해석하고 있습니다. 그런데 인간의 사상이나 감정의 표현은 선인(先人)의 문화적 유산 위에 성립하는 것으로, 절대적이며 완전하게 무엇을 창조한다는 것은 불가능하기 때문에 여기서의 독창성이란 정도상의 문제로서, 다른 것을 직접적으로 모방한 일이 없이 독립적으로 무엇을 만들었을 때는 독자적인 창작이 이루어졌다고 보는 것이 일반적인 통념이며, 이것이 바로 독창성이라 이해해도 무방하다고 합니다.

이처럼 아이디어와 표현의 이분법은 '사실과 표현의 이분법'과 쌍둥이라고 할 수 있는 것으로서 저작권법에서 고전적인 법리입니다. 이것은 저작권법이 권한 없는 복제로부터 독창적인 창작을 보호함으로써 저작자로 하여금 새로운 저작물을 창작하는 데 인센티브를 부여한 것과 만인의 공유(public domain) 영역에서 새로운 저작물에 대한 기본적 요소를 보존한 것 사이의 균형을 유지하려는 의도를 반영하고 있습니다. 따라서 법원은 저작권으로 보호할 수 있는 저작물의 범위를 아이디어까지 확장해서는 안 된다는 의미로 해석하고 있지요. 이것은 새로운 저작물을 창작하기 위해 아이디어를 타인이 이용하는 것을 허용하고 따라서 문화의 발전을 촉진함으로써 공공의 복지에 이익이 되기 때문입니다.

결론적으로, 귀사의 위탁에 의해서 만들어진 일러스트이지만 그것을 최종적으로 창작하고 저작물로 완성한 사람은 그 일러스트레이터이므로 결과물의 저작권자는 현재 저작권을 주장하는 일러스트레이터가 될 수밖에 없습니다.

비록 귀사에서 일정 소스와 함께 이미 만들어진 그림까지 제공했지만 어쩔 수 없는 노릇입니다. 귀사에서 제공한 그 모든 것들은 아이디어 차원에 불과한 수준일 가능성이 높기 때문입니다. 만일 그 일러스트레이터가 사용한 밑그림 자체에 일정정도의 창작성이 있다면, 즉 최종 결과물이 밑그림에서 크게 변하지 않았다면 애초에 밑그림을 그린 화가를 통해 저작권 침해를 이유로 이의를 제기할 수는 있겠습니다.

보다 근본적인 문제점은 작업 시작 이전에 합리적인 계약서 작성을 하지 않았다는 데 있습니다. 최종 결과물에 대한 저작권 귀속 여부와 그 저작물의 이용조건 및 범위 등을 미리 약정하지 않고 작업이 시작되었기 때문에 결국 저작권자의 주장이 우선될 수밖에 없는 것이지요. 늦었지만 이제라도 정확한 이용조건과 범위를 약정하는 계약서를 작성하도록 협상해 보기 바랍니다. 그렇지 않다면 일러스트레이터가 주장하는 대로 이미 지급된 금액은 지도 인쇄물에 대한 사용료로 해석할 수밖에 없으며, 잡지나 기타 도서 등 다른 용도로 사용할 경우에는 그에 따르는 사용료를 별도로 지불할 수밖에 없는 것으로 보입니다.

35. 명화 이용에 따른 저작권과 소유권 문제

저는 출판사에 다니는 편집자입니다. 세계적으로 이름난 '명화(名畵)'를 모아 책으로 발간하고자 합니다.

1. 이 경우 저작권사용료(로열티)를 어떤 방식으로 어떤 곳에 지불해야 될까요?

2. 사후 50년이 지난 저작물은 법적 보호를 받지 못한다고 알고 있습니다. 그럼 명화 도 똑같이 적용되는지요?

∽

만일 명화의 저작권이 유효하다면 당연히 화가 혹은 화가가 지정한 대리인이 나 상속인에게 저작권사용료를 지불해야 하겠지요. 전문 에이전시를 통해 누 구와 협의해야 하는지 확인해 보기 바랍니다.

한편, 미술저작물도 다른 저작물과 마찬가지로 저작자(화가) 사망 후 50년 이 지났다면 누구든지 마음대로 이용할 수 있습니다. 원화를 갖고 있지 않은 경우에는 그것의 사진이나 그림파일을 이용할 수밖에 없는데, 저작권과는 관 계없이 사진 및 그림파일의 소유자에게 사용료를 지불하고 빌려 쓸 수도 있습 니다. 아니면 이미 복제되어 있는 다른 책이나 화보에서 그림을 다시 복제하 는 방법도 있겠지요.

결론적으로, 그림(원화)에 대한 저작권 문제와 그것의 사진 또는 그림파일 에 대한 소유자의 소유권이 모두 해결되어야 명화를 이용할 수 있다는 점에 유의하기 바랍니다.

36. 오래된 그림에 대한 저작권과 소유권의 구별

우리 출판사에서 책을 편집하는 과정에 김홍도나 신윤복의 그림을 사용하려고 합니다. 이 화가들은 모두 사후 50년이 넘었으므로 저작물을 이용하는 것은 자유롭다고 생각합니다. 그런데 이들 그림을 소장하고 있는 박물관이나 도서관 측에서 임의로 규정을 만들어 놓고 소장품 사용허락에 따른 수수료를 받겠다고 합니다. 박물관 측에서 자료 이미지(필름)를 얻어 쓰는 경우가 아닌데도(저희는 시중에 나와 있는 책에서 그림을 스캐닝해서 사용할 예정입니다) 몇 십만 원대의 고액을 부르기도 하는데, 이들의 규정에 따를 수밖에 없는 것인지 궁금합니다. 그렇게 소유자 임의로 규정을 만들 수 있는 법적 근거는 무엇인가요?

෴

문의내용은 저작권에 관한 문제가 아니라 소유권과의 관련성이 높은 문제로 보입니다. 만일 소유권자가 보관 중인 그림을 이용자가 직접 촬영하거나 소유권자가 이미 촬영해 놓은 필름 혹은 그림파일을 대여하는 경우가 아니라면 소유권자의 권한이 미치지 않는다고 보아야 할 것입니다. 따라서 소유권자와의 직접적인 접촉이 아닌, 이미 오래 전에 노출된 자료에서 스캐닝해서 이용하는 경우에는 소유권자에게 사용에 따른 대가를 지불할 필요는 없겠습니다. 다만, 직접 건네받은 자료는 아니지만 스캔하려는 그림의 출처가 소유권자로부터 나온 것이라면, 즉 누군가 소유권자로부터 사용허락을 받아 출판한 내용을 귀하가 사용하려면 당연히 재사용에 따른 소유권자의 권리가 미칠 수 있습니다. 그러므로 이용하려는 그림의 출처가 어떻게 되는지 잘 확인한 후 이용하기 바랍니다.

한편, 저작권은 복제를 비롯한 모든 저작물 이용방식에 배타적인 권리가 작용하지만, 소유권은 실제 소유물의 이용 그 자체에만 효력이 미칩니다. 즉, 특정 미술관 소유의 미술품을 이용함에 있어 해당 미술관을 통하지 않고서는 이용할 수 없는 경우 소유권자와 협의하여 사용료를 내는 등의 절차를 거쳐 이용할 수밖에 없다는 점에서 소유권이 미칠 수 있는 것이지요. 만일 특정 미술관을 통하지 않고서도 해당 미술품을 이용할 수 있다면(특정 미술관 소유 이전에 만들어진 도록 등과 같이 이미 노출된 복제품을 다시 복제하는 경우에서처럼) 특정 미술관의 소유권은 미치지 않습니다. 따라서 무조건 소장 미술품의 사진을 이용한다고 해서 대가를 지불해야 하는 것은 아닙니다. 다만, 누군가 특정 미술관의 허락을 받아 소장 미술품의 사진을 게재했는데, 그것을 다시 복제하고 싶다면 재사용에 따른 특정 미술관의 허락이 필요하다는 겁니다. 왜냐하면 미술관의 소유권이 미친 사진을 다시 사용하는 것이기 때문이지요.

또, 소유권자 임의대로 사용규정을 만들 수 있느냐의 문제는 민법상 계약 주체인 소유권자와 이용자 사이에 협의가 이루어져야 할 사항이므로 당장 그 잘잘못을 따지기 어렵습니다. 다만, 이용자의 열악한 지위를 악용하여 일방적인 내용으로 규정이 만들어져 있다면 공정거래법 내지 소비자보호법 등의 법률에 저촉되지는 않는지 살펴볼 필요는 있겠습니다.

37. 사진저작물의 소유권과 저작권

다른 잡지사에서 찍은 식물사진(판매홍보용)을 허락 없이 이용할 수 있는지 궁금합니다. 또한 그 식물사진의 소유권이 어디에 있는지 궁금합니다. 소유자의 식물사진을 광고목적으로 찍었을 경우 사진에 대한 소유권이나 저작권이 식물 소유자에게 있는지, 촬영한 출판사에 있는지 알려주십시오. 또 출판사가 의뢰를 받아 사진을 책자로 만들었을 경우 그 사진에 대한 소유권이 발행인에게 있는지, 사진 자체를 촬영한 출판사에 있는지 알고 싶습니다.

∾

원칙적으로 저작권은 저작물을 실제로 창작한 사람에게 있습니다. 질문에서처럼 식물사진의 경우 식물 자체를 소유한 것과 그것을 사진으로 찍은 것은 별개입니다. 사진에 대한 저작권은 사진을 실제로 찍은 사람이나 단체에 있으며, 식물을 소유한 사람은 식물 자체에 대한 소유권만 가질 뿐 사진의 저작권과는 전혀 관계가 없습니다. 따라서 식물의 사진을 이용하고자 한다면 사진을 찍은 사람(저작권자)의 허락을 받아야 합니다.

의뢰를 하거나 받아서 사진을 찍은 경우에도 마찬가지입니다. 의뢰한 사람이나 단체에 저작권이 있는 것이 아니라 그것을 실제로 찍은 사람이나 단체에 저작권이 주어집니다. 하지만 그 이전에 의뢰인과 의뢰받은 사람 사이에 저작재산권 양도를 목적으로 하는 계약이 체결되었다면 이후 저작재산권은 계약서에 따라 양도되므로 주의할 필요가 있습니다.

38. 해외 유명 건축물의 저작권 여부

건축 관련 역사서를 내려고 하는데요, 가우디 등 해외 유명 건축물 사진을 설명과 함께 사용하여 보여주려고 하는데요. 이 경우 어떤 경로를 거쳐 해당 사진을 사용할 수 있는지 궁금합니다.

∾

건축물은 저작권법상 '건축저작물'에 해당하며 건축가의 사후 50년이 경과하지 않았다면 엄연히 저작권이 존재합니다. 또한 이러한 건축물을 독특한 각도에서 사진으로 찍는다면 해당 사진에 대한 저작권이 별도로 발생하므로 해당 사진작가 사후 50년이 경과하지 않았다면 사진저작권 또한 존재합니다. 곧 출판물에 건축물 사진을 이용한다는 것은 건축저작물 저작권자의 이용허락과 함께 사진저작물 저작권자의 이용허락이 동시에 필요합니다. 하지만 각각의 저작권자를 찾아내어 허락을 얻는 것은 이용자에게 부과되는 최소한의 의무이므로 저작권자를 어떻게 찾을 수 있는지에 대해서는 말씀 드리기 곤란합니다. 사용하고자 하는 건축물 및 해당 사진의 저작권 유무를 확인해 보기 바랍니다.

39. 역사적 유물의 저작물성 혹은 사진의 이용범위

일전에 본사에서 추진 중인 전자책 사업과 관련하여 모 재단과 계약 관련협의를 하였습니다. 모 재단은 국내의 유물과 도록 등 문화재 관련자료를 전시하거나, 또는 이와 관련하여 출판물을 제작하고 있는 특수법인입니다. 이 재단의 도서를 디지털화하여 판매하는 것에는 협의를 마쳤습니다만 출판물 중 아래와 같은 도서들이 있습니다.

① 전시된 유물들을 사진으로 촬영하여 책으로 출판하는 경우(유료/무료)
② 그림/사진 등을 디지털화하여 판매하는 경우

먼저 ①의 경우에는 유물 전시에 따른 홍보물에 해당되는 경우가 대부분이며, 전시회 당시 안내책자가 될 것 같습니다. 이와 관련해서는 사전에 소장자와 협의를 해야 하는지 궁금합니다. ②의 경우는 유명한 국내 그림(단원 김홍도의 그림 등)이 해당됩니다. 현재 모 재단에서는 관련 그림의 복사본을 실물 크기의 족자나 병풍으로 판매하고 있습니다. 이를 디지털화해서 온라인에서 복제 판매할 경우에 소장자와 별도의 협의를 거쳐야 하는지, 만약 거쳐야 한다면 관련된 사례가 있는지 알고 싶습니다.

⁓

문화재에 해당하는 유물이나 유적 그 자체에는 당연히 저작권이 존재하지 않습니다. 그리고 증명사진처럼 문화재 자체를 찍은 사진에도 저작권이 인정되지 않습니다. 다만, 독특한 관점이나 촬영기법이 돋보이는 창작성을 띤 사진의 경우에는 저작권이 인정될 수 있겠지요.

또한 저작권과 소유권은 별개이므로 소유권자의 도움이 필요 없는 상태에서 해당 저작물을 이용할 수 있다면 소유권자와 협의하지 않아도 되겠습니다. 따라서 질문한 것들을 종이책이나 디지털 형태로 바꾸어 발매했을 때 특별히 사진 등에 대한 창작성이 인정되어 저작권 보호대상이 되지 않는 한 다른 이용자들이 그것을 복제해서 이용해도 무방하다는 점 또한 감안해야 할 겁니다.

문화재에 해당하는 유물이나 유적 그 자체에는 당연히 저작권이 존재하지 않습니다.
그리고 증명사진처럼 문화재 자체를 찍은 사진에도 저작권이 인정되지 않습니다.

40. 건축물을 사진으로 촬영해서 이용하는 경우의 저작권 문제

놀이동산의 건축물(동화나라처럼 꾸며놓은 상점, 식당, 놀이시설 매표소, 벽 등)의 일부분을 사진으로 촬영하여 책의 편집디자인에 활용해도 문제가 없을까요? 건물 전체를 주제로 사용하는 것이 아니라 건물의 극히 일부(벽의 일부라든가 손잡이, 문, 창문, 지붕의 일부 등)를 편집디자인(간지, 면주 또는 소제목 배경 등)에 사용해도 문제가 없는지 궁금합니다.

∽

현행 저작권법에는 저작물의 유형으로서 '건축저작물'에 대해 규정하고 있습니다. 이는 실제의 건축물은 물론 건축을 위한 모형 또는 설계도서를 모두 포함하는 개념입니다. 건축물이라고 하면 일반적으로 가옥·빌딩·교회·사찰·기념비·탑·문루·교량·정원 등 인위적으로 건조·축성된 인간의 생활환경을 말하며, 그 중에서도 특히 학·예술적으로 독창성이 있다고 인정되는 것을 건축저작물이라고 할 수 있지요.

따라서 주변에서 흔히 볼 수 있는 건물이나 교량 따위는 건축저작물이라고 할 수 없고, 특별히 예술성이 인정되는 경우에만 건축저작물에 포함됩니다. 여기서 예술성이란 저작자의 지적 활동에 의한 창작성 여부를 말하는 것으로, 미술저작물에 있어서 나름대로의 지적 활동의 소산이라면 그것이 아무리 어린아이가 그린 그림이라고 하더라도 가치의 높낮이와는 관계없이 미술저작물로서 보호되는 것으로 생각하면 됩니다. 다시 말하면, 그것이 단지 생활의 편의를 위해서만 만들어진 건축물이라면 저작물이라고 할 수 없고, 보는 사람으로 하여금 건축가의 문화적 정신 또는 노고가 느껴지는 것이라야 건축저작물이 됩니다. 그런 까닭에 일부 국가에서는 건축저작물을 미술저작물에 포함시키기도 합니다.

질문내용에 따르면, 예로 든 놀이동산의 건축물(또는 모형 등)은 보호받는 저작물일 가능성이 매우 높은 창작물로 판단됩니다. 따라서 그것의 형태를 인지할 수 있다면 극히 일부를 촬영해서 사용하더라도 저작권 침해가 성립됩니다. 정식으로 놀이동산 본사의 허락을 얻은 다음 이용하는 게 좋겠습니다.

41. 저작권사용료 지불의 기준

다른 질문에 답변한 내용을 보니 "인세 지불의 시기 및 방법 등에 대해 구체적으로 계약서에 명시한 후 그것에 따라 이행하면 되는 것"이라고 되어 있는데요. 계약서에 구체적으로 명시되어 있지 않다면, 업계 공통의 방법이나 법적 기준은 따로 정해져 있지 않더라도 통상적으로 그 전에 했던 계약이 있다면 그와 동일한 방식으로 지불한다거나 관습적으로는 어떻게 한다거나 하는 건 전혀 없는지 궁금합니다. 계약 당사자끼리 결정하고자 할 때 상대방에서 "통상적으로 이렇게 한다"고 제시하는 기준이 있는데, 그런 기준이 과연 있는 건지 알 수가 없어서요. 그리고 이러한 상황에서 참고할 수 있는 책이나 강의가 있다면 추천해 주시기 바랍니다.

∾

일반적으로 계약서를 작성하는 이유는 이후에 발생할지도 모르는 다양한 분쟁의 불씨를 없애기 위한 것입니다. 특히 출판계약 등 저작권을 둘러싼 계약에 있어서는 무엇보다도 저작권사용료에 대한 사항을 구체적으로 명시해야만 나중에 별 문제가 생기지 않습니다. 모든 저작권 관련 분쟁의 핵심에는 '돈'이 들어 있기 때문이지요. 만일 그러한 내용이 배제된 계약서라면 계약 자체가 잘못된 것입니다.

거듭 살펴건대, 계약이란 특정 당사자 사이의 개인적 약속일 뿐 결코 사회적 공익과 관계가 있거나 의미 있는 행위가 아닙니다. 따라서 "통상적으로 이렇게 한다"라고 하는 부분은 "인세는 도서정가의 10퍼센트로 한다"는 등의 업계 나름의 관행이 있다는 측면에서 이해할 수는 있지만, 그것이 곧 법칙은 아니라는 점을 이해하기 바랍니다. '인세 10퍼센트'라는 표현만 해도 그것을 선불제로 할 것인지 후불제로 할 것인지, 한 달 단위로 할 것인지 1년 단위로 계산할 것인지, 발행부수를 기준으로 할 것인지 판매부수를 기준으로 할 것인지,

또 그것의 검증방법은 어떠한지 등등 당사자 사이에 합의해야 할 사항이 한두 가지가 아닙니다.

결론적으로, 저작자 본인의 자기 저작물에 대한 가치 판단, 출판사 등 이용자 측면에서의 이용가치 등에 대한 판단이 어우러져 밀고 당기는 가운데 성사되는 것이 바람직한 계약이라고 생각합니다. 저작권 관련 서적은 여러 종이 시판되고 있으므로 인터넷 검색을 통해 직접 찾아보기 바라며, 저작권위원회에서 정기적으로 '저작권 문화학교' 및 '저작권 아카데미' 강좌를 개설하고 있으므로 참조하기 바랍니다.

42. 저작권사용료를 지불하지 않는 경우

한두 해 전, 어느 출판사에서 몇 권의 시집을 냈습니다. 사정상 계약서 없이 책을 냈는데 출판사에서는 전혀 인세나 원고료를 지급하지 않고 있습니다. 책은 2쇄 이상 제작한 것으로 알고 있는데, 이럴 경우 다른 곳에서 출판을 하는 것이 가능한지요? 출판사와의 관계가 좋지 않아 법적 다툼이 생기지 않을까 염려됩니다. 그리고 인세 등을 전혀 지급하지 않는 출판사의 횡포에 대응하는 방법이 민사소송을 제기하는 것 말고 다른 방법은 없는지요?

∾

물론 계약서가 없더라도, 즉 말로써 한 구두계약이라도 법적 효력은 있습니다. 그러나 그 내용을 입증하기가 쉽지 않겠지요. 저작권법에 따르면 특별한 약속이 없을 때 그 출판권은 3년 동안 유효한 것으로 규정되어 있습니다. 하지만 그것은 어디까지나 서로 계약 주체로서 기본적인 의무를 다했을 때 적용되는 것이고, 어느 일방이 약속을 지키지 않았다면 계약은 얼마든지 해지할 수 있습니다. 먼저 해당 출판사 대표에게 그동안 발행한 귀하의 시집 판매내역을 구체적으로 알려 줄 것과 저작권사용료(인세)의 지급을 요구하는 내용의 서한을 등기우편(내용증명)으로 발송하고, 일정기간(2주 정도) 이내에 문서의 방법으로 답변해 줄 것을 요청하는 게 좋겠습니다. 그래도 성의 있는 답변이 없을 경우 이를 근거로 민사상 가처분신청(출판물 판매금지 가처분)이나 손해배상청구소송을 제기할 수 있겠습니다.

일단 소송절차의 복잡성을 감안해서 상호 합의에 의한 해결이 합리적일 것으로 보입니다. 귀하가 원하는 내용을 상대방이 잘 이해할 수 있도록 요구사항을 정리해서 문서로 보낸 후 상대방의 이후 태도에 따라 다음 조치사항을 판단하는 게 좋겠습니다.

43. 과다한 저작권사용료를 요구하는 경우

중국의 그림과 한국의 그림을 비교하는 책을 준비 중입니다. 우리 책에 이용하려는 그림 가운데 1950년에 출간된 서적의 삽화가 1점 있습니다. 출판사는 없어진 지 오래고, 그림을 그린 화가도 2001년에 작고하였습니다. 화가의 유족들이 만든 문화재단에 이 그림을 사용할 수 있는지 문의했더니 25만 원을 내야 한다고 합니다. 저작권이 사후 50년이라는 설명과 함께 말입니다. 정당한 대가를 내지 않으려는 것이 아니고 수요가 빤한 인문학 서적을 내는 데 부담이 되어서 그렇습니다. 분명한 것은 해당 문화재단에서 이 그림을 소장하고 있는 것도 아니고 그 책을 가지고 있는 것도 아닙니다. 그리고 대작도 아닌, 신문 삽화와도 같은 그림을 일반 작품과 똑같이 취급하는 것은 무리가 있다는 생각이 듭니다.

∾

저작재산권의 보호기간은 저작자 사망 후 50년까지입니다. 따라서 저작자 사망 후에는 상속인 또는 저작재산권을 양도받은 사람이 그 권리를 행사할 수 있지요. 질문내용에 있어서 그 문화재단이 사망한 화가로부터 저작재산권을 상속 또는 양도받은 주체가 분명하다면 그림 사용에 대해 어떠한 조건이든 제시할 수 있습니다. 사용에 따른 저작권료로서 금액의 문제는 어디까지나 당사자끼리 협의할 문제이며, 저작권법이나 기타 규범에 따로 정해져 있는 것이 아닙니다.

결론적으로, 해당 그림을 이용함에 있어서 가치 판단을 내린 후 제시된 조건대로 이용할 것인지, 아니면 귀사에서 새로운 금액 조건을 가지고 다시 협의해 볼 것인지, 그도 아니면 이용 자체를 포기할 것인지 결정할 수밖에 없겠습니다.

44. 연락처를 알 수 없는 저작자의 저작물 이용방법

에세이집을 출간하려고 하는데, 제가 좋아하는 그림들에 대한 이야기도 하려 합니다. 이때 제가 좋아하는 그림을 책에 실어서 보여주면 아주 좋을 것 같아요. 전시회 화집을 스캐닝해서 작은 사이즈로 넣으면 좋을 것이라고 생각하다가 문득 저작권이 걱정되어서 문의합니다. 제가 좋아하는 그림 중에는 현재 활동하고 있는 화가들이 많으며, 국내 작가도 있지만 해외 작가도 있습니다. 그런데 해당 화가들의 이용허락을 받으려고 해도 연락처를 잘 모르고, 어느 정도 사용료를 내야 하는지도 잘 모릅니다. 외국 화가의 경우에는 더욱 더 난감할 따름입니다. '함께 보고 싶은 그림들'로 소개가 되므로, 공익을 위해서도 그림들을 싣는 편이 더 좋다고 믿고 있습니다. 저작권법에 저촉되지 않고 실을 수 있는 방법은 없을까요?

∾

현재 저작권이 살아 있는 저작물을 이용하는 경우 그것이 저작재산권의 제한 규정에 해당되지 않는 한 저작권자의 허락을 받지 않고 이용할 수 있는 방법은 없습니다. 다만, 저작권자의 직접허락이 어려운 경우에만 법정허락제도를 활용해서 국가의 보증과 허락을 통해 이용하는 방식이 있을 뿐입니다. 하지만 외국 작가의 경우에는 법정허락이 미치지 않으므로 직접 이용허락을 받기 위해 끝까지 노력하는 수밖에 없습니다.

법정허락이란, 저작권사용료의 지급을 전제로, 법으로 특정의 방법과 조건을 정하여 저작권 보호를 받는 저작물을 사용할 수 있도록 하는 허락을 말합니다. 즉, 법률이 정하는 일정한 요건이 충족되기만 하면 권한 있는 기관이 정하는 보상금을 지급 또는 공탁하고 저작물을 이용하는 것이 허용되는 제도라고 할 수 있지요.

이러한 법정허락이 갖는 의의는 저작물의 사회성과 공공성을 감안해서 어떤 원인 때문에 저작물이 이용되지 않을 때에는 저작권자 개인의 의사를 무시하더라도 저작물의 사회적 가치를 재생시키려는 의도에 있으며, 저작재산권자의 의사에 관계없이 다른 사람으로 하여금 저작물을 이용할 수 있게 한다는 점에서 저작재산권자에게는 일종의 권리제한이라고 할 수 있습니다. 아울러 저작물의 이용을 활성화하려는 목적과 저작권 보호라는 목적 사이에 조화를 이루어야 하는 것이 곧 저작물에 대한 법정허락제도입니다.

저작물 이용에 관한 법정허락의 첫 번째 유형으로, 저작재산권자가 누구인지 또는 어디에 사는지 알 수 없어서 저작물 이용에 따른 허락을 받을 수 없는 경우가 있습니다. 여기서 "공표된 저작물의 저작재산권자나 그의 거소를 알 수 없어 그 저작물의 이용허락을 받을 수 없는 경우"에는 크게 세 가지가 있습니다.

① 저작물이 공표된 것은 틀림없는데 저작자가 누구인지 알 수 없는 경우
② 저작자가 누구인지는 알지만 그가 현재 어디 살고 있는지 알 수 없는 경우
③ 저작자가 누구인지는 알지만 그가 이미 사망하였고 그의 유족 내지는 상속인으로서의 저작재산권자가 누구인지 알 수 없는 경우

또한 무조건 저작재산권자나 그의 거소를 알 수 없다고 해서는 안 됩니다. 즉, 법정허락을 신청하는 사람은 이용하려는 저작물이 공표된 것이라는 사실, 그리고 저작재산권자와 그의 거소를 찾기 위해 "상당한 노력"을 기울였음을 입증할 만한 자료를 첨부해야만 합니다.

이렇게 해서 저작물 이용에 따른 법정허락의 승인을 얻었다면 다음에는 저작물 이용 이전에 보상금을 공탁해야 합니다. 보상금은 저작권위원회에서 일반적인 저작물 사용료에 준해서 결정하며, 만약 저작물 이용의 승인을 받았다

고 해서 보상금을 공탁하지 않고 저작물을 이용한다면 그것은 엄연한 저작재산권 침해행위가 되므로 주의해야 합니다.

이렇게 법정허락의 승인을 받아 저작물을 이용하는 경우라고 하더라도 이용자가 이행해야 할 의무사항이 더 있습니다. 즉, 법정허락에 의해 저작물을 이용하는 사람은 정부의 승인에 의한 이용이라는 뜻과 함께 승인년월일을 표시해야 합니다. 표시방법에 대해서는 별도의 규정이 없지만, 출처의 명시규정에 따라 저작물의 이용상황에 맞추어 합리적이라고 인정되는 방법으로 하면 되겠습니다.

45. 완전원고의 뜻과 적용기준

계약서에 명시되어 있는 "완전한 원고(이하 '완전원고'라 줄임)"란 어느 정도의 원고 완성 상태를 말하는지요? 모 출판사와 "모년 모월 모일까지 본 저작물의 출판을 위한 완전한 원고를 을에게 인도", "원고를 인도받은 날로부터 6개월 안에 본 저작물을 발행하여야 한다."라고 계약을 하였습니다. 최초 원고를 접수받고 출판사 측의 원고 수정 및 추가 요구가 5개월 정도 있고 난 후 출판사 측에서 원고의 프린트물을 가지고 1, 2차 모니터링까지 하였습니다. 이후 아무런 수정 요구가 없었던 출판사 측은 "완전한 원고가 아니라서 편집도 다 하지 못했고 출판을 할 수 없다."라고 말합니다. "완전원고"의 기준을 어떻게 보아야 할까요?

'완전원고'란, 말 그대로 "출판을 위해 더 이상 고칠 필요가 없는, 즉시 출판 작업에 돌입할 수 있을 만큼 완성도가 높은 원고"라는 뜻이겠지요. 다만, 실제에 있어 그것을 판단하는 일은 쉽지 않은 일입니다. 그렇더라도 출판사가 스스로 판단해서 기획하고 원고를 청탁한 경우라면 추가 수정과정까지 거친 만큼 출판을 해야 한다고 생각합니다. 만일 계약서에서 완전원고에 대한 규정이 있었다면 모를까 그런 것이 없이 막연히 '완전원고'라고 했다면 출판사의 책임이 더 클 것으로 보입니다.

출판사에서는 지금이라도 완전원고에 대한 구체적인 기준을 제시하고 재차 수정을 요구하거나, 출판할 수 없는 사정이 있다면 그에 따르는 별도의 책임을 져야 하겠지요. 만일 저자로서 귀하가 손해를 보았다면 그것의 배상을 요구할 수 있고, 출판사에서 출판할 의사가 없는 것이 확실하다면 다른 출판사와 새로운 계약을 맺을 수도 있겠습니다.

46. 완전원고의 질적 수준에 대한 판단

기획의 결과로 특정작가에게 집필을 의뢰하고 100만 원의 계약금을 지급했습니다. 그런데 작가의 원고를 받아 보니 편집부 입장에선 글이 영 아니라고 판단되었습니다. 예비 독자들의 평가도 아주 좋지 않습니다. 작가는 지금까지 쓰느라고 고생한 게 어딘데 다시 쓰라고 하느냐며 꼭 출판을 해야 한다고 합니다. 이럴 땐 어찌하면 좋을까요?

∽

계약이란 당사자 쌍방이 모두 만족하는 경우에 성립되는 것이고, 그렇지 않다면 해제 또는 해지될 수 있습니다. '해제'란 원래 계약했던 내용을 모두 없었던 상태로 되돌리는 것이고, '해지'란 계약 이후 지금까지 진행된 것은 그대로 둔 채 앞으로의 계약행위를 무효로 하는 것을 말합니다. 문의하신 경우에는 계약의 '해제'를 검토해 봐야 할 사안이 아닌가 싶습니다.

일반적으로 출판계약서에 보면 저작권자(갑)는 지정된 시일 안에 완전원고를 출판권자(을)에게 인도하기로 한다는 전제 아래 계약을 체결합니다. 여기서 '완전원고'란 출판을 통한 공표행위에 합당하도록 작성된, 즉 공표해도 될 정도로 흠결이 없는 상태를 말하는 것으로 해석할 수 있습니다. 따라서 여전히 미흡한 상태로, 즉 원고의 질적 수준이 현저하게 낮은 상태로 출판을 강행할 수는 없는 노릇이겠지요.

다만, 애초에 기획단계에서 필자를 잘못 선정한 출판사의 책임도 있으므로 이미 지급한 계약금은 포기하는 상태에서 필자에게 모든 원고를 반환하고, 이미 체결한 출판계약은 '해제'한다는 취지의 내용증명을 보낸다면 다른 문제는 생기지 않을 것으로 판단됩니다.

47. 2차적저작물과 2차 사용의 구분

저는 국내에서 출간된 책들을 해외에서 출간코자 제반 사항에 대해 알아보고 있는 중 대한출판문화협회의 자료실에 올라 있는 표준계약서를 접하고 몇 가지 의문사항이 있어 문의합니다.

1. 2차적 사용과 관련하여 "본 계약기간 중에 위 저작물이 번역, 개작, 연극, 영화, 방송, 녹음, 녹화, CD 형태 등 2차적으로 사용될 경우에는 갑이 그에 관한 처리를 을에게 위임하고, 을은 구체적 조건에 대하여 갑과 협의, 결정한다."라고 되어 있는데, 다른 나라에서 그 나라 언어로 번역출판을 하는 것도 2차 이용(번역)이라고 봐야 하나요? 그리고 "을에게 위임한다"는 것은 반드시 을을 통해야만 2차적 사용을 할 수 있다는 독점적 지위를 '을'에게 부여하는 것인지요?

2. 만약 계약서 작성 시에 위 조항에서 "구체적 조건은 별첨과 같이 한다."라고 되어 있는데, 만약 그 '별첨'(구체적 내용)이 계약서에 누락되었다면 본 조항은 효력이 없는 것인지요?

3. 이 계약이 일반적으로 해외 판권에 대해서도 규정하고 있는 것인지요? 즉, '2차적 저작물의 수출 허락' 조항이 반드시 계약서에 명기되어 있는 경우에만 '을'(출판권자)이 저작물의 해외 판권을 확보할 수 있는 것인지요?

4. 출판권의 존속기간과 관련하여 "위 저작물의 출판권은 계약일로부터 초판 발행일까지와 초판 발행 후 ___년간 존속한다."라고 되어 있는데, 만약 출판물이 여러 권으로 된 시리즈물일 경우 각 권별로 각기 별도로 출판권의 존속기간을 별도 산정해야 되는 것인가요?

❧

대한출판문화협회 홈페이지 자료실에 올라 있는 표준계약서 모델은 어디까지나 예시에 불과하므로 계약에 임하는 이용자들이 나름대로 얼마든지 수정해서 사용할 수 있습니다. 계약이란 어디까지나 당사자끼리의 약속이므로 제3자가 왈가왈부할 문제가 아니기 때문이지요. 다만, 이러저러한 내용을 포함하는 것이 좋겠다는 뜻에서 표준계약서를 만든 것뿐입니다.

1. '번역'이란 2차적저작물을 작성하는 방법 중 하나이므로 외국에서 번역하는 것 또한 포함되는 개념입니다. 아울러 "을에게 위임한다"고 했다면 '을'을 경유해서 권리를 행사해야 하는 것이며, 그것이 필요 없다면 애초 계약서에 위임 운운하는 내용을 넣지 않는 것이 좋겠습니다.

2. 〈별첨〉이 존재하지 않는데 계약내용에 〈별첨〉이란 표현이 들어가면 안 되겠지요. 〈별첨〉이 없다면 표기하지 않으면 됩니다.

3. 명시적 조항이 계약서에 나타나 있지 않다면 해외 판권을 획득할 수 없는 것으로 판단됩니다. 기본적으로 2차적저작물작성권은 저작자의 고유 권리이며, 이용조건 및 범위를 정하는 것이 곧 계약서이기 때문입니다.

4. 시리즈는 통상적으로 마지막 권이 완간된 때를 기준으로 효력이 발생합니다. 다만, 계속 이어져야 할 부분이 3년 이내에 출간되지 않으면 별개로 본다는 것이 저작권법의 규정입니다.

48. 2차 저작물과 3차 저작물의 관계

최근 출판사를 만들었습니다. 창업 준비는 오래 전부터 계획했었는데, 드디어 곧 첫 책이 나올 예정입니다. 첫 책은 현재 여러 판본이 존재하는 프랑스 작가의 소설인데 모두 여덟 권입니다. 저는 이 여덟 권을 한꺼번에 낼 생각이고, 예정 발간일까지 정해 놓았습니다. 그런데 이 책을 번역한 교수님으로부터 3차 저작(영상, 만화)에 관한 자신의 권리를 계약서에 명시해 줬으면 좋겠다는 연락을 받았습니다. 이에 관해 조언을 받았으면 합니다.

1. 이 책이 만화나 기타 영상으로 만들어질 경우, 번역자에게는 어떤 권리가 있는 것인지요. 즉, 계약서상에는 어떤 형태로 표시가 돼야 하는지 궁금합니다.

2. 만약 만화나 영상으로 만든 저작물의 내용에 대해 역자가 동의하지 않는다면, 3차 저작물은 만들 수 없는 겁니까? 아니면 "역자의 권리는 인정하되, 가령 인세를 지급하는 방식으로라든지, 내용에 대해서는 출판사가 권리를 가진다." 하는 식으로 계약서에 명시를 하면 되는 건가요?

3. 3차 저작물에 대한 인세는 통상 어느 선에서 결정되는 건가요? 원작자와 2차 저작권자(번역자)에게 각각 인세가 지급됩니까? 그렇다면 대략 몇 퍼센트 정도인지요?

4. 만약 3차 저작물이 2차 저작을 훌쩍 뛰어넘는 작품일 경우, 게다가 2차 저작물은 하나의 참고문헌일 뿐이고 그 외에 다른 작품들을 참고했을 경우에, 2차 저작자와의 관계는 또 어떻게 되는 것인지 궁금합니다.

∽

먼저 번역이나 각색, 영상화 등은 2차적저작물 작성행위로서 원칙적으로 원저작권자의 권리에 속하는 '2차적저작물작성권'에 해당합니다. 다만, 원저작권자로부터 허락을 얻은 경우, 그리하여 번역 등 2차적저작물을 작성한 사람에게는 별도의 저작권이 주어집니다. 이 경우 원저작권자의 저작권과 2차적저작물 작성자의 저작권은 질적으로 큰 차이가 있습니다. 즉, 원저작자는 1인이지만 2차적 저작자는 여러 사람이 될 수 있기 때문이지요. 질문을 살펴보면 귀사에서 내려는 책을 토대로 누군가 만화나 기타 영상으로 만들려고 할 때, 원저작자의 허락은 당연히 필요하지만 번역자의 허락은 필요할 수도 있고 그렇지 않을 수도 있습니다. 만일 영상화를 하려는 사람이 번역자의 번역을 전혀 고려하지 않는다면 번역자의 권리와는 전혀 상관이 없다는 말이지요. 그러므로 무조건 번역자의 권리가 미치는 것이 아니라 해당 번역본을 토대로 작업이 진행되는 경우에만 권리를 인정할 수 있다는 식으로, 이러한 사실을 적시하는 내용으로 계약서를 작성하면 되겠지요.

번역자의 동의 없이 3차 저작이 가능한가의 문제 또한 마찬가지입니다. 이 작품으로 영상 등 기타 작업을 하려면 우선 원저작자의 허락이 반드시 필요하고, 그 다음에 귀사의 번역본을 참고할지 아니할지에 따라 달라질 문제이며, 경우에 따라서는 원저작자가 허락을 하지 않을 경우 영상화 등의 다른 작업 일체가 불가능해질 수도 있습니다. 원저작자에 우선해서 국내 출판사가 이용허락을 할 수는 없다는 말입니다.

3차 저작물의 저작권사용료 역시 귀사에서 걱정할 사안이 아니라고 생각됩니다. 만일 영상제작자가 원저작자에게 원작 사용료를 지불하고 자기들이 임의로 번역해서 사용한다면 귀사는 아무런 권리행사도 할 수 없으니까요. 다만, 귀사의 번역본을 토대로 작업이 진행되는 경우 번역비용에 해당하는 사용료를 받을 수 있을 텐데, 그 수입의 배분에 대해서는 번역자와 약정하기 나름입니다.

49. 저작물의 영화화에 따른 권리

출판된 책을 영화로 만들고 싶다면 작가 마음대로 영화사와 계약해도 되는 건가요? 또, 영화를 먼저 만들어야 되는지, 아니면 출판을 먼저 해야 되는지 궁금합니다.

～

저작자에게는 기본적으로 저작인격권과 함께 저작재산권이 주어지는데, 저작재산권 중에 '2차적저작물작성권'이란 권리가 있습니다. 즉, 자신의 저작물을 원저작물로 하는 번역·편곡·각색·변형·영상제작 등의 이용행위를 허락할 권리가 주어져 있는 것이지요.

그리고 자신의 저작물을 어떤 형식으로 세상에 공표할 것인지에 대해서는 전적으로 공표권을 갖고 있는 저작자가 결정할 문제이므로 출판을 먼저 하든 영화화를 먼저 하든 관계가 없습니다. 다만, 어떻게 했을 때 저작권자로서의 이익을 극대화할 수 있는지 분석해 볼 필요는 있겠지요.

그런데 만일 저작물의 최초 공표가 출판의 방법으로, 즉 책으로 발행된 이후 그것이 계기가 되어 2차적저작물의 작성이 원활해진다면 출판사의 노력 또한 인정해 주는 것이 마땅하다는 측면에서 출판계약서에 "2차적저작물에 관한 사항은 저자가 출판사와 협의하여 결정한다."거나 "(제3자에 의한) 2차적저작물의 작성 및 이용에 따른 이익"을 적당한 비율로 나눈다거나 하는 내용을 넣기도 합니다.

결론적으로, 계약에 따른 특별한 약정이 없는 한 모든 권리는 저작자에게 있으므로 저작권자로서의 판단이 매우 중요하다고 하겠습니다.

50. 인용의 조건과 범위

1. 어떤 책을 읽고 영감을 얻어 그 중 일부를 인용하여 글을 쓴다면, 그리고 그것을 책으로 내고 싶다면 저작권 침해가 될까요? 당연히 해당 저자와 출판사에 알리고 이용허락을 받아야 하는 건가요? 아니면 머리말이나 책의 말미에 참고문헌으로 표시하면 되는 건가요?

2. 특정 전문 분야의 내용을 담은 책을 출판하려고 준비 중인데, 책 내용에 각종 자료들이 논지의 근거자료로 활용되고 있습니다. 이는 도표를 포함한 통계자료가 대부분이며, 그 출처도 명백하게 표시했습니다. 그러나 출판하기에 앞서 저작권 침해에 해당하지 않을까 꺼림칙합니다. 합법적인 인용의 범위는 어디까지인가요?

3. 영어문법 문제집을 만들고자 합니다. 그런데 이 문제집은 고등학교 내신성적을 높이려는 학생들을 대상으로 하는 책이므로 교과서 내용에 충실할 수밖에 없습니다. 따라서 저는 여러 출판사에서 발행한 영어교과서의 본문을 인용하여 문제화시키는 작업을 할 예정이며, 문제집의 전체가 이런 과정을 거쳐 완성될 예정입니다. 이 경우에 저작권 침해문제가 발생하지 않으려면 영어교과서를 출간한 회사의 이용허락이 반드시 필요한지요? 인용에 해당하므로 그냥 이용해도 될까요? 만일 저작권료를 지불해야 한다면 어느 정도가 될까요?

~

현행 저작권법에 따르면 공표된 저작물은 '보도·비평·교육·연구' 등을 위해서라면 정당한 범위 안에서 공정한 관행에 합치되게 이를 인용할 수 있습니다. 즉, 공표된 저작물을 보도·비평·교육·연구 등의 목적으로 '인용'하는 것은 저작재산권 침해가 아닙니다. 따라서 그 이용목적이 보도나 비평·교육·연구 등에 해당하지 않는다면(단순히 자신의 글을 쓰는 과정에 남의 좋은 글귀를 끼워 넣고 싶은 경우 등을 포함해서) 인용 자체가 불가능하며, 그런 경우에는 해당 저자의 허락을 받아야 합니다. 아울러 정당한 인용이라 하더라도 그것은 정당한 범위 안에서 이루어져야 하고, 공정한 관행에 합치되는 방법이어야 합니다. 여기서 인용(引用, quotation)이란 "다른 저작물의 내용 가운데에서 한 부분을 참고로 끌어다 쓰는 것"을 말하며, 특히 어문저작물을 작성함에 있어서는 매우 흔한 것이지요.

먼저 정당한 범위에 대하여 살펴보면, 다른 저작물을 자기가 작성하는 저작물에 인용해야만 하는 필연성이 인정되어야 하며, 또한 자기 저작물의 내용과 인용부분 사이에는 일종의 주종관계가 성립되어야 한다는 것으로 해석할 수 있습니다. 즉, 자기가 창작하여 작성한 부분이 주(主)를 이루고, 그것에 담겨 있는 주제를 좀 더 부각시키거나 주장의 타당성을 입증할 목적으로 다른 저작물의 일부를 종(從)으로서 인용했을 때에 비로소 정당한 범위 안에서의 인용이 성립됩니다. 다만, 다른 저작물의 일부라고 하는 것은 논문이나 소설 따위처럼 분량이 비교적 많아서 전체적인 인용이 불필요한 경우에 해당되는 것이며, 사진이나 그림 또는 시 따위처럼 그것의 일부 인용이 불가능한 것까지 포함되는 것은 아닙니다.

다음으로 공정한 관행이란, 인용부분이 어떤 의도에서 이용되고 있으며, 어떤 이용가치를 지니는가에 따라 달라질 문제입니다. 즉, 사회적인 통념에 비추어 보아 타당하다고 여겨지는 방법으로서의 인용만이 공정한 관행에 합치되는 것이라고 볼 수 있는데, 그것은 인용되는 부분을 자기 저작물과는 명확하게 구별되는 방법으로 처리해야 한다는 의미까지도 포함하니까요. 예컨대, 보도의 자료로서 저작물을 인용할 수밖에 없는 경우, 자기나 다른 사람의 학설 또는 주장을 논평하거나 입증할 목적으로 다른 사람의 저작물을 인용하는 경우, 역사적 사실이나 경향을 살피는 글에서 이해를 돕기 위해 다른 저작물—시 또는 사진, 그림 따위—을 통째로 싣는 경우 등은 바로 공정한 관행에 합치되는 것으로 볼 수 있습니다. 그렇더라도 인용에 있어서는 출처명시의 의무가 엄격하게 적용되어야 합니다. 인용부분에 대한 적절한 구분이나 출처의 명시가 부정확하다면 그것이 인용인지 창작인지를 분간할 도리가 없기 때문이지요. 부연해서 설명하자면, 우선 인용의 목적이 정당해야 합니다. 저작권법에서는 보도·비평·교육·연구 등을 들고 있으나 이는 예시에 불과하므로 이에 준하는 예증·해설·보충·강조 등을 위한 인용도 가능한 것으로 해석되고 있습니다.

한편, 인용이 비영리적인 목적에 국한되고 상업적 성질의 인용은 불가한지에 대해 논란의 여지가 있으나, 광고에서처럼 영리목적의 인용은 인용의 목적상 정당한 범위에 속하지 않는다고 보는 것이 다수의 견해입니다. 또, 분량과 가치 면에서 인용의 정당한 범위를 판단하는 것은 사실 문제로서 개별 사안에서 법원의 판단에 최종적으로 맡길 수밖에 없습니다. 다만, 인용되는 분량, 작성하는 저작물이 주(主)가 되고 인용되는 저작물이 종(從)이어야 한다는 주종관계, 저작물의 형태, 이용목적 등을 종합적으로 고려해서 판단하고 있습니다. 또, 인용부분이 자기 저작물보다도 양적으로 많은 경우에는 인용으로 볼 수 없다는 견해가 있지만 일률적으로 판단할 문제가 아니라 구체적인 경우에 있어 인용의 목적으로부터 보아 필요한 최소한도의 인용인가의 여부에 따라 결정해야 할 것입니다.

끝으로, 인용하는 저작물과 인용되는 저작물이 질적인 주종관계에 있어서도 안 됩니다. 질적인 주종관계가 오히려 양적인 주종관계보다 중요하다는 견해도 있습니다. 질적인 주종관계를 판단하는 중요한 기준의 하나로 양자가 시장적 경쟁관계에 있어서는 안 된다는 점을 들고 있습니다. 즉, 인용하는 저작물이 등장함으로써 인용되는 저작물의 시장수요를 대체하거나 잠재적 시장가치가 훼손되는 것은 허용되지 않는다는 뜻입니다.

1. 위와 같은 내용을 종합적으로 판단해야 하는데, 질문내용으로 미루어보면, 정확한 출처명시를 전제로 일일이 해당 저작자의 허락을 받아야 할 것으로 보입니다. 극히 일부의 내용만을 이용하는 것이므로 저작자 이외에 굳이 출판사의 허락까지 받을 필요는 없을 것입니다. 완성된 원고를 토대로 꼼꼼하게 다시 한 번 살펴보기 바랍니다.

2. 질문내용으로 미루어보면 정확한 출처명시가 되어 있다면(그것이 일정 통계자료로서 한 군데에서만 집중적으로 발췌한 것이라면 다릅니다만) 큰 문제는 없을 듯합니다.

3. 국정(1종) 또는 검인정(2종) 교과서는 저작권법에서 인정하는 교과용도서로서 거기에 실리는 각종 저작물에 대해서는 저작재산권의 제한규정에 따라 저작권자의 허락이 없어도 게재할 수 있지만, 그 밖의 각종 상업성 교재에는 그러한 특혜가 주어지지 않습니다. 곧 문제집 형태의 상업용 교재에는 저작재산권의 제한에 해당하는 '공표된 저작물의 인용'이 허용되지 않습니다. 따라서 귀하의 경우에는 사용하게 될 모든 영어교과서 저작권자의 허락을 받아야 하며, 그에 따르는 저작권사용료도 지불해야 할 의무가 있습니다. 아울러 저작권사용료가 어느 정도인지에 대해서는 한국2종교과서협회 또는 한국문예학술저작권협회(www.copyrightkorea.or.kr)로 문의하기 바랍니다.

51. 외국 저작물 인용에 따른 저작권 문제

저작권과 관련하여 몇 가지 문의합니다.

1. 외국 수입 영문 도서의 몇 페이지 중 일부분을 지문으로 사용하여 독해 영어 문제 집을 만들어 유가 도서로 팔려고 합니다. 이때도 저작권료를 내야 하는지요?

2. 위 1의 경우 저작권료를 내야 한다면, 원저작 출판사에 의뢰해야 하는 건가요? 저 자가 있을 시 저자에게 의뢰를 해야 하는 건가요?

3. 극히 일부분을 사용하는데 이 경우 출처 표시만으로는 안 되는지요?

4. 저작권자가 사용허가를 하지 않을 수도 있는 건가요?

5. 저작권료는 부르는 게 값인가요? 아니면 출판 페이지나 발행부수에 따라 즉, 정해 진 규정이나 한도가 있는 건가요?

∽

저작권법상 저작권자의 허락 없이 출처명시만으로 허용되는 '인용'에 해당하 려면 그 조건이 매우 까다롭습니다. 질문한 경우에는 영어 독해문제집을 만드 는 데 필요한 것으로 보아 정당한 '인용'이 아닐 것으로 판단되므로 저작권자 의 허락이 필요하다고 생각합니다.

1. 이용목적 및 범위에 따라 저작권사용료가 달라지며, 나아가 저작권자의 이 용허락에 따른 생각이 중요하므로 구체적인 내용은 저작권자와 협의해서 결정하기 바랍니다.

2. 일단 일부 이용에 따른 저작권자가 누구인지 확인하는 것이 중요하므로 이 용목적을 밝히고 연락 가능한 곳(출판사 혹은 저자)에 문의하는 게 좋겠습 니다.

3. 출처 표시만으로 인용이 허용되는 경우가 아닌 것으로 보입니다.

4. 물론입니다. 저작권자가 그런 용도로는 사용할 수 없다고 하면 쓰지 못하게 될 수도 있습니다.

5. 저작권사용료는 쌍방(저작권자와 이용자)이 협의해서 결정하는 것이므로 어떻게 접근하느냐가 중요하겠지요. 저작권사용료와 관련하여 일관된 규정은 어디에도 없으므로 협상에 임하는 전략에 따라 달라질 문제입니다.

52. 인용과 출처명시의 기준

방송광고에 대한 책의 출판을 준비 중입니다.

1. 그림 ①은 TV CF 스틸 컷인데 이미지 한가운데 출처가 적혀 있어 이 부분을 삭제하고 사용하려고 합니다. (그대로 사용하기에는 좀 깔끔하지 않은 것 같아서요.) 이런 경우 사진 캡션 아래 그 출처를 명시해야 하는 걸까요?
2. 그림 ②는 출처가 없는 사진인데 이러한 경우는 또 어떻게 해야 하는 걸까요?

∾

1. 광고 관련 책을 준비 중이라고 했는데, 구체적으로 살펴보아 저작재산권의 제한규정에 해당하는, 즉 출처명시만으로 '인용'이 가능한 경우인지가 불분명합니다. 나아가 모델들의 초상이 그대로 드러나는 경우라면 광고제작자의 저작권뿐만 아니라 모델의 초상권 침해의 우려까지 엿보입니다. 만일 광고 그림들의 이용이 정당한 '인용'에 해당한다면, 나아가 그 내용이 긍정적이라면 별 문제가 없겠습니다만, 그렇지 않다면 저작권자 및 초상권자로부터 일일이 이용허락을 받기 바랍니다.
2. 정당한 인용의 여부는 이용하고자 하는 저작물이 전체 저작물에서 차지하는 비중과 관계가 깊습니다. 귀하의 창작부분이 주가 되고 인용부분은 종속적인 관계에 있을 때, 즉 인용부분을 빼더라도 전체적으로 내용이 유지되는 경우라야 합니다. 그렇지 않다면, 즉 인용부분을 빼고 나서 저작물 구성이 어렵다면 저작권 침해가 될 수 있습니다. 또, 출처란 인용부분의 최초 공표자 및 미디어를 표시하는 것으로, 영상광고물의 경우에는 제작사 및 광고주를 표시해 주어야 합니다.

53. 학습지에서의 저작물 인용

저는 학습지를 만들고자 준비하고 있습니다. 이 과정에서 저작권에 대해 궁금한 점이 많아 질문을 올립니다. 학습지에 영화나 연극 등의 일부 내용으로 구성해야 하는 부분이 있습니다. 이런 경우에도 저작권에 위배가 되는지요? 또 사진자료로 영화의 포스터나, 영화의 한 장면을 스크랩해서 사용하는 것 또한 저작권 침해가 될 수 있는지 궁금합니다. 예를 들면, 다음과 같은 경우입니다.

① 영화의 내용을 가지고 학생들이 서로 찬성과 반대의 의견을 이끌어 내는 토론의 주제로 사용하는 경우

② 영화의 줄거리를 통해 등장인물의 행동에 대해 옳고 그름을 판단하고 주장하는 소재의 내용 구성

③ 이러한 내용 구성에서 사진이나 포스터 등의 자료를 활용하는 경우

저작권법에 따르면 공표된 저작물은 보도·비평·교육·연구 등을 위해서라면 정당한 범위 안에서 이를 인용할 수 있다고 하는데, 이 경우에는 해당하지 않는지요?

~

현행 저작권법에서 저작재산권을 제한하여 저작권자의 허락이 없어도 이용할 수 있다고 규정하고 있는 것들은 모두 개인의 이익보다는 공익성이 강한 경우에 해당하는 것들입니다. 보도, 비평, 교육, 연구 등을 위해 인용할 수 있다는 것도 마찬가지입니다.

질문내용의 요점은 결국 학습지를 만드는 데 이러저러한 저작물들을 허락없이 이용할 수 없겠느냐 하는 것인데, 만일 국정(1종) 또는 검인정(2종) 교과서를 만들거나 학교 선생님(교사나 교수)의 자격으로 강단에서 직접 가르칠 목적 때문에, 즉 일반에 배포하는 것이 아니라 일정 과목을 수강하는 학생들에게만 교육용으로 사용하려는 목적이 아닌 한 무단이용은 허용되지 않습니다. 예

컨대, 판매목적으로 출판사 등에서 제작하는 학습지는 결국 영리를 취하기 위한 것이므로 공익성에 부합한다고 할 수 없으며, 이 경우 저작권 보호를 받는 타인의 저작물은 그것이 극히 일부분이라 하더라도 일일이 적절한 보상에 따른 허락을 받아야 합니다. 다만, 저작물의 실제 내용을 이용하는 것이 아니라 유명 영화제목 또는 누구나 알 수 있는 줄거리만을 명시하여 학생들로 하여금 학습에 이용하게 하는 것은 가능합니다.

결론적으로, 판매목적을 띤 학습지라면 영화의 대사 일부분 또는 포스터나 장면의 일부분 등 모든 저작물 이용은 적법한 절차, 즉 저작권자의 이용허락이 있어야만 이용할 수 있겠습니다. 요사이 저작권 침해에 대한 규제가 매우 심해지고 있으므로 행여 무단이용으로 인한 불이익이 없도록 꼼꼼히 점검한 후 학습지를 발행하기 바랍니다.

54. 공공기관에서의 인용과 출처명시의 구체적인 기준

공공기관 산하 교육기관으로서 여러 교육과정에서 활용하는 교재와 관련하여 저작권에 대해 몇 가지 질문을 드립니다.

1. 저작권법상 '공표된 저작물의 인용'과 관련된 질문입니다. "공표된 저작물은 보도·비평·교육·연구 등을 위하여는 정당한 범위 안에서 공정한 관행에 합치되게 이를 인용할 수 있다."라고 하는데, 우리 기관에서 수행하는 업무도 해당되는 걸까요?

2. 우리 업무가 교육에 해당된다면 정당한 범위 및 공정한 관행을 준수하는 한 공표된 저작물을 인용할 수 있을까요? 또한 현재 비매품으로 되어 있는 교재를 판매할 경우에도 공표된 저작물을 인용할 수 있는 것인지요?

3. 저작권법상의 '출처의 명시' 규정에서 언급된 "합리적이라고 인정되는 방법"은 구체적으로 무엇을 말하는지 궁금합니다.

∾

1. 국가적 공공이익을 위해 교육을 진행하는 것으로 판단되므로 공공기관 산하 교육기관에서의 교육은 저작권법상 '교육'에 해당하는 것으로 보입니다.

2. 영리목적으로, 즉 피교육생으로서의 공무원을 대상으로 하는 교재에서가 아니라 공무원을 지망하는 일반인을 대상으로 하는 공무원 시험대비 문제집이나 참고서 등에서의 '무작정 인용'은 저작권 침해에 해당할 수도 있습니다. 다만, 정당한 범위 안에서 공정한 관행에 합치되는 인용이라면 판매 유무와 관계없이 문제가 되지 않겠습니다.

3. 인용에 있어서는 특히 출처명시의 의무가 엄격하게 적용되어야 합니다. 인용부분에 대한 적절한 구분이나 출처의 명시가 부정확하다면 그것이 인용인지 창작인지를 분간할 도리가 없기 때문이지요. 따라서 다른 사람의 저작

물을 일부라도 인용할 바에는 그 부분에 인용부호를 붙이거나 단락을 바꾸어 본문과는 다른 활자로 표시함으로써 인용부분을 구분하는 것이 상식입니다. 또한 학술 관련 전문서적이나 논문에서는 출처로서의 저자명, 책명 또는 논문제목, 발행처, 발행년도, 해당 면수 등을 적절한 위치에 주(註) 표시로써 밝히는 것이 통례입니다.

55. 시험문제의 광고에의 인용

최근 교육방송(EBS)에서 시행한 수능 모의고사 문제 중 사회탐구영역(국사) 문제의 예시로 우리 출판사에서 발행한 특정도서의 내용이 거의 그대로 인용되었습니다. 이런 경우는 시험문제에 사용되는 것이기 때문에 저작권자의 이용허락 없이 사용이 가능한 것인지요?

그렇다면 이런 경우 우리 출판사에서 그 도서의 홍보용으로 이 시험문제를 인용하여 광고에 사용해도 무방한지요?

&

학교의 입학시험, 그 밖의 학식 및 기능에 관한 시험 또는 검정을 위하여 필요한 경우에는 저작재산권자의 허락이 없어도 그 목적을 위하여 정당한 범위 안에서 공표된 저작물을 복제할 수 있습니다. 즉, 공표된 저작물을 시험문제의 출제를 위해 복제할 경우에는 저작재산권 침해가 아닙니다. 여기서 말하는 시험문제란 크게 세 가지로 나누어 볼 수 있는데, 어떠한 경우든지 영리를 목적으로 하는 것은 제외됩니다.

첫째, 학교의 입학시험으로서 공표된 저작물을 이용하는 경우. 우리나라에서는 고등학교 입학 또는 대학 및 대학교, 그리고 대학원에 진학하고자 하는 사람을 대상으로 입학시험을 치르는 것이 일반적인데, 그러한 경우에는 저작재산권자의 허락 없이도 저작물을 복제하여 이용할 수 있습니다.

둘째, 그 밖의 학식 및 기능에 관한 시험에 공표된 저작물을 이용하는 경우. 각종 회사에서의 신입사원을 공개로 채용하기 위한 입사시험이나 각종 선발시험, 학교에서의 정기적인 학력평가나 모의고사, 그리고 자격증 부여를 위한 각종 기능시험 등이 이에 해당합니다.

셋째, 검정(檢定)을 위해 필요한 경우. 즉, 각급 정규 학교를 다니지 않고도 해당 학교의 학업을 이수한 것으로 간주되고자 할 때에는 각급 과정의 학력인정 또는 입학자격 검정고시를 거쳐야 하는데, 그 경우에는 출제를 주관하는 곳에서 시험문제로서 저작물을 복제하여 이용할 수 있습니다.

한편, 여기서의 규정에 해당하는 것은 시험문제 그 자체로서 복제하는 것이므로, 입학시험에 출제된 문제를 모아 참고서로서 복제하는 시험문제집은 해당하지 않는다는 점에 주의해야 합니다. 아울러 시험문제로 삼는 과정에서 무리하게 저작물에 변형을 가하게 되면 저작인격권으로서의 동일성유지권의 침해문제가 발생할 수도 있으므로 주의할 필요가 있습니다. 그리고 영리를 목적으로 하는 경우에는 제외되므로, 어떠한 방식으로든지 시험문제에 따른 대가가 지급되는 것에는 문제가 있습니다. 즉, 우리나라의 현실로 보면 각종 시험에 따른 학습참고서의 비중이 상당히 높은데, 그러한 것들은 대개가 영리를 목적으로 하기 때문에 여기서 말하는 저작재산권의 제한에 해당되는 경우는 거의 없을 것으로 보입니다. 따라서 영리를 목적으로 여러 저작물을 복제해서 시험문제를 출제하고자 할 때에는 저작재산권자의 허락을 얻어야만 합니다. 또한, 이 경우 저작물을 번역해서 이용할 수 있으며, 출처명시의 의무는 없습니다.

그런데 귀사에서 도서의 홍보목적으로 해당 시험문제를 광고에 인용하는 것은 또 다른 문제를 안고 있습니다. 저작권과 관계없이 교육방송(EBS)에서 출제한 모의고사에 귀사 도서의 내용이 실렸다는 것을 알리는 과정에서 출제기관의 명예가 연계되기 때문이지요. 상표를 사용하는 경우와 유사하다고 보면 됩니다. 곧 사전에 출제기관의 허락을 얻는 것이 좋겠습니다.

56. 직원 교육용 매뉴얼에 다른 저작물을 인용한 경우

석재를 전문으로 시공하는 업체입니다. 석공사 매뉴얼을 만들려고 하는데 석재 관련 책이나 인터넷 사이트에서 관련 사진이나 문구를 발췌해서 매뉴얼의 일부로 포함시키고자 합니다. 제작된 매뉴얼은 당사 직원 교육용 또는 건설사 직원용으로, 그리고 비영리 목적으로 사용하려고 하는데, 이런 경우에도 저작권 침해문제가 생길까요? 만일 문제가 있다면 어떻게 사용해야 문제가 없을까요?

∽

귀사의 경우 궁극적으로는 영리목적으로 운영되는 회사이기 때문에 직원 교육용 또는 건설사 직원용으로 이용되는 매뉴얼은 결코 '비영리 목적'이 될 수 없습니다. 또한 저작권 침해 여부를 판단함에 있어 비영리 이용인가 아니면 영리 이용인가 하는 점은 전혀 영향을 미치지 않습니다. 곧 저작권자의 허락을 받지 않았다면 저작권 침해가 될 수밖에 없다는 뜻이지요. 따라서 문제가 생기지 않게 사용하려면 해당 저작권자들로부터 일일이 이용허락을 받는 방법밖에는 없습니다. 만일 저작권자가 출처만 표시하고 이용해도 좋다고 한다면 대가 없이 이용할 수 있을 것이고, 일정금액을 사용료로 지불하라고 한다면 서로 협의해서 금액을 결정할 수 있을 것입니다. 해당 저작물이 수록되어 있는 출판물을 발행한 곳에 문의하면 저작권자를 확인할 수 있으므로 미리 허락을 받기 바랍니다.

57. 등록의 효력

전통사찰을 비롯해서 각종 문화재를 찍은 사진이 많이 들어간 역사책을 만들고 있습니다. 워낙 많은 고생을 하며 직접 찍은 사진이다 보니 책에 실린 사진들을 다른 사람이 함부로 복제하지 못하게 하고 싶은데, 이런 경우 어떤 방법이 있을까요?

❧

저작자에게는 기본적으로 저작권이 주어집니다. 그리고 이러한 저작권은 정신적 권리인 저작인격권과 경제적 권리인 저작재산권으로 나뉩니다. 또, 저작권은 저작한 때부터 발생하며 어떠한 절차나 형식의 이행을 필요로 하지 않습니다. 이를 저작권 성립에 있어서의 무방식주의라고 합니다. 저작권은 특허권·실용신안권·디자인권·상표권 등을 다루는 산업재산권과는 달리 권리를 행사하기 위해서 등록과 심사 등의 어떠한 절차나 형식이 필요하지 않고, 저작과 동시에 권리가 발생합니다. 따라서 저작자는 저작물의 작성과 동시에 저작권을 갖게 되며, 이와 관련하여 아무런 조치를 취하지 않아도 되는 것이지요. 물론 방식주의를 채택하고 있는 나라가 있기는 하지만 요즈음의 국제적인 추세는 무방식주의가 주류를 이루고 있습니다. 아울러 저작물의 완성 여부와 관계없이 부분적인 저작물이라도 독창성이 인정되기만 하면 미완성일지라도 해당 부분에 대한 저작권이 생긴다는 점에 주의해야 합니다.

그래도 안심이 되지 않는다면 등록제도를 활용해 보기 바랍니다. 저작자 또는 저작재산권자는 자신의 권리와 관련하여 실명(實名) 또는 이명(異名)을 비롯한 여러 가지 사항을 등록함으로써 향후 권리내용에 대한 추정력을 가질 수 있습니다. 이때 저작자 또는 저작재산권자가 등록할 수 있는 구체적인 사항은 다음과 같습니다.

먼저, 저작자 또는 저작재산권자는 그의 성명과 이명, 그리고 국적과 주소 또는 거소를 등록할 수 있습니다. 이때 이명의 경우에는 "공표 당시에 이명을 사용한 경우"에 한정되므로 공표 이후에 사용하기 시작한 이명은 등록대상이 되지 않습니다. 이렇게 저작자 또는 저작재산권자가 성명 또는 이명을 등록하게 되면 등록된 사람을 저작자 또는 저작재산권자로서 추정하므로 인격적 이익을 추구하는 경우에도 효과를 기대할 수 있게 됩니다.

또 국적과 주소, 거소도 등록의 대상이 되며, 저작물의 제호와 종류, 그리고 창작년월일을 등록할 수 있습니다. 제호란 그 저작물의 제목을 뜻하며, 종류란 저작권법의 저작물 예시규정에 따라 구별하는 것을 뜻합니다. 그 저작물이 어문저작물, 음악저작물, 연극저작물, 미술저작물, 건축저작물, 사진저작물, 영상저작물, 도형저작물, 컴퓨터프로그램저작물 중 어디에 속하는지 판단해서 등록하는 것을 말합니다. 아울러 창작년월일은 저작물 사이의 유사성, 즉 무단복제 여부가 문제될 때 저작물 창작의 선후를 가리는 데 유용한 판단의 기준이 될 것으로 보입니다.

아울러 저작자 또는 저작재산권자는 저작물의 공표 여부 및 맨 처음 공표된 국가와 공표년월일을 등록할 수 있습니다. 이는 저작재산권의 보호기간과 밀접한 관계가 있는데, 맨 처음 공표된 국가의 등록은 발행지가 어디인지를 밝힘으로써 국제적인 저작권 보호에 있어서의 원칙인 발행지주의의 기준이 되며, 공표 여부 및 공표년월일의 등록은 단체명의저작물에서처럼 공표시기를 보호기간의 기산점으로 삼는 경우에 그 기준이 될 수 있습니다. 또, 2차적저작물의 경우에는 그것의 원저작물이 무엇인지 등록할 수 있으며, 공표된 저작물의 경우 그것을 공표한 매체가 언제, 어디서, 누구에 의해 발행된 매체인지 등록할 수 있습니다.

이렇게 해서 저작자 또는 저작재산권자로 성명이 등록된 사람은 그 등록저작물의 저작자 또는 저작재산권자로 추정하며, 또한 창작년월일 및 맨 처음 공표년월일이 등록된 저작물은 등록된 연월일에 그 저작물이 창작 또는 맨 처음 공표된 것으로 추정합니다. 다만, 이러한 추정의 법률적 효력은 절대적인 것이 아니며, 반대의 증거가 있으면 효력을 잃게 됩니다.

저작자 또는 저작재산권자는 자신의 권리와 관련하여 실명 또는 이명을 비롯한 여러 가지 사항을 등록함으로써 향후 권리내용에 대한 추정력을 가질 수 있습니다.

58. 저작권 등록의 절차와 내용

외국어학원을 운영하면서 외국어를 가르치고 있는 강사입니다. 문법에 관한 사항들을 엮어 책을 만들었는데요. 물론 본인이 직접 쓴 내용이구요. 앞으로 이 책이 어떻게 사용될지 예측할 수는 없지만 저작권이 중요하다는 것은 알고 있기에 문의 드립니다. 저작권을 등록하려면 어떤 사항이 필요하고 어떤 절차를 따르면 되는지, 저와 같은 경우에도 해당되는지 알고 싶습니다.

등록(registration)이란, 저작물의 명세 또는 저작자의 권리에 관한 계약을 국가의 공부(公簿)에 기재하는 것을 뜻합니다. 그러나 저작권에 관한 대표적인 국제협약인 베른협약에 따르면 권리의 향유와 행사는 등록과 같은 방식을 조건으로 할 수 없으며, 우리 저작권법에서도 무방식주의를 규정하고 있기 때문에 여기서 말하는 등록이란 저작권의 발생과는 아무런 관계가 없습니다. 다만, 저작권과 관련해서 일정한 사항을 저작권등록부에 등록하게 함으로써 공중(公衆)으로 하여금 공개적으로 열람할 수 있도록 하여 공시적인 효과를 기대함과 동시에, 일정한 사항에 있어서는 거래의 안전을 위해 제3자에게 대항하기 위한 요건이 될 수 있도록 하고 있을 뿐입니다. 이렇듯 등록은 일정한 경우에 한해서 대항력 또는 추정력을 갖게 하는 것일 뿐 모든 저작권이나 저작권에 관한 사항에 해당하는 것은 아닙니다. 등록하지 않았더라도 귀하의 저작물임을 입증할 수만 있다면 얼마든지 법적으로 보호받을 수 있다는 점을 잊지 말기 바랍니다.

한편, 저작권의 등록, 권리변동 등의 등록, 출판권의 등록, 저작인접권의 등록 등에 관한 업무는 저작권위원회에서 수행합니다. 만일 일정내용을 등록하고자 한다면 저작권위원회 홈페이지를 통해 절차와 방법을 확인하기 바랍니다. 저작권과 관련해서 등록할 수 있는 내용을 살펴보면 다음과 같습니다.

- 저작자 또는 저작재산권자의 성명·이명·국적·주소 또는 거소
- 저작물의 제호·종류·창작년월일
- 공표의 여부 및 맨 처음 공표된 국가·공표년월일
- 2차적저작물의 경우 원저작물의 제호 및 저작자
- 저작물이 공표된 경우에는 그 저작물이 공표된 매체에 관한 정보
- 상속 및 기타 일반승계를 제외한 저작재산권의 양도 또는 처분제한
- 저작재산권을 목적으로 하는 질권의 설정·이전·변경·소멸 또는 처분제한
- 출판권자의 성명·이명·국적·주소 또는 거소
- 상속 및 기타 일반승계를 제외한 출판권의 양도 또는 처분제한
- 출판권을 목적으로 하는 질권의 설정·이전·변경·소멸 또는 처분제한
- 저작인접권자의 성명·이명·국적·주소 또는 거소
- 상속 및 기타 일반승계를 제외한 저작인접권의 양도 또는 처분제한
- 저작인접권을 목적으로 하는 질권의 설정·이전·변경·소멸 또는 처분제한

59. 미출판 저작물의 등록문제

아직 출판되지 않은 책이지만 저작권 등록을 할 수 있나요? 지금 기획 중인 책인데 제목과 스토리가 있고 가제본 상태의 책입니다. 여러 사람이 공유할 수 있는 사이트에 올라 있어 조금 불안합니다. 어떻게 해야 할까요?

∾

저작권법이 보호하는 저작물이란 "인간의 사상이나 감정을 창작적으로 표현한 것"으로서 완성된 것만 해당되는 것은 아닙니다. 그러므로 스토리에 구체적 표현이 포함되어 있고 그것이 창작성을 지닌 것이라면 미완성이라도 저작물로 보호받을 수 있습니다. 구체적으로는 저작권위원회를 통해 등록 여부를 타진해 보기 바랍니다. 다만, 등록 자체가 저작권 획득의 필수요건이 아니며, 자신이 저작자임을 입증할 수만 있다면 창작과 동시에 저작권이 발생하므로 무조건 등록하는 것만이 능사는 아닙니다. 잘 판단해 보기 바랍니다.

60. 미완성 저작물의 등록 여부

저작물이 아직 완성이 되지 않은 상태에서도 저작권 등록이 가능할까요? 이를테면 제목이라든지 개요와 관련해서요. 비슷한 내용과 제목일 경우 저작권 침해 논란이 많다고 해서 미리 등록해 두면 보호를 받을 수 있지 않을까 해서요.

❧

보호받는 저작물은 완성된 것일 필요는 없습니다. 미완성이라도 그것 자체로서 창작성이 인정된다면 저작권이 부여됩니다. 자신이 저작자임을 입증할 수 있으면 되는 것이지요. 또한 산업재산권(특허, 실용신안, 디자인, 상표 등)은 출원 자체가 보호를 위한 효력이 있지만, 저작권에 있어서는 등록 자체가 저작권 보호를 위한 안전장치가 되지는 못합니다. 등록은 어디까지나 거래의 안전을 위한 것이지 저작권 인정을 위한 것이 아니기 때문입니다. 저작권은 창작과 동시에 발생하며 어떠한 형식이나 절차의 이행을 필요로 하지 않습니다. 따라서 등록을 먼저 고려할 필요는 없을 것으로 보입니다.

61. ⓒ 표시의 효력

일선에서 도서편집을 주요 업무로 삼고 있는 사람입니다. 요사이 출판되는 책마다 판권란에 보면 이른바 'ⓒ 표시'라는 게 보이는데, 이 표시의 뜻과 효력은 어떠한지요. 그리고 재쇄의 경우에는 발행년도를 바꾸어 표시해야 하는 건가요?

⁓

저작권에 관한 사항을 표시하는 동그라미 안의 C 기호는 원래 'copyright'의 약자로서 저작권이 누구에게 있으며 그 저작물이 최초로 언제 발행되었는지를 알려주는, 세계저작권협약(UCC)에서 규정하고 있는 회원국끼리의 약속기호입니다. 즉, 동그라미 안에 C 표시를 하고 그 다음에 저작권자의 성명을 표시한 다음 맨 마지막으로 최초 발행년도를 표시하는 식이지요. 따라서 재쇄(再刷)의 경우 발행년도를 어떻게 표시할까의 문제는 해당 권리의 내용이 바뀌지 않은 한 초판 발행 시의 연도를 계속 표시하는 것이 맞습니다. 초판 발행 시의 연도를 계속 표시해 주어야 최초 발행년도 표시라는 원래 취지에 부합하기 때문이지요.

그런데 ⓒ 표시는 UCC에서 요구하는 최소한의 방식주의일 뿐 아무런 강제력이 없습니다. UCC보다 한층 강력한 보호내용을 담고 있는 베른협약과 WTO(세계무역기구) 협약에서는 완전한 무방식주의를 택하고 있기 때문에 ⓒ 표시는 이제 액세서리 이상의 의미를 띠지 않습니다. 표시 자체에 아무런 의미가 없다는 뜻이지요. 아마 우리나라가 베른협약 이전에 UCC에 먼저 가입하는 바람에 당연한 표시인 것처럼 출판계에 알려진 듯합니다. 다시 말해서 보다 정확한 발행일자 혹은 연도 표시는 출판계약서에 근거하거나 판권상에 기재된 초판 발행일, 그리고 저작권위원회에 등록된 발행일 또는 저작권 취득일 등으로 증명하면 되는 것입니다.

62. 올바른 저작권 표기방법

일본인 저자가 쓴 세 권의 책이 국내에서 번역(1)되어 나왔습니다. 저자의 의도로, 이 책들을 개정하여 두 권의 책으로 묶어 출판(2)하려고 하는데 저작권 표기를 어떻게 해야 할지 모르겠습니다. (1)의 경우는 원본 일본 도서들이 있는 경우라 통상 하는 대로 저작권이 표기되어 있습니다. (2)의 경우는, 일본 원서들을 가지고 개정한 것이 아니라, 한국어로 된 (1)을 가지고 대폭 편집한 것입니다. 그렇다면 "©, 저자이름, 2006. 이 책은 저작권법에 의해 한국 내에서 보호를 받는 저작물이므로 무단전재와 복제를 금합니다." 정도로 표시하면 될까요? 이 책은 언어를 떠나서 저자에게는 물론 전 세계적으로 최초본입니다. "한국 내에서"라는 말이 왠지 부적절해 보이는데요. 어떻게 표기하면 좋을지 알려주십시오.

또 이와 같은 경우(원본 번역서가 아닌) 저자 이름을 한글 표기로 해야 할지, 아니면 영어로 써야 할지……. 그렇다면 by를 넣어야 할지 "All rights reserved" 이런 것들도 번역서에 넣듯이 넣는 것이 좋을지 모르겠습니다.

∾

우리나라를 포함한 베른협약 가입국들은 저작권에 관하여 완전 무방식주의를 채택하고 있습니다. 즉, 저작권 표시를 어떻게 하든 관계없이 저작행위를 한 사람에게는 저작권이 부여된다는 뜻입니다. 따라서 위의 경우에는 독자들에 대한 배려 차원에서 원작자가 일본인 '아무개'이고, 번역자는 한국인 '아무개'라는 사실, 한국어 출판은 국내의 '아무개' 출판사에서 했다는 사실만 표기되면 그만일 뿐, 더 이상의 표기는 실제적으로 무의미하다는 뜻입니다.

ⓒ표시는 베른협약 가입 이전에 우리가 먼저 가입했던 세계저작권협약(UCC)에서의 최소한의 표시주의(체약국임을 나타내는)에 따라 표시하던 것으로, 그보다 훨씬 강력한 보호원칙을 천명하고 있는 베른협약에 가입한 이상 의

미가 상실된 것이지요.

결론적으로, 번역원고에 대한 저작재산권을 양도받지 않았거나 양도받았다 하더라도 번역자의 인격권은 여전히 유효하므로 만일 번역본을 가지고 대폭 편집하는 과정에서 오히려 번역자의 권리(동일성유지권 등)를 침해하지는 않았는지 살펴보기 바랍니다.

출판 실무 사례

제2부

63. 계약의 해석

몇 년 전 모 출판사에 출판기획서를 보냈는데, 그 출판사에서 연락이 와서 컴퓨터 관련 책을 집필하게 되었습니다. 그런데 저에게 집필 경험이 없었기에 출판사 담당자와 협의한 끝에 어느 기획사와 계약을 맺고 일을 진행하게 되었습니다. 즉, 저와 기획사가 집필에 대해 계약하고, 기획사와 출판사가 출판에 대해 계약하게 된 것이지요. 기획사에서는 저에게 1쪽당 1만 원의 원고료를 지급하기로 했고 1만 부 이상 판매되면 책값의 25퍼센트를 인세로 지급하기로 했는데, 실제 계약서에는 저작자로서 제가 지켜야 할 의무사항과 1만 원이라는 원고료에 대해서만 명시되어 있고 인세에 대해서 언급한 항목은 없었습니다. 그러나 처음 책을 내다보니 앞뒤 생각할 겨를 없이 그들의 말만 믿고 계약서에 도장을 찍고 말았는데, 2년 정도 지난 뒤 서점에 갔다가 그 책이 10쇄나 인쇄되었다는 사실을 알게 되었습니다.

해당 기획사에 연락해 보니 기획사는 그 사이 문을 닫았고, 출판사에서는 계약서의 내용을 들이대며 저에게는 이미 지불한 원고료 이외에 더 이상 줄 것이 없다고 합니다. 기획사와 출판사가 맺은 계약서에는 영구적으로 제가 저작권 및 출판권을 양도한 것으로 되어 있다는 사실도 그제서야 알게 되었습니다. 돈을 떠나서 순진한 제가 상업적으로 이용당한 듯해서 기분이 무척 나쁜 상태입니다. 현재 상황에서 합리적으로 저의 권리를 되찾을 수 있는 방법은 없을까요?

∾

만일 귀하의 이름으로 출판된 책이라면 귀하는 저작권자임에 분명합니다. 하지만 권리의 적용에 있어서는 출판계약서의 내용이 우선되므로 다소 억울한 측면이 있더라도 현재로서는 별다른 조치를 취하기가 어려울 듯합니다. 다만, 저작재산권이 양도되었다 하더라도 저작인격권은 저자에게 여전히 남아 있으므로 만일 출판사에서 귀하의 이름을 무시한다거나 내용을 마음대로 뜯어고

친다면 성명표시권과 동일성유지권 침해를 이유로 법적 책임을 물을 수 있을 것입니다.

또, 우리 출판계의 오랜 관행 중에 이른바 '매절(買切)'이라는 것이 있습니다. 흔히 번역물일 경우, 또는 여러 사람에 의한 공동저작물일 경우, 그리고 무명의 작가로부터 원고가 들어왔을 경우 한꺼번에 얼마간의 금액을 지불하고 이후에는 아무런 금전적 대가를 지불하지 않는 형태를 가리킵니다. 문제는 이를 저작권양도계약으로 해석하는 데 있습니다. 과거 저작권에 관한 인식이 희박하던 시절에는 누구나 이를 당연한 관행으로 생각했을지 모르지만, 이제 상황은 그렇지가 않으니까요.

예컨대, 저작물 이용에 따른 대가를 발행부수 또는 판매부수에 따라 지급하는 것이 아니라 미리 일괄지불하는 형태로서 이른바 '매절계약'은, 그것이 일반적인 인세를 훨씬 초과하는 고액이라는 등의 증거가 없는 한 이는 출판권설정계약 또는 독점적 출판허락계약이라고 봄이 타당하며, 출판권은 저작권법에 의하면 당사자 사이에 특별한 약정이 없는 한(영구적인 귀속을 포함해서) 3년간 존속하는 것이므로 계약일로부터 3년이 경과하면 출판권은 소멸되는 것이 명백하다는 판결(서울민사지방법원 제51부 1994. 6. 1. 판결, 94카합3724 가처분이의)만 보더라도 매절이 곧 저작재산권 양도라는 해석은 매우 위험한 것입니다. 따라서 직접적인 저작권자임을 내세워 출판계약을 해지하고 재계약을 할 수도 있을 것으로 판단됩니다. 계약서 내용을 다시 한 번 잘 살펴보기 바랍니다.

64. 매절계약의 효력(1)

한 출판사에서 번역 의뢰가 들어와 원고료를 받고 몇 권을 번역해 주었고, 모두 정상적으로 출판되었습니다. 그런데 시간이 지나자 출판사에서 임의로 번역물의 제목과 내용을 바꿔서 제 이름으로 다시 출간했다는 사실을 알게 되었습니다. 한 권도 아니고 제가 번역한 책 모두를 전혀 다른 책처럼 출판한 것입니다. 물론 재출간한 책에 대해서는 원고료를 주지 않았습니다. 항의했더니 출판사에서는 번역물에 대한 저작권이 출판사에 있다고 강변하는데, 이럴 경우 어떻게 해야 하나요?

∾

저작자에게는 기본적으로 저작인격권과 저작재산권이 주어지므로 2차적저작물의 작성인인 번역자에게도 번역물에 대한 저작인격권과 저작재산권이 주어집니다. 이 중에서 저작재산권은 양도나 상속이 가능하지만 저작인격권은 저작자 일신에 전속되기 때문에 양도나 상속이 불가능합니다. 저작인격권에는 공표권, 성명표시권, 동일성유지권 등 세 가지가 있는데, 이미 출판을 전제로 번역원고를 넘겼기 때문에 공표권은 행사한 셈이 되고, 번역자로 귀하의 이름이 적시되어 있다니 성명표시권 또한 침해당하지 않은 셈입니다. 문제는 동일성유지권이지요. 동일성유지권이란 "저작자가 그 저작물의 내용·형식 및 제호의 동일성을 유지할 권리"를 뜻하는 것으로 저작자가 자신이 작성한 저작물이 어떠한 형태로 이용되더라도 처음에 작성한 대로 유지되게 할 수 있는 권리를 말합니다. 즉, 저작자의 의사에 관계없이 이용자로부터 저작물의 내용을 변경당하지 않을 권리라고 할 수 있지요.

먼저, 저작자에게는 저작물의 내용은 물론 형식 및 제호 등에 있어서 동일성을 유지할 권리가 있습니다. 저작물은 저작자의 인격을 구체화한 것이므로 저작물에 구현된 저작자의 사상 또는 감정의 표현에 있어서 완전성 혹은 동일성을 유지할 필요가 있다는 취지이며, 따라서 저작물을 이용하는 사람의 입장에서 이용목적을 달성함과 동시에 효과를 드높이기 위해서 저작물의 일부를 없애거나 고치고자 할 때에는 반드시 저작자의 동의를 얻어야 합니다. 다만, 단순한 오자(誤字)나 탈자(脫字)를 고치는 것은 예외입니다. 여기서 내용 혹은 형식의 변경이란, 저작자의 의사와는 관계없이 무단으로 주제를 변경하고자 전개과정을 바꿈으로써 원작의 본질을 손상시키는 경우, 등장인물 또는 배경 따위를 바꿈으로써 마찬가지로 원작의 본질을 해치는 경우, 그리고 비극(悲劇)을 희극(喜劇)으로 바꾸거나 시를 소설로 바꾸는 것처럼 표현형식 자체를 고치는 행위 등을 가리킵니다. 하지만 저작물의 본질적인 변경이라도 그것이 정당한 절차를 거쳐 번역 또는 편곡 및 개작 등이 이루어진 것이라면 동일성유지권의 침해가 아닙니다. 다만, 번역을 함에 있어서 필연적인 변경과는 상관없는 중대한 실수로서의 오역(誤譯) 따위는 동일성유지권의 침해사유가 될 수 있습니다.

다음으로, 제호(題號)의 문제가 있습니다. 제호란 저작물의 제목을 일컫는 말입니다. 이러한 제호는 저작물의 내용을 집약하여 짧은 문구로 표현한 것이므로, 이를 무단으로 변경한다면 저작자에게는 사실상의 인격적 침해가 될 수 있습니다. 나아가 주제나 내용과는 상관없이 저작물의 상업적 이용만을 위해 제호를 무단으로 바꾸게 될 경우에는 더욱 심각한 문제가 생길 수도 있지요. 하지만 우리나라에서는 저작물의 제호에 한해서는 저작물성을 인정하지 않고 있습니다. 다만, 그것이 저작물의 내용과 어울릴 경우에는 저작인격권으로서의 동일성유지권의 대상이 된다는 점에 주의해야 하는 것이지요.

한편, 저작자의 사전 동의가 없더라도 저작물의 변경이 가능한 경우가 있습니다. 이는 동일성유지권이 미치지 않는 경우로 크게 세 가지로 나눌 수 있는데, 저작권 보호가 개인의 이익뿐만 아니라 문화의 산물인 저작물을 이용한다는 차원에서 공익적인 측면 또한 강하다는 점을 보여줍니다. 다만, 예외 사유에 해당한다고 하더라도 본질적인 내용의 변경은 할 수 없다는 점에 주의해야 합니다.

결국 출판사에서는 번역자에게 주어진 저작인격권상의 동일성유지권과 저작재산권을 침해한 것으로 보이며, 따라서 동일성유지권 침해에 따른 위자료와 저작재산권자로서의 저작권사용료(인세) 지급을 요구할 수 있겠습니다.

65. 매절계약의 효력(2)

작년 6월경에 우리 출판사가 매절로 계약한 원고가 최근에 다른 출판사에서 책으로 출간된 것을 알게 되었습니다. 계약할 당시 원고가 완전하다고 생각되지 않아서 원고료의 2/3를 먼저 지급하면서 교정과 교열이 완료된 다음에 나머지를 지급하는 조건으로 매절계약을 했습니다. (이 내용은 계약서상에도 나와 있습니다.)

올 초에 저자에게 교정 방향에 대해 말씀드리고 교정을 요청했는데 제대로 이루어지지 않아서 원고료 차액 1/3은 아직 지급되지 않은 상태입니다. 아마도 지금 책이 출간된 출판사보다 저희 쪽에서 먼저 계약을 한 것 같은데 저자가 경제적인 능력이 있어서 계약금을 다시 돌려줄지도 확실하지 않고, 그렇다고 하더라도 저희 쪽에서도 이 원고를 가지고 그동안 일을 진행해 온 것도 있는데 어떻게 대응을 해야 할지 난감합니다. 저자에게 민사상 책임을 물을 경우 어떤 절차를 거치게 되는지, 그리고 우리 쪽에서 그냥 이 원고로 책을 출간한다면 우리에게도 어떤 책임이 있는지 궁금합니다.

ॐ

단순한 매절계약이 아닌 '저작재산권양도계약'이었다면 해당 원고에 대한 저작재산권이 귀사에 있으므로 저자에게 손해배상을 청구하는 것과 동시에 제3자인 다른 출판사로 하여금 책을 더 이상 내지 못하게 하는 것은 물론 이미 배포된 책까지도 모두 회수 및 폐기하라고 요구할 수 있습니다만, 질문내용으로 보면 원고료를 한꺼번에 지불하는 방식의 단순 매절계약인 것으로 보이므로 계약의 해지와 함께 저자에 대해서만 손해배상을 요구할 수 있겠습니다.

그동안 출판을 진행하면서 소요된 비용과 저자에게 지불한 원고료 등을 합산해서 저자로 하여금 배상하도록 요구할 수 있겠습니다. 만일 저자가 이에 응하지 않는다면 부득불 민사소송을 제기할 수밖에 없을 텐데 자세한 절차에 대해서는 변호사 사무실(법률 사무실)에 문의하기 바랍니다. 이미 확보한 원고로 출판하는 것도 생각해 볼 수 있겠습니다만, 이미 출판된 책이라면 굳이 또 펴낼 이유는 없을 것으로 판단됩니다. 독자에 대한 배려를 먼저 생각하는 게 출판사의 당연한 의무일 것이기 때문이지요. 모든 문제는 저자 때문에 생긴 것인 만큼 저자로 하여금 결자해지의 자세로 문제를 해결하도록 촉구하는 것이 가장 현명할 것으로 보입니다.

66. 매절계약과 저작권양도계약, 출판권설정계약의 차이점

'저작권양도계약서'와 '출판권설정계약서'에 대해 문의합니다.

1. 출판사에서 매절 원고료를 지불할 경우에는 저작권양도계약서를 체결하나요?
2. 저작권양도계약서는 원저작물의 저작권(저작재산권)을 영구적으로 출판사에 넘기는 건가요?
3. 인세계약을 할 경우에는 출판권설정계약서를 체결하나요?
4. 저작권양도계약을 할 경우, 2차적저작물작성권은 특약이 없어도 원저작자가 아니라 출판사에 있는 건가요? 예를 들어, 지난해에 책을 한 권 썼는데, 출판사와 저작권양도계약서를 체결하고 150만 원의 원고료를 받았어요. 그런데 이번에 그 책의 내용을 어린이 신문에 3개월간 연재한다고 해요. 저는 그 사실을 나중에 담당자에게 통보받았구요. 이럴 경우, 출판사가 연재를 결정하기 전에 저와 상의를 했어야 하는지, 연재되는 내용에 대한 원고료를 요구할 수 있는지 궁금합니다.

∽

1. 출판계에서 오랜 관행처럼 이루어지고 있는 '매절계약'은 저자에게 지불되는 금액이 인세를 초과할 정도로 상당히 고액이라는 것이 입증되지 않는 한 '출판권설정계약'에 불과하다는 것이 우리 법원의 일관된 판례입니다. 곧 3년이 지나면 다시 계약해야 하는 것이지요. 하지만 정식으로 '저작재산권양도계약'을 체결했다면 상황은 달라집니다. 따라서 매절계약 형식으로 할 것인지 아니면 저작재산권양도계약의 형식으로 할 것인지는 계약 당사자들이 판단할 문제입니다.
2. 저작재산권양도계약을 체결했다 하더라도 '영구히' 양도되는 것이 아니라 저작재산권 보호기간 규정에 따라 저자 사후 50년까지만 인정됩니다. 하지만 결과적으로는 상대방에게 권리 일체를 넘겨준다는 점에서 영구적일 수

있겠지요.

3. 인세계약의 일반적인 방식은 바로 출판권설정계약입니다.

4. 현행 저작권법에 따르면 "저작재산권을 양도하는 계약을 맺었더라도 특약이 없다면 2차적저작물작성권은 포함되지 않은 것으로 본다."고 규정되어 있습니다. 하지만 저작물을 신문에 연재하는 것은 2차적저작물작성권과 관계가 없습니다. 2차적저작물이란 원저작물을 바탕으로 "번역, 각색, 편곡, 영상제작, 변형" 등이 이루어짐으로써 다른 형식으로 만들어진 것을 가리키는 개념이기 때문입니다. 따라서 저작재산권을 양도받은 출판사가 그 저작물의 내용을 쪼개서 신문에 연재하는 것(재사용)은 정당한 권리행사로 판단됩니다.

67. 출판계약의 유형과 효력

인세 관련업무를 맡고 있는 출판사 직원입니다. 저작재산권의 양도를 목적으로 하는 계약서와 인세지불방식의 계약서에는 어떤 차이가 있는지 정확한 의미를 알고 싶습니다. 아울러 저작자와 저작재산권자가 다른 경우 그들의 이름을 표지와 판권란에 어떻게 명시해야 할까요? 만일 저작권과 관련해서는 양도계약을 체결하고, 그 대가에 대해서는 판매분에 따른 인세형식으로 지불하는 것이 가능할까요?

∾

저작권법에서 말하는 출판권(出版權)이란, "저작물을 인쇄 그 밖의 이와 유사한 방법으로 문서 또는 도화(圖畵)로 발행하고자 하는 자가 이를 출판할 권리"라고 할 수 있습니다. 그런데 출판자가 이러한 출판권을 얻기 위해서는 그 저작물을 복제 및 배포함에 있어서 원권리자라고 할 수 있는 저작권자와 그에 따른 계약을 맺어야 합니다. 우리 출판계에서 많이 이용되었거나 이용되고 있는 출판계약의 유형을 살펴보면 다음과 같습니다.

첫째, 서면계약이 아닌 구두약정의 예가 있습니다. 물론 말로써 이루어지는 약정도 계약이 전혀 없었던 상태와는 근본적으로 다르므로 입증할 수만 있다면 법적인 효력을 갖지만, 견해의 차이로 인해 분쟁이 생겼을 경우 객관적 판단의 근거가 없으므로 입증하기 곤란한 지경에 이르는 것이 대부분입니다. 따라서 각자 자기에게 유리한 기억과 주장을 내세우기 때문에 정당한 쪽의 권리가 반드시 지켜진다는 보장이 없다고 하겠습니다.

둘째, 문서에 의한 출판허락계약의 경우가 있습니다. 이는 저작권자가 출판자에 대하여 저작물의 이용을 허락하고 출판자는 그 저작물을 이용형태에 맞게, 즉 출판물의 형태로 만들어 판매의 방법으로 배포하는 것을 약정함으로써 성립되는 계약을 말합니다. 그리고 이것은 단순출판허락계약과 독점출판허락

계약으로 나눌 수 있지요. 단순허락계약은 비독점적이며 비배타적인 효력을 갖는 것으로, 출판권자는 저작권자가 다른 출판자에게 같은 저작물을 출판할 권리를 준다 해도 대항할 수 없는 성격을 띠고 있습니다. 또한 독점허락계약에 있어서도 채권적인 효력밖에 없으므로 계약위반이 생겼을 경우에 출판권자는 저작권자에 대하여 약속을 지키지 않은 것에 대한 추궁만 할 수 있을 뿐 제3의 출판자에 대하여 직접 항의하거나 출판물 배포의 금지 또는 손해의 배상을 요구할 권리는 주어지지 않습니다.

셋째, 출판권설정계약의 유형이 있습니다. 이는 저작물의 이용허락계약과는 달리 설정계약에 정해진 범위 내에서 저작물을 발행하는 내용의 출판권을 설정하는 계약으로, 저작물의 직접적 지배를 내용으로 하기 때문에 설정출판권자는 그 저작물의 이용에 관하여 당연히 독점적이며 배타적인 권리를 행사할 수 있으며, 소정의 절차를 거쳐 등록을 하게 되면 제3자에게 대항할 수 있는 효력까지도 생깁니다.

넷째, 출판과 관련된 복제 및 배포는 물론 저작재산권자가 가지는 일체의 권리를 출판자에게 양도하는 '저작재산권양도계약'과 저작재산권의 일부인 복제권 및 배포권을 출판자에게 양도하는 '복제·배포권양도계약'의 유형이 있습니다. 하지만 이는 저작재산권자의 주요 권리가 출판자에게 양도됨으로써 출판자는 출판뿐만 아니라 다른 이용형태에 대한 권리까지도 보장받게 된다는 측면에서 저작재산권자에게는 상당히 불리한 계약이므로, 실제적인 가능성은 별로 없어 보입니다. 따라서 저작권자는 출판권자에게 너무 얽매이지 않는 출판허락계약을 선호한다면 출판자로서는 독점적이며 배타적인 권리를 행사할 수 있고 등록에 의해 대항력까지 갖출 수 있는 출판권설정계약 및 양도계약을 맺는 것이 유리하다고 생각할 수 있겠습니다.

결국 질문내용을 검토해 보면, 양도계약이라 하더라도 저작인격권은 여전히 저작자에게 있으므로 표지는 물론 판권상에 저작자의 성명표시는 당연히 해주어야 하며, 저작재산권자가 다른 경우에는 표지가 아닌 판권지에 저자 표기와 달리해서 적당한 방식으로 나타내 주는 것이 좋겠습니다.

비록 저작재산권을 양도받았다고 하더라도 만일 개정이나 수정이 필요할 경우에는 동일성유지권을 존중하여 저작자의 허락을 받아야 합니다. 다만, 양도계약임에도 저작권사용료를 일괄지불하지 않고 인세 형태로 지불하는 문제는 저작권자와의 계약 여부에 따라 결정할 문제입니다. 하지만 그럴 경우 일반적인 출판계약과 양도계약의 차별점이 없다는 점에서 굳이 그렇게 계약할 필요가 있을까 하는 의문이 듭니다. 보다 합리적인 이용방법을 강구해 보기 바랍니다.

68. 출판권 소멸의 사유와 이후의 문제

모 출판사에서 2003년에 출간된 책이 있습니다. 작가의 말을 빌리자면, 재판 이상의 책을 판매했지만 인세를 주지 않아서 이번에 계약을 파기하고 제3의 출판사와 재계약을 맺으려 한다고 합니다. 이럴 경우 제3의 출판사는 그 원고를 재출판해도 되는지, 출판에 앞서 주의해야 할 점은 무엇인지 궁금합니다.

✎

출판권자가 의무사항을 제대로 이행하지 않았을 때나 그 밖의 사유로 출판이 불가능하다고 판단될 때에 복제권자(저작권자)는 출판권의 소멸을 통고할 수 있습니다.

먼저, 출판권자가 '9개월 이내의 출판의무' 또는 '계속출판의 의무'를 위반했을 경우에 다시 한 번 6개월 이상의 기간을 정해서 성실히 이행할 것을 알린 다음, 그래도 이행하지 않을 경우에는 출판권의 소멸을 통고할 수 있습니다. 이는 출판을 목적으로 설정된 출판권의 특성을 감안한 것으로, 정해진 기간 내에 출판이 이루어지지 않거나 품절상태로 인해 저작물의 복제물을 구할 수 없는 상태에 있다면 출판권을 설정한 복제권자의 입장에서 보아 좀 더 나은 경제적 이익을 위해 유명무실한 출판권을 소멸시키고 새로운 출판권을 설정하는 것이 바람직할 것이기 때문이지요.

그런데 출판권자의 사정으로 보아 출판 자체가 불가능하거나 출판권자에게 출판할 의사가 없는 것이 명백한 경우에는 의무의 이행을 촉구할 필요도 없이 즉시 출판권 소멸을 통고할 수 있습니다. 여기서 출판이 불가능하다거나 출판할 의사가 없다는 것은 출판권자가 아닌 복제권자가 판단하는 것이므로 그 기준이 엄격하게 해석되지 않으면 악용될 소지도 있습니다. 우선 객관적인 측면에서 "출판권자가 출판이 불가능한" 경우라 함은 출판사가 자금사정이 악화되어 문을 닫을 상황이라거나 그와 비슷한 처지여서 도저히 출판업무를 수행하지 못하는 경우, 또는 출판권자가 사망하거나 투옥되어 본의 아니게 출판이 어려워진 경우 등을 말하는 것이지요. 또한 "출판권자가 출판할 의사가 없음이 명백한" 경우라 함은 출판권자 스스로 출판을 하지 않겠다는 의사표시를 해온 경우를 포함하여 출판사를 제3자에게 매각하려는 경우, 또는 특정의 저작물에 대하여 고의로 출판하지 않는 것이 역력한 경우 등을 말하는 것으로, 복제권자 자신의 주관적인 판단이라기보다는 일반적인 관행에 비추어봤을 때 분명하다고 여겨지는 경우를 말합니다.

질문내용의 경우, 위에서 말한 여러 가지 문제 때문이 아니라 저작권사용료(인세)의 지급이 이루어지지 않았다는 점 때문인데, 그런 사실이 과연 당사자 사이의 계약을 위반한 것이 분명한가 하는 점을 먼저 판단해 봐야 합니다. 즉, 계약서 내용에 책의 출간과 관련하여 어떤 방식으로 저작권사용료를 지급하기로 했는지, 그 결과 계약위반이 확실한지 등을 따져봐야 한다는 것이지요. 그런 판단 끝에 계약위반이 확실하다면 일단 내용증명 우편 등의 방식으로 언제까지 저작권사용료를 지급하라는, 즉 계약내용을 이행하라는 촉구를 한 다음 그래도 응하지 않을 경우 출판권 소멸을 통고할 수 있겠습니다.

그렇다면 출판권 소멸의 효력은 언제부터 발생하는 것일까요? 결론적으로, 복제권자가 출판권의 소멸을 통고한 경우에는 출판권자가 통고를 받은 때에 출판권이 소멸한 것으로 봅니다. 여기서 우선 문제가 되는 것은 "출판권자가 통고를 받은 때"라는 표현입니다. 이는 민법에서 규정하고 있는 '도달주의 원칙'이 적용된 것으로 보이는데, 통고방법에 있어서는 구체적인 규정이 없으므로 만일 복제권자가 출판권의 소멸을 통고했다고 하더라도 출판권자가 그러한 통고를 받은 바가 없다고 한다면 어떻게 해야 하는가의 문제가 생기기 때문이지요. 따라서 통고방법에 있어서도 민법상의 일반원칙이 적용되는 것으로 해석하면 무방할 것입니다. 즉, 복제권자가 출판권의 소멸을 통고함에 있어서 상대방인 출판권자의 영역 안에 그러한 사실에 대한 통고가 도달되었을 때에는 통고된 것으로 해석하는 것이지요. 그러므로 복제권자가 출판권자에게 출판권 소멸을 통고할 때에는 일반적인 '내용증명'의 방식을 사용하면 무방할 것으로 판단됩니다.

한편, 출판권 소멸 이후에 복제권자는 출판권자를 상대로 '원상회복청구권'과 그로 인해 입은 손실에 대한 '손해배상청구권'을 행사할 수 있습니다. 여기서 말하는 '원상회복'이란 출판권이 설정되기 이전의 상태로 회복시키는 것을 말하는 것으로, 출판을 위해 제공된 원고를 원래대로 챙겨서 반환하는 것은 물론 출판권설정등록이 되어 있으면 등록을 말소해야 하고, 출판권을 목적으로 하는 질권이 설정되었다면 이를 소멸시켜야 하며, 만일 이미 출판된 복제물이 있다면 모두 폐기시키는 것을 뜻합니다. 또한 출판권의 소멸로 출판이 중지됨에 따라 복제권자가 입을 수 있는 손해, 즉 출판의 기회를 잃음으로써 다른 곳에서 출판하였을 경우 얻을 수 있는 통상의 이익을 놓쳤다든가, 그로 인해 정신적으로 심한 타격을 받았다는 등의 입증 가능한 손해에 대해서는 민사소송을 통해 적절히 손해의 배상을 청구할 수 있겠습니다.

따라서 적당한 절차를 거쳐 해당 출판사의 출판권 소멸 효력이 발생한 다음에 제3의 출판사와 다시 계약을 맺는 것이 좋겠습니다.

69. 복수권 완결형 도서의 출판권 존속기간

출판권설정계약서에 보면 초판 발행일부터 통상 3년 내지 5년의 출판권 존속기간을 설정합니다. 그런데 시리즈물로서 2권 이상 발행해야 하는 작품의 경우에는 출판권 존속기간 산정을 어찌해야 할지 규정이 명확하지 않습니다. 1권의 초판 발행일과 마지막 권의 초판 발행일이 다르다 보니 1권을 기준으로 작성한 계약서에 명시된 출판권 존속기간을 초과하여 마지막 권이 출간되는 경우도 있어 더욱 난감합니다. 이런 경우 각 권에 별개로 출판권 존속기간이 존재하는 것인지, 아니면 1권 또는 마지막 완결권을 기준으로 산정하는 것인지 궁금합니다.

～

저작권법에 따르면 출판권은 그 설정행위에 특약이 없는 한 맨 처음 출판한 날로부터 3년간 존속합니다. 일반적으로 출판권의 존속기간은 설정행위로 정하는 것이 원칙이지만, 만약 그렇게 하지 않았을 경우와 일방적인 출판권자의 욕심 때문에 출판권 존속기간이 무한대로 설정되었을 경우에 적용됩니다. 즉, 출판권의 존속기간은 저작물의 성질과 그것을 출판에 이용함으로써 기대되는 실질적인 효용성, 그리고 복제권자와 출판권자의 인간적인 신뢰 정도에 의해 결정되는 것이 합리적이므로 별도의 정함이 없다면 맨 처음 출판한 날로부터 3년간 출판권이 존속하는 것으로 보며, 저작재산권 자체가 길어야 저작자 사후 50년인 점을 감안했을 때 무기한의 출판권이란 있을 수 없으므로 그런 경우에도 맨 처음 출판한 날로부터 3년 동안만 출판권이 존속하는 것으로 보고 그 이후에는 출판권이 소멸된다고 규정한 것이지요.

이러한 출판권의 존속기간은 출판권설정계약의 유효기간과 일치하므로 그 계약에서 유효기간이 끝났더라도 일정한 기간 내에 서로의 분명한 의사표시가 없는 한 자동적으로 유효기간이 갱신된다고 정했다면 출판권 존속기간 역시 경신됩니다. 따라서 출판권자는 적당한 기간을 정해서 복제권자와 합의하여 출판권 존속기간을 정해야 하며, 무조건 욕심을 부리다가는 오히려 훨씬 단축된 출판권 존속기간으로 낭패를 볼 수도 있습니다. 여기서 "맨 처음 출판한 날"이라는 것은 출판권 설정 후에 저작물의 복제물인 출판물이 서점 등에 유통되어 구매 가능한 상태에 놓인 것을 말하므로 발행 및 배포가 완전하게 이루어진 날을 뜻하며, 일반적으로는 서적 등의 판권란에 적혀 있는 초판 1쇄의 발행일을 뜻합니다.

질문내용에 따르면 의뢰인은 여러 권으로 이루어진 '복수권 완결형 단행본'을 출간함에 있어 언제부터 출판권 유효기간이 시작되는 것인지 고민하는 듯합니다. 저작권법에 의하면 이런 경우 계속되어야 할 부분이 3년 이상 계속되지 않았을 때에만 각 권을 별개의 출판물로 보며, 3년 이내에 출간된 것은 하나의 단행본으로 봅니다. 따라서 1권 출간 이후 2권이 3년 이내에 출간되었다면 2권의 초판 1쇄 발행일을 기준으로 1권까지 출판권 존속기간이 산정되는 것으로 보면 무방하겠습니다. 더욱 확실한 방법은 이 같은 사항을 구체적으로 계약서 내용에 포함시키는 것이겠지요. 잘 살펴보기 바랍니다.

〈재질문〉

그렇다면 계약서에 "이 저작물의 출판권은 초쇄본의 발행 뒤로 5년 동안 존속한다."라는 문구가 있어서 5권까지 발행되는 경우 5권의 초쇄본 발행일로부터 5년간 계약의 기간이 존속한다는 뜻인가요? 1권부터 5권까지 연쇄 발행하면서 최대 각권의 발행일이 3년 이내 발행되어서 약 15년 정도가 지나더라도 계약의 존속기간은 계속 지속이 된다는 것인가요? 또 한 가지 궁금한 것은 5권까지 계약서상에 계약 권수로 명기되어 있을 때 6권부터는 제3의 출판사에 출판권을 넘길 수 있는 것입니까?

만일 5권으로 완결하기로 계약한 저작물이라면 최종본 발행일이 언제이든 그 날짜를 기준으로 출판계약기간을 산정하는 것이 당연합니다. 여기서 5권으로 완결되는 저작물의 내용에 주의할 필요가 있습니다. 즉, 시리즈의 형태로서 각 권이 별개의 내용을 담고 있다면, 곧 각 권별로 내용이 완결되는 것이라면 앞의 답변에서 언급한 '복수권 완결형 단행본'이라고 볼 수 없으므로 각 권별로 출판계약기간이 달라진다는 뜻입니다. 예컨대, 『무궁화꽃이 피었습니다』라는 제목의 장편소설을 3권으로 펴내는 경우에 최종 3권이 완결되는 날을 기준으로 전체 3권 모두의 출판계약기간이 산정된다는 뜻이지, '한국현대사' 시리즈로 제1권 문화편, 제2권 정치편, 제3권 경제편 하는 식으로 시리즈 형식일 뿐 각 권의 내용이 달라지는 경우에는 '복수권 완결형 단행본'으로 볼 수 없다는 뜻임을 유념하기 바랍니다.

아울러 일반적으로 계약은 '이용허락의 조건과 범위' 안에서 성립되는 것이므로, 계약서상에 5권까지 출판하기로 했다면 6권부터는 다른 조건으로 제3자와 계약해도 무방하겠습니다. 다만, 5권까지 내용을 완결시키기로 약정했다면 5권까지 내용을 완전히 마쳐야 한다는 점도 유의해야 함을 잊지 말기 바랍니다.

70. 출판계약과 전자책 서비스

우리 회사는 몇 년 전부터 전자책 업체와 포괄적으로 제휴하여 종이책이 출간된 후 1개월 정도 지나면 전자책 서비스를 진행해 왔습니다. 아직까지 전자책이 대중적으로 확산되지 못하고 또 종이책을 널리 소개하기 위한 홍보수단의 일환으로 이해해 왔기 때문에 미미한 수익이 발생되어도 크게 개의치 않아 왔습니다. 그런데 최근 한 저자께서 전자책 서비스가 별도의 계약 없이 진행된 것에 대해 이의를 제기하고 해명할 것을 요구해 왔습니다. 이런 경우 우리 회사는 어떻게 대처해야 하며 법적인 문제가 발생했을 때 적절한 대응방법에 대해 알고 싶습니다. 사례를 통해 답변을 주시면 감사하겠습니다.

∾

저작권법에서는 출판을 가리켜 "저작물을 인쇄 그 밖의 이와 유사한 방법으로 문서 또는 도화로 발행하는 것"이라고 정의함으로써 복제의 여러 방법 중에서도 "인쇄 또는 이와 유사한 방법"만을 규정하고 있으므로 녹음 또는 녹화에 의한 복제는 출판에 해당되지 않습니다. 또한, "문서 또는 도화"라고 하여 형태적으로는 서적이나 잡지 또는 화집이나 사진집, 그리고 악보 등을 일컫는 것으로 보입니다. 따라서 복제기술의 발달에 힘입어 새로이 선보이고 있는 비종이책, 즉 오디오북 또는 비디오북이라고 일컬어지는 것들이나 CD-ROM, 전자책(e-Book) 등은 저작권법상 출판행위로 인한 결과물이라고 보기 어렵습니다.

나아가 출판권이란 "설정행위에서 정하는 바에 따라 그 출판권의 목적인 저작물을 원작 그대로 출판하는 권리"라고 요약됩니다. 여기서 "설정행위에서 정하는 바"라는 것은 구체적인 계약의 내용을 말하는 것으로, 출판권을 설정하는 계약행위에 따라 만들어진 계약서에 나타나 있는 내용을 뜻합니다. 따라서 출판시기, 출판방법, 발행부수, 인세조건 등이 그것이며, 출판권자는 그러한 내용대로만 출판권을 행사할 수 있다는 뜻입니다. 아울러 "원작 그대로"라는 표현은 저작인격권의 일종인 동일성유지권을 존중해야 한다는 뜻이므로 오·탈자나 한글맞춤법에서 벗어나는 것을 바로잡는 것은 가능하지만 저작물의 내용이나 형태가 변하는 것, 즉 번역이나 개작에 의한 출판행위는 별도의 설정행위가 없는 한 불가능합니다.

질문내용에 따르면, 의뢰사에서는 출판권을 근거로 제3자에게 전자책 제작을 허락한 것이므로, 결국 누군가의 전송에 의한 공중송신권을 침해했습니다. 아울러 계약내용의 이용허락 범위를 벗어났으므로 복제권도 침해한 것으로 보입니다. 일단 이의가 제기된 상황이므로 저작권자와의 원만한 협의가 최선의 방법이 아닐까 생각합니다. 전자책 제작으로 인해 발생한 수익이 있다면 그 액수의 범위 내에서 손해배상을 해 줄 수 있겠고, 나아가 기존 출판계약을 귀사에서 먼저 위반한 것이므로 출판권 해지 요청이 있다면 그 요청을 들어주지 않을 수 없는 상황이기도 합니다.

참고로, 출판사에서 먼저 잘못을 인정한 다음 저작권자와 진지하게 협의해 보기 바랍니다. 재계약 및 추가로 공중송신권 이용허락계약을 맺은 다음 새로운 신의성실의 원칙 아래 더욱 신뢰하는 관계로 발전하기를 바랍니다.

71. 출판되지 않은 책에 대한 계약의 효력

저자입니다. 첫째, 출판계약서를 잃어버렸습니다. 둘째, 계약한 지 4년이 지났습니다. 하지만 출판사에서는 출판을 하지 않겠다고 합니다. 셋째, 그래서 다른 출판사와 계약한다고 했더니 계약금을 포함해서 위약금을 내라고 요구합니다. 넷째, 표지에 쓴다고 해서 주었던 사진 수십 장을 돌려달라고 했더니 없다고 합니다. 어떻게 저의 권리를 주장할 수 있을까요?

~

질문내용은 크게 네 가지로 요약됩니다.

첫째, 일반적으로 계약서는 2통 이상 작성하는데, 귀하가 갖고 있던 계약서만 분실되고 상대방(출판사)은 갖고 있는지, 아니면 상대방(출판사)도 계약서를 분실해서 구체적인 계약내용을 확인할 수 없는 것인지 알 수 없군요. 쌍방이 모두 계약서를 갖고 있지 않다면 서로 합의해서 재계약을 맺거나 애초의 계약을 무효로 처리하는 수밖에 없는 것으로 보입니다.

둘째, 계약한 지 4년이 지나도록 책이 나오지 않았다면, 게다가 출판을 하지 않겠다는 의사까지 표명했다면 기존의 계약은 무효이므로 출판권 등 저작권에 기반한 모든 권리는 귀하(저작권자)에게 귀속됩니다. 저작권법에 따르면 출판권자는 완전원고를 받은 이후 9개월 이내에 출판하도록 규정하고 있습니다. 특별한 사유 없이 이를 어기면 계약해지를 통고할 수 있습니다.

셋째, 4년여 동안 출판이 되지 않았고 출판사에서 출판할 뜻도 없다면 이미 계약은 무효인 상황입니다. 따라서 저작자에게 모든 권리가 귀속되었으므로 다른 출판사와 새로이 출판계약을 하는 등 새로운 이용허락을 할 수 있는 권리 또한 저작자에게 있습니다. 그런데 무슨 근거로 위약금을 요구하는지 알 수 없군요. 무시해도 무방하겠습니다.

넷째, 출판사에 제공한 사진의 상태가 어떤 것이었는지, 또 그것의 가치는 어떠한지 입증할 수 있다면 손해배상청구가 가능합니다. 만일 입증할 수 없는 상황이라면 출판권을 회수하는 정도로 만족해야 할지도 모르겠습니다. 제공했던 사진들에 대한 정확한 가치 산출과 그것의 입증이 중요하다는 사실을 심사숙고해 보기 바랍니다.

저작권법에 따르면 출판권자는 완전원고를 받은 이후 9개월 이내에 출판하도록 규정하고 있습니다. 특별한 사유 없이 이를 어기면 계약해지를 통고할 수 있습니다.

72. 축약본의 저작권

청소년용 도서를 만들고 있는 편집자입니다.

제가 지금 고민하고 있는 부분은 세계 명작 축약본에 관한 것입니다. 우리 회사에서 수년 전부터 청소년 대상의 축약본을 준비해 오고 있는데요. 축약본의 원작에 대해 저작권이 존재하는 것인지, 존재한다면 누구에게 있는 것인지 궁금합니다. 예를 들어, 헤르만 헤세의 작품을 어느 출판사에서 출간하고 있는데요. 만약 저희가 헤세의 작품 중에서 축약본 작업을 하고 싶다면 별도의 저작권료를 지불해야 하는 것인지요? 만약 지불해야 한다면 작가 측에 지불해야 하는지, 아니면 출판사에 지불해야 하는지 궁금합니다.

또 이런 경우, 특정 출판사판(版)을 참고하지 않고 원서를 구입해서 번역한 뒤 축약을 한다면 저작권 문제가 어떻게 되는지요?

❦

질문내용을 요약하면, '축약본의 원작에 대해 저작권이 있는가? 있다면 누구에게 있는가?' 하는 것이네요.

먼저, 원작자(저작권자)에게는 저작인격권으로서의 '동일성유지권'과 저작재산권으로서의 '2차적저작물작성권'이 존재하기 때문에 축약본을 원작자가 직접 만들지 않는 한 원작자의 허락을 받은 사람만이 축약본을 작성할 수 있습니다. 그리고 그렇게 해서 만들어진 2차적저작물로서의 축약본을 만든 사람에게는 축약본에 대한 별도의 저작권이 주어집니다.

따라서 누군가 원작자의 허락을 받아 축약본을 만들었고, 그 축약본을 제3자가 이용하고자 한다면 그는 원작자와 축약본 저작자 양측으로부터 모두 이용허락을 받아야 하며, 그에 대한 사용료 역시 양측에 모두 지불해야 합니다. 만일 원작자가 사망한 지 50년이 지나서 저작재산권이 소멸되었고, 축약본 저작자의 저작권만 남아 있다면 축약본 저작자의 허락만 받으면 되는데, 헤르만 헤세의 경우 1962년에 사망했으므로 양측 권리자의 허락이 모두 필요합니다.

또, 이미 국내에서 만들어진 축약본 등 2차적저작물을 이용하지 않고 원작을 토대로 축약본을 만들고자 한다면 원작자의 허락만 필요하므로 그 방법도 생각해 볼 수 있겠습니다만, 국내에 한국어판에 대한 일체의 권리를 어디선가 독점하고 있다면 그쪽과도 협의가 필요할 것으로 보입니다. 특히 축약본은 원작자가 살아 있거나 혹은 사망했더라도 저작인격권이 미치는 작업이므로 오역이나 개작 등에 따른 명예훼손 문제가 발생하지 않도록 각별히 주의해야 합니다.

73. 출판계약의 해지방법

2년 전 어느 출판사에서 제의가 들어와 출판계약을 하고 책을 낸 것이 현재 3쇄째 판매 중입니다. 그런데 출판사에서는 3쇄본을 끝으로 더 이상 책을 찍지 않겠다고 합니다. 이에 계약해지를 하고자 하는데요. 출판계약서에는 계약기간에 대한 언급이 없습니다. 그렇다면 저자인 저희가 계약해지를 통보하면 되는 것인지, 2쇄분의 인세만 받은 상태로 3쇄분의 인세는 아직 받지 못했는데 계약이 해지되면 그 인세는 어떻게 되는지 궁금합니다.

또, 그 책과 유사한 제목의 책을 제가 이번에 내려고 준비 중입니다. (책의 제목이 유사한 것은, 이전의 책 제목이 바로 제 사업자 상호이자 상표이기도 하기 때문인데, 이번 책도 그 상호가 제목에 들어갈 수밖에 없답니다. 상표등록도 되어 있고요.) 만일 계약이 해지되면 책 제목이 유사하더라도 문제가 없는 건가요? 책 제목이기 이전에 저희 상표인데, 주위 사람들이 출판사 쪽에서 문제를 제기할 수 있지 않을까 걱정하네요.

마지막으로, 그 이전의 책의 모든 디자인은 표지를 포함해서 제가 했는데, (실용서적으로 일러스트와 디자인이 책 내용의 대부분을 차지합니다.) 출판사 쪽으로부터 그에 대한 아무런 대가 내지는 초기에 계약금 등을 전혀 받지 못했습니다. (구두로는 약속을 했었는데 계약서에 명시되어 있지 않다는 이유로 그렇게 되었습니다.)

그런데도 출판사는 그 책이 잘 팔리자 그 책의 표지디자인 및 소스를 그대로 사용하며, 다른 내용의 시리즈물을 출판하고 있습니다. (다른 작가들 말로는 디자인 실장이 다른 작가들에게 자신이 모두 디자인했다고 얘기한다고 하네요.)

그 디자인에 대한 저작권을 저희 쪽에서 행사할 수는 없을까요? (저희가 작업해서 데이터를 넘길 당시에는 디자인이 그 출판사의 실용서적 디자인 포맷이 된다는 사실을 모르고 보낸 건데…… 억울합니다.) 아니면, 그런 사실들을 들어 계약을 파기할 수는 없는지도 궁금합니다. 계약서에 대한 개념이 없었던 터라 구두상의 말만 믿고 계약을 해버린 것을 지금은 무척 많이 후회하고 있습니다. 도움 말씀 부탁합니다.

∾

질문내용은 크게 세 가지로 요약됩니다.

첫째, 계약기간에 대한 문제인데요. 만일 계약서에 구체적으로 기간이 명시되어 있지 않다면 저작권법에서는 출판계약기간을 '3년'으로 본다고 규정되어 있습니다. 그리고 출판권자(출판사)가 출판을 계속할 의사가 없음이 분명한 경우에는 즉시 출판계약의 해지를 통고할 수 있습니다. 하지만 이미 3쇄분이 출판된 상태라면 재고도서 이외에 더 이상 출판하지 못한다는 뜻을 담아 계약 이후 3년이 되는 날을 계약해지 일자로 명시하여 계약해지를 알리는 내용증명 우편을 보내면 되겠습니다. 물론 이 경우에도 아직 3쇄분에 대한 인세를 받지 못했다니 일정기간을 정해서 인세를 지급하도록 촉구하고, 만일 인세 지급이 이루어지지 않는 경우에는 3쇄분에 대한 판매금지를 요구할 수도 있습니다. 이마저도 받아들여지지 않는다면 출판사에서 계약을 위반한 것이므로 저작권 침해에 대한 민사상 손해배상과 형사상 처벌을 요구하는 소송도 제기할 수 있겠습니다. 출판계약서, 내용증명 우편을 비롯한 각종 증빙자료를 잘 보관해 두는 게 좋겠습니다.

둘째, 같은 제목의 책을 따로 내는 문제인데요. 책의 제목(제호)은 저작권법상 보호받는 저작물이 아니므로 얼마든지 같은 제목의 책을 내도 문제가 없습니다. 저작권 침해의 요건은 제목이 같은 데 있는 게 아니라 내용이 같은 데 있기 때문이지요. 더구나 귀하가 상표권까지 갖고 있다면 더욱 더 아무런 문제가 없습니다.

셋째, 표지디자인의 저작권 문제인데요. 표지디자인 자체에 저작물성(미술 저작물로서의 가치)이 인정된다면 당연히 그것을 창작한 사람에게 저작권이 주어집니다. 우선 귀하가 해당 디자인의 창작자임을 어떻게 증명할 수 있는지 생각해 보고, 입증이 가능하다면 해당 저작물을 저작권위원회에 등록하기 바랍니다. 상표등록과 비슷한 것이라고 생각하면 되는데, 이때 저작자는 자신의 성명, 공표년월일, 저작물의 종류 등을 등록할 수 있으며, 등록된 내용은 제3자에 대한 대항권을 갖게 됩니다. 등록이 저작권 발생요건은 아니기 때문에 등록 이전에라도 출판사로 하여금 다른 책에 같은 디자인을 적용하지 말라고, 이미 적용된 책의 표지를 모두 바꾸라고 촉구할 수 있습니다. 디자인에 대한 별도의 계약이 없는 상황이므로 이를 계약해지 사유로 보기는 어렵고, 다만 귀하의 저작권을 침해한 것이므로 오히려 저작권 침해를 중지하라고 당당히 주장할 수 있는 일로 보입니다.

이상과 같은 내용을 잘 살펴서 상대방이 알아들을 수 있도록, 그리고 귀하의 요구사항이 잘 표현된 문건으로 작성해서 내용증명 우편을 보내기 바랍니다. 이후 출판사의 태도 여하에 따라 법적 절차를 밟을 것인지, 일을 마무리할 것인지 판단하면 되겠습니다.

74. 오래된 번역물의 재출판

1984년 즈음 어느 출판사에서 200권짜리 하이틴 로맨스 소설 시리즈가 출판됐는데요, 작가는 대부분 영미권 작가였고요. 이를 1990년에 다른 출판사에서 시리즈 명칭을 바꿔 재출간했습니다. 만약 다른 출판사에서 이 시리즈를 다시 출판하려면 어떤 절차를 밟아야 하나요? 너무 오래된 소설들이라 영미권의 원저작자들이나 저작권자들의 연락처를 찾기 어려워 그냥 다시 출간하려고 하는데 어떤 문제가 있겠는지요?

∾

현행 저작권법상 사후 50년이 지난 국내외 저작자들의 저작권은 소멸되었습니다. 따라서 자유이용 상태에 놓여 있으므로 새롭게 번역해서 이용해도 아무런 문제가 없습니다. 하지만 저작자 사후 50년이 지나지 않은 저작물의 저작권은 유효하므로 일일이 저작권자의 허락을 받아야 합니다. 원저작자들의 생몰연대를 따져 본 후 그냥 이용할지, 아니면 이용허락을 받아야 할지 결정하기 바랍니다. 허락을 받을 경우에는 상대방 저작권자 또는 대리인과 합리적인 계약을 해야 하는데, 어렵다면 저작권대리중개업체(에이전시)에 의뢰해서 진행하는 것도 좋은 방법이 되겠습니다.

만일 새롭게 번역하지 않고 예전에 번역된 원고를 그대로 이용하려면 원저작권자의 허락과는 별도로 번역자의 허락도 받아야 합니다. 번역이란 2차적저작물 작성행위로서 별도의 저작권이 부여되기 때문입니다. 그리고 원저작자의 저작권이 소멸되었더라도 저작인격권은 여전히 유효하므로 이용과정에서의 명예훼손 여부를 잘 따져봐야 합니다. 원저작자의 성명표시를 하지 않거나 원저작물에서 현저히 벗어나게 대중적으로 각색하는 등의 행위는 삼가야 하는 것이지요. 아울러 원저작자의 저작권이 소멸되었더라도 번역자의 권리는 살아 있을 수도 있으므로 일일이 잘 따져 보기 바랍니다.

75. 검인지 첨부의 문제

소규모 출판업을 운영하고 있는 사람입니다. 검인지 첨부 문제로 말썽을 겪고 있는 중입니다. 검인지를 첨부하는 일은 누가 이행해야 하는 것인지, 또한 저작자에게 인지 첨부를 요구할 수 있는 권리가 있는 것인지, 그리고 그러한 요구를 출판사 측에서 수용해야 할 의무가 있는 것인지 궁금합니다.

∾

현행 저작권법에 따르면 저작자로부터 출판을 허락받은 사람, 즉 출판권자에게는 '저작권자(복제권자) 표지의 의무'가 있습니다. 구체적으로 저작권법 시행령에 따르면, 외국인의 저작물일 경우에는 복제권자의 성명 및 맨 처음 발행년도를 표지해야 하며, 우리나라 국민의 저작물일 경우에는 복제권자의 성명 및 맨 처음 발행년도의 표지와 함께 복제권자의 검인(檢印)을 붙여야 하고, 출판권자가 복제권의 양도를 받은 경우에는 그 취지를 표지해야 합니다. 다만, 정기간행물의 경우에는 그 특성을 감안해서 복제권자 표지 의무를 면제하고 있지요. 그리고 구체적인 표지방법에 대해서는 규정되어 있지 않으므로 출처 명시의 경우와 마찬가지로 저작물의 이용상황에 따라 합리적이라고 인정되는 방법으로 하면 될 것입니다.

한편, 복제권자 표지의 의무와 관련하여 가장 논란이 되고 있는 것은 국내 복제권자의 검인첨부(檢印貼付)의 문제입니다. 즉, 검인지를 붙여야 하는가, 붙이지 않아도 되는가 하는 문제인데, 이는 저작자와 출판자의 입장에 따라 각기 다른 견해를 나타낼 수 있습니다. 출판자에게는 서로의 불신을 조장하는 행위이며 작업상의 번거로움만을 가중시키는 행위로 인식되는 반면에 저작자로서는 자기 저작물이 얼마나 출판되었는지 확인할 수 있는 유일한 수단이라는 점을 내세워 유용한 제도라는 견해를 나타낼 수도 있을 것입니다.

이에 저작권법에서는 특약에 의한 합의가 있으면 복제권자의 표지는 물론 검인의 첩부도 생략할 수 있도록 규정하고 있습니다.

결론적으로, 계약서에 저자와의 합의에 따라 특별히 검인지 첩부를 생략한다는 조항이 없는 한 출판사에서는 검인지를 붙여야 하는 것으로 해석할 수 있겠습니다.

76. 인지 미첩부 도서에 대한 손해배상청구

저는 10여 년 동안 집필에 몰두해 온 작가로서 그간 18권 정도의 책을 냈습니다. 이 가운데 한 출판사에서 낸 책이 16권 있습니다. 그런데 최근에 이 출판사가 저의 책 3권에 대하여 인지를 붙이지 않았음을 발견했습니다. A, B, C 책 3권인데요, 출판년도와 인지에 대한 위법사항은 각각 다음과 같습니다.

- A : 1997년, 인지 미첩부
- B : 1998년, 인지 미첩부
- C : 2001년, 다른 책(본인 저서)의 인지를 대신 첩부

최근까지 확인한 바에 따라 서울 소재 대형서점 2곳에서 증거를 촬영해 놓았으며, 지방 소재 서점에서도 아는 사람들에게 부탁하여 촬영을 요청해 놓은 상태입니다. 사실 이런 위법사항은 몇 년 전에도 확인하여 정정을 요청한 바 있었습니다.

C책의 경우는 제 책 가운데 다른 책에서 남은 인지를 가져다 붙인 듯합니다. 이것이 고의라고 추측되는 이유는 이전에도 A책의 것을 B책에 붙인 것을 목격한 적이 있기 때문입니다. 이와 같은 사실에 대해 제가 묻고 싶은 바는 아래와 같습니다.

1. 일단 내용증명을 통해서 위법사실의 발견을 통보하고, 손해배상청구를 하려고 합니다. 3권에 대하여 실제 판매부수를 저로서는 알 수 없는 상태입니다. 그런데 보통 손해배상이라 하면 실제의 판매부수에 대한 인세를 받는 것도 있겠지만 여기에 벌과금이나 위자료 조로 더 청구할 수 있는지요?

2. 사실 이 책들은 발행일이 3년이 넘은 책들이라서 출판권이 별도의 승인 없이 자동 연장된 셈인데요, 출판사가 현재와 같은 위법사항을 저질렀으니 저자로서 출판권을 강제 무효화시킬 수 있는지요? 아니면 합의과정에서 매절 개념으로 전환하여

배상받을 수도 있는지요?

∾

현행 저작권법에 의하면 출판권자에게는 저자의 인지를 첨부할 의무가 있으며, 다만 상호 협의하에 이를 생략할 수 있습니다. 만일 계약서에 인지 첨부를 하지 않는다는 명시규정이 없었다면 당연히 인지를 첨부해야겠지요. 그리고 저자가 발행해 주는 인지로써 발행부수를 확인하는 것이 관행입니다. 그럼에도 출판사에서 귀하의 허락 없이 인지를 첨부하지 않은 상태에서 출판을 감행했다면 일단 계약위반이 틀림없습니다.

1. 우선 위법사실 및 판매부수 확인 요청, 그리고 귀하의 요구사항을 담은 내용증명 우편을 보낸 후 일정기간 안에 출판사의 답변을 받아보기 바랍니다. 과거에는 위법에 의한 출판물 발행부수를 확인할 수 없는 경우 손해배상 부수를 5천 부로 추정한다는 규정이 저작권법에 명시되어 있었으나 현재는 이 조항이 삭제되어 입증 가능한 액수로 바뀌었습니다. 따라서 귀하는 해당 도서의 출판으로 인해 귀하가 입은 손해의 범위를 입증할 수 있는 자료를 확보해야 하며, 그것이 어려우면 소송을 통해 재판부의 판단을 기다리는 수밖에 없습니다.

2. 일단 출판사에서 인지첨부 의무를 저버렸으므로 출판계약의 해지를 통고할 수 있는 조건은 갖추어졌다고 생각합니다. 서로 협의해 보고 협의가 이루어지지 않는 경우 입증된 범위 안에서 손해배상을 이끌어낸 후 출판계약을 끝내고 다른 출판사에서 책을 내면 될 것입니다. 물론 서로 원만하게 합의가 되어 계속 출판을 해도 관계없겠지요. 문제는 출판사의 대응입니다. 무조건 법대로 하라고 버티는 경우 민사상, 형사상 법적 절차를 통해 해결할 것인지, 아니면 적당한 선에서 마무리할 것인지 출판사의 대응에 따라 잘 판단해 보기 바랍니다.

한편, 저작권자로서 피해 정도를 입증하는 데 애로사항이 있는 것은 사실입니다. 그리고 과거에 저작재산권자의 허락 없이 저작물을 복제한 경우에 그 부정복제물의 부수를 산정하기 어렵다면 출판물은 5천 부, 음반은 1만 매로 추정해서 손해배상의 근거로 삼겠다는 취지의 규정이 있었던 것도 사실입니다. 하지만 이러한 추정규정은 피해자 측이 부정복제물의 부수를 입증하기 어렵다는 점을 감안한 것임에도 불구하고, 실제에 있어서는 가해자로서의 침해한 측이 반증을 내세우면 쉽게 무너질 수도 있으므로 판정부수는 그 이하가 될 수도 있고, 권리자 측의 입증에 의해 그 이상이 될 수도 있다는 점에서 법정에서는 실효성이 없었기 때문에 삭제된 것임을 이해해야 합니다. 이런 점을 감안해서 2003년도 개정법에서는 관련규정을 전면개정해서 '손해액의 인정'이라고 하여 "법원은 손해가 발생한 사실은 인정되나 그 손해액을 산정하기 어려운 때에는 변론의 취지 및 증거조사의 결과를 참작하여 상당한 손해액을 인정할 수 있다."고 규정하고 있는 것이지요.

그리고 계약위반에 대한 벌과금 조의 배상 요청이 가능해야 하지 않을까 하는 의견을 피력했는데, 이는 형사처벌을 원한다면 검찰에서 법에 따라 벌금 또는 징역형을 구형해서 해결할 문제이지 민사상 권리자가 요구할 수는 없는 노릇입니다. 다만, 형사처벌에 대해 압박을 느낀 출판사 대표가 고소취하를 대가로 합의를 요청해 온다면 합의금으로 대신할 수는 있겠지요. 결론적으로 어디까지나 입증책임은 당사자에게 있다는 겁니다. 법 앞에서는 결국 양쪽이 평등하다고 할 수밖에 없는 것이 현실입니다.

77. 인지 첩부와 ⓒ 표시의 의미, 그리고 출판권과 복제권의 차이

1. 국내 저자와 합의하여 인지를 붙이지 않기로 했다면, 그 사항을 반드시 판권 페이지에 명기해야 합니까? 아니면 반드시 출판물에 고지해야 할 필요는 없는 것입니까?

2-1. ⓒ 표시는 반드시 해야 하는지요.

2-2. ⓒ 다음에는 저작권자의 이름이 표시되어야 할 것 같은데, 보통 번역서에서는 출판사의 이름을 기입합니다. 국내 저작물에서 ⓒ 다음에 저작권자의 이름이 표시되는 것이 맞는지, 만약 출판사의 이름이 표시된다면 그것은 어떤 경우일지 알고 싶습니다.

3. 근본적으로 저작권이라는 것과 출판권이라는 것, 그리고 복제권이라는 것이 종종 헷갈립니다. 쉽게 설명해 주십시오.

૱

1. 현행 저작권법에 따르면 "특약이 없는 한" 간기면(刊記面)에 인지(印紙)를 첩부해야 합니다. 따라서 국내 저자와 합의하여 인지를 붙이지 않기로 하고 그 사실을 계약서에 명시했다면, 그 사실을 반드시 출판물에 고지해야 할 필요는 없습니다. 다만, 독자들에 대한 서비스 차원에서, 출판물의 신뢰도를 높인다는 의미에서 표시해 주는 것이 좋겠지요.

2-1. 이제 ⓒ 표시는 할 필요가 없습니다. 저작권은 저작한 때부터 발생하며 어떠한 절차나 형식의 이행을 필요로 하지 않습니다. 이를 저작권 성립에 있어서의 무방식주의라고 하지요. 즉, 저작권은 특허권·실용신안권·의장권·상표권 등을 다루는 산업재산권과는 달리 권리를 행사하기 위해서 등록과 심사 등의 어떠한 절차나 형식이 필요하지 않고, 저작과 동시에 권리가 발생한다고 규정하고 있습니다. 따라서 저작자는 저작물의 작성과 동시

에 저작권을 갖게 되며, 이와 관련하여 아무런 조치를 취하지 않아도 되는 것이지요. 물론 방식주의를 채택하고 있는 나라가 있기는 하지만 요즈음의 국제적인 추세는 무방식주의가 주류를 이루고 있습니다. 우리나라의 경우에 서적에 대한 납본제도나 저작권의 양도를 포함하는 권리변동에 따른 등록제도가 있지만, 이것은 소송에 필요한 증거자료로서의 사항일 뿐 저작권의 발생요인과는 아무런 관계가 없습니다. 게다가 대표적인 국제적 규범인 베른협약에서도 무방식주의를 규정하고 있기 때문에 대부분의 국가에서 무방식주의를 채택하고 있습니다.

한편, 일부 방식주의 국가와의 차이점을 고려해서 세계저작권협약(UCC)에서는 무방식주의 국가에서 발행된 저작물이라고 하더라도 그 복제물에 ⓒ 기호와 저작권자의 성명 및 최초발행년도를 표시하기만 하면 방식주의 국가에서도 그 국가의 내부적인 방식이 이행된 것으로 인정하고 있습니다. 여기서 ⓒ는 'copyright'를 뜻하며, 저작물의 완성 여부와 관계없이 부분적인 저작물이라도 독창성이 인정되기만 하면 미완성일지라도 해당 부분에 대한 저작권이 생깁니다.

우리나라가 1987년도에 UCC에 가입한 이후 국내 출판물 등 각종 문화상품에 이른바 'ⓒ 표시'가 많이 등장하기 시작했습니다. ⓒ 표시란 원래 UCC 제3조에 근거해서 마련된 저작권 표시기호입니다. 즉, 이 기호만 표시해 두면 등록이나 그 밖의 특정방식을 저작권 보호의 조건으로 규정한 나라에 있어서도 저작권의 성립에 아무런 방식을 요구하지 않는 나라의 복제물과 마찬가지로 보호된다는 취지를 담고 있습니다.

그 표시방법은 ⓒ 기호, 저작권자의 이름, 맨 처음 발행년도의 순서(예: 'ⓒ 김기태 2005')에 따라 눈에 잘 띄는 곳에 표시하는 것으로, 출판물에서는 대개의 경우 판권면에 표시하며, 속표지의 뒷면에 표시하는 경우도 있습니다.

그런데 이러한 ⓒ 표시의 의미가 제대로 알려지지 않아 마치 ⓒ 표시를 하지 않으면 저작권 보호의 대상이 될 수 없다거나 그런 의미와는 상관없이 하나의 장식처럼 생각해서 이 표시를 기재하는 경우를 볼 수 있습니다. 하지만 국제적인 저작권 보호의 조류가 이제는 UCC가 아닌 베른협약의 수준으로 옮겨가고 있는 점을 감안한다면 저작권 보호에 있어서도 무방식주의에 근거해서 저작물의 창작과 동시에 저작권이 생긴다는 점에서 ⓒ 표시는 별 의미가 없는 것으로 보아도 무방합니다.

2-2. ⓒ 다음에는 저작권자의 이름이 표시되어야 하는데, 만약 출판사의 이름이 표시되어 있다면 번역자 등으로부터 저작재산권 일체를 양도받아 출판사에서 번역물에 대한 저작권을 소유하고 있다는 뜻으로 해석됩니다.

3. 저작물을 창작한 저작자에게는 기본적으로 저작권이 주어지며, 이러한 저작권에는 저작인격권과 저작재산권이 있습니다. 이 중에서 저작인격권은 양도나 상속이 불가능하므로 다른 사람에게 넘어갈 수 없지만 저작재산권은 양도나 상속이 가능합니다. 그리고 저작재산권 중에는 복제권을 비롯하여 공연권, 공중송신권, 전시권, 배포권, 대여권, 2차적저작물작성권 등 7가지가 있습니다. 곧 저작재산권자가 자신의 권리를 누군가에게 나누어 줄 수 있는데 이상의 권리를 쪼갠다면 누군가는 복제권자가 될 수 있고 또 누군가는 배포권자가 될 수 있지요.

출판권은 저작권법상 저작물을 인쇄 또는 이와 유사한 방법으로 문서 또는 도화로 발행하는 것을 가리킵니다. 곧 복제권자의 권리가 기본적으로 미치며 여기에 배포권이 일부 포함되는 것으로 보입니다. 궁극적으로 복제권자란 저작권자를 뜻하며, 출판권자는 이러한 저작권자로부터 출판에 관한 권리를 위임받은 사람이라고 보면 되겠습니다.

78. '쇄'와 '판'의 구별

수년 전에 출간된 책(양장본)이 품절상태에 있다가 무선제본으로 재출간할 때, 판권 표시를 어떻게 하는 것이 적절한지요? ISBN 번호는 새로 받아서 넣는 것이 맞는 것 같은데, 내용의 수정보완이 있을 때와 없을 때 판과 쇄의 표시가 다른 것인지 확인을 해 보고 싶어 문의합니다. 수정보완 사항이 없을 때, 1판 1쇄로 표기하고 발행일도 현시점으로 표기하는 것이 맞는지요?

~

판권 표시내용 중 '쇄(刷)'와 '판(版)'이란 게 있지요. 여기서 '쇄'란 말 그대로 '더 인쇄했다'는 뜻이고, '판'이란 '다시 인쇄했다'는 뜻입니다. 즉, 기존에 배포한 책이 다 팔려서 내용에 변화 없이 더 찍는 것을 '쇄'라고 하고, 내용을 수정 내지 증감해서 개정한 경우에는 '판'이란 용어를 쓰는 것이지요. 따라서 '초판 3쇄'라고 하면 세 번째 더 찍은 책이란 뜻이고, '3판 2쇄'라고 하면 세 번째 개정판 중 두 번째로 더 찍은 책이란 뜻이 됩니다. 다만, 한 번 인쇄할 때마다 몇 부를 찍어야 한다는 규정은 따로 없기 때문에 '판'과 '쇄'의 수만 보고 모두 몇 부를 찍었는지 알 수 없다는 점에 주의해야 합니다.

질문내용대로 한다면 내용에는 변화가 없는 것 같으니 절판되기 전에 몇 쇄를 거쳤는지 확인한 후 만일 3쇄까지 찍고 나서 절판되었다면 이번 판은 '초판 4쇄'로 표기하는 것이 옳겠습니다. 이때 대개 초판 1쇄일을 먼저 표시해 주고 그 다음 '판 및 쇄수' 표시를 해 주는 것으로 보입니다. '초판 1쇄 _년 _월 _일 발행', '초판 4쇄 _년 _월 _일 발행' 식이 되겠지요.

79. 판매부수를 속이는 출판사에 대응하는 방법

저는 저자로서 여러 출판사에서 인세를 받고 있는 중입니다. 그런데 어느 출판사에서 저의 책을 여러 차례 인쇄하면서도 책을 인쇄한 날짜를 기록하지 않고 과거에 인쇄한 날짜로만 계속하여 찍어 내고 있습니다. 여러 차례에 걸쳐 왜 그렇게 했느냐고 물어보니 인쇄소에서 일하는 사람들이 잘못해서 그렇다고 합니다. 또한 그렇게 찍어 낸 책들도 수를 훨씬 적게 하여 저에게 알려주다가 들통이 나니 모두 인쇄소에만 책임을 넘깁니다. 그래서 지금까지의 판매내역에 대해 구체적으로 알려 달라고 하니 출판사를 믿으라고만 하는데, 지금까지 여러 번 거짓과 속임수로 일관해 온 출판사를 어떻게 신뢰할 수 있을지 모르겠습니다. 계약기간은 약 1년 정도가 남아 있습니다. 좋은 방법이 있으면 알려주세요.

❦

애초에 어떤 내용으로 출판계약을 체결했는지 자세히 알 수는 없습니다만, 어느 쪽이든 계약내용을 위반했다면 계약해지 사유가 됩니다. 따라서 정확한 입증자료를 갖고 있다면 다시 한 번 문서에 의한 해명을 촉구한 후 그래도 이행이 안 된다면 최종적으로 계약해지를 통고할 수 있겠습니다. 아니면 그동안 입은 손해에 대해 배상을 요구할 수도 있으며, 판매부수를 포함한 인세 산정내역에 대해서는 투명하게 공개하는 것이 일반적인 추세인 만큼 출판사에서 공개를 거부한다면 명분이 없는 일이 아닌가 생각합니다. 어쨌든 좋은 결과를 위해, 그리고 상호 신뢰회복을 위해 다시 한 번 기회를 주기 바랍니다.

80. 부정복제물의 부수 추정

저는 작가입니다. 제 이름으로 출판된 여러 종의 책에 인지를 붙이기로 해 놓고 이를 이행하지 않아 경찰에 고소장을 제출했습니다. 오늘 제가 보는 앞에서 담당 수사관이 출판사의 대표(피고소인)에게 전화를 하더군요. 통화 중 그 대표가 "100부 정도 실수가 있었다."라고 말하더랍니다. 해당 사건에 관련된 책이 모두 4종이고, 10년 넘게 판매되고 있는 책이며, 그때부터 현재까지 판매해 오던 중에 드러난 행위인데요, 100부 정도만 인지를 붙이지 않았다니 기가 찰 노릇입니다.

문제는 제가 부정 복제부수를 어떻게 입증할 수 있느냐 하는 것입니다. 저자는 인쇄, 판매, 유통 등에 전혀 관여할 수가 없잖습니까? 따라서 그에 대해 조사를 하거나 증거를 제시할 수 있는 능력을 가질 수 없으며, 전국적으로 책을 산 독자들을 다 만나고 다닐 수도 없는 노릇 아닌가요? 출판사는 판매장부를 얼마든지 조작할 수 있는데 말이지요. (경찰이 출판사 사무실을 뒤지거나, 인쇄 및 유통업자들 사무실을 뒤져서 증거를 찾아내야 할 만큼 큰 사건도 아닌데 말입니다.) 출판사 대표는 달랑 100부 정도 잘못했다고 말하는데, 그렇게 말하고서 장부 내용을 축소해서 제출하는 것만으로 법적 판정이 결정되어 버린다면 법은 분명 불공평하고 잘못된 것이 아닐까요?

∾

귀하의 답답함을 이해하지 못하는 것은 아닙니다만, 법치국가의 법정신을 그렇게 비관적으로 보는 것도 문제가 있습니다. 제기한 문제와는 반대로 생각해 볼 경우에는 어떨까요? 실제로 악의적인 저작권자가 선의의 이용자(출판사를 포함하여)를 모함하는 경우도 비일비재합니다. 따라서 법은 모든 사람에게 공평한 책임과 의무를 묻는 것이며, 그것을 입증하기 위해 위법의 증거가 필요한 것이지요.

현행 저작권법(손해액의 인정)에 따르면 "법원은 손해가 발생한 사실은 인정되나 손해액을 산정하기 어려운 때에는 변론의 취지 및 증거조사의 결과를 참작하여 상당한 손해액을 인정할 수 있다."고 합니다. 곧 귀하가 그 억울함을 법에 호소하려면 그에 따르는 의무, 즉 무고(誣告)가 아닌 증거에 입각한 당연한 권리주장임을 입증할 수 있어야 합니다. 출판사의 말을 믿을 수 없다면 서점의 도움을 받는 것도 하나의 방법이 됩니다. 즉, 정식으로 수사기관의 협조를 받아 서점마다 공문을 발송해서 귀하의 저작물에 대한 판매내역을 공개해 줄 것을 요청할 수도 있으며, 출판사에서 거래하는 인쇄소 및 제본소의 확인을 받아 차후에 법적 증거로서 위조되었을 경우 위증죄에 해당할 수도 있음을 공지한다면 공공연히 출판사와 짜고 거짓 자료를 주지는 않을 것입니다. 요즈음 출판물 유통은 매우 건전하게, 그리고 투명하게 이루어지고 있습니다. 모든 것이 전산자료에 의해 집계되고 정리되기 때문에 조작할 여지가 거의 없습니다. 베스트셀러로서 수만 부가 팔리는 과정에서 몇 백 부에 대해 착오가 일어나는 경우는 있어도 일반적인 판매에 있어서는 그 숫자가 얼마 되지 않기 때문에 굳이 서점이나 인쇄소, 제본소에서 속일 필요가 없다는 것이지요.

또한, 형사상 고소장이 접수된 사안에 대해서는 수사기관에서 수사를 통해 죄질의 경중을 따지기 때문에 굳이 무단복제 부수가 많지 않더라도 죄질이 무겁다면 응당 무거운 처벌을 내리게 마련입니다. 기왕에 고소장을 제출한 만큼 그러한 권리침해가 얼마나 나쁜 죄인지를 수사담당자에게 이해시키려는 노력을 해야 합니다. 냉정하게 판단함으로써 행여 감정 때문에 일을 그르치지 않았으면 좋겠네요.

81. 손해배상 금액을 판단하는 기준

얼마 전 재미작가이자 영어교재저술가로 유명한 조화유 씨가 자신의 영어교재에 대한 저작권 침해 혐의를 두고 출판계 사상 최고액의 소송을 낸 끝에 일부승소 판결을 얻어 냈다는 신문기사를 본 적이 있습니다. 원래는 6억 원을 청구했지만 서울 서부지방법원은 모 씨 등에게 2억6,000여만 원을 배상하라고 판결했다는 내용이었는데요. 원고 측 변호사는 "모 씨가 받은 인세가 2억9,500여만 원인데 재판부가 그와 비슷한 금액을 인정한 것은 보통의 경우보다 저작권 침해부분을 높게 본 것"이라고 말한 것으로 전해지고 있습니다. 그렇다면 이러한 손해배상 금액은 어떤 기준에 따라 산정되는 것일까요?

∾

일반적으로 권리의 침해란 "정당한 권리자의 승낙이나 동의 또는 권리의 양도 없이 그 권리의 목적물을 이용함으로써 권리자의 권익을 해치는 행위"라고 정의할 수 있습니다. 따라서 저작권의 침해 역시 저작물을 이용함에 있어서 위와 같은 사유에 해당하는 것을 뜻하며, 저작권법에서는 그러한 침해사유가 발생했을 경우에 대응할 수 있는 방법으로 민사상 구제와 형사상 처벌을 규정하고 있습니다.

현행 저작권법에서는 저작권 침해에 대한 민사상 구제의 구체적인 내용을 규정하고 있는데, 침해행위정지청구권, 손해배상청구권, 명예회복청구권 등이 바로 그것이지요. 하지만 저작재산권의 제한규정에 따라 자유이용이 허용되는 경우나 저작권의 보호기간이 끝난 경우, 상속인이 없거나 법인이 해산된 경우 또는 저작권의 포기 등으로 권리가 소멸된 경우, 그리고 법정허락에 의한 경우 등에는 저작권자의 허락이 없었다고 하더라도 법률상 위법이라고 할 수 없어 권리침해로 인한 문제가 생기지 않습니다. 반면에 저작권자의 허락을 얻었다고 하더라도 그 허락받은 이용조건이나 범위를 벗어나서 이용했을 때나 저작재산권의 제한규정에 허용된 목적을 벗어나서 이용했을 때는 권리침해가 성립될 수 있습니다.

구체적으로 '손배상청구권'에 대해 살펴보면, 먼저 저작재산권 등 저작권법에 의해 보호되는 권리를 가진 사람이 그 권리를 침해한 사람을 상대로 손해배상을 청구할 수 있으며, 그때의 손해금액은 침해자가 침해행위로 인해 얻은 이익의 정도로 추정할 수 있다고 합니다. 이러한 손해배상청구권의 발생요건을 살펴보면, 침해행위 당시에 피해자에게 저작권이 존재할 것, 가해자의 고의 또는 과실이 있을 것, 권리침해에 따른 위법성이 있을 것, 권리침해로 인한 손해가 발생했을 것, 권리침해와 손해발생 사이에 인과관계가 있고 이를 피해자 측이 입증할 수 있을 것 등으로 요약됩니다. 이러한 요건이 충족된 다음에 가해자의 침해행위와 상당한 인과관계가 있는 손해를 기준으로 손해배상의 범위가 산정되는 것이지요.

아울러 저작재산권 등의 권리를 침해한 자가 침해행위를 통해 얻은 이익을 저작재산권자 등이 입은 손해액으로 추정할 수 있는데, 이는 저작인격권 이외의 권리를 고의 또는 과실로 침해한 자에 대해 저작재산권자 등이 손해배상을 청구하는 경우에 침해자가 그 침해행위에 의해서 이익을 얻었다면 그 이익에 해당하는 금액을 저작재산권자 등이 입은 손해의 금액으로 추정한다는 뜻입니다. 또한 저작재산권자는 그 권리의 행사로 권리자가 얻을 수 있는 통상의 금액을 손해액으로 삼아 배상을 청구할 수 있습니다. 예를 들어, 만일 저작권 사용료가 10퍼센트 수준인 단행본 1만 부를 5,000원의 가격으로 무단출판한 사람에게는 500만 원을 손해액으로 삼아 배상청구가 가능하다는 뜻입니다.

그 밖에 손해가 발생한 사실은 인정되지만 그 손해액을 산정하기 어려운 경우 재판부는 여러 정황을 참작해서 그 손해액을 인정할 수 있습니다. 저작물의 무형적 특성으로 인해 저작권 등이 침해된 것이 틀림없다 해도 결과적으로는 피해자가 아무리 입증하려 해도 자신의 손해액을 산정하기 어려운 경우가 있기 때문이지요.

저작재산권자는 그 권리의 행사로 권리자가 얻을 수 있는 통상의 금액을
손해액으로 삼아 배상을 청구할 수 있습니다.

82. 부정발행 도서와 비친고죄

제가 수년 전부터 어떤 교재를 가지고 특정 외국어 회화를 공부해 왔는데, 최근에 인터넷을 통해 다른 회화 도서를 구입했습니다. 출판사와 저자가 다른 책이라서 좀 더 다양한 표현을 학습하기 위해 구입한 것이지요. 그런데 책을 받아 보니 그 전에 공부하던 책과 내용이 같은 책인 듯 매우 비슷했습니다. 목차부터 내용까지 똑같았습니다. 저는 두 권 중의 한 권이 다른 한 권을 표절한 것이 아닌가 하는 의심을 품고 맨 처음 제가 공부했던 책을 낸 출판사 홈페이지 게시판에 질문을 올렸습니다. 그러자 출판사에서는 일본 책을 참조하여 저자가 편찬한 책이라서 그렇다고 답변해 왔습니다. 이에 제가 다시 참조해서 편찬했다면 내용이 달라야지 어떻게 두 권이 동일하냐고 따지니 출판사에서는 "당시 일본 책을 그대로 번역하는 것이 관례였기 때문이다."라고 하면서 제가 올린 글은 물론이고 게시판 전체를 없애버렸습니다.

① 출판사가 다른 두 권이 책의 내용이 동일하다.
② 한 권은 일본 책을 참조로 펴낸 책이라 한다.
③ 목차(번호도 동일)는 물론 내용이 동일하다.

이런 사실 앞에서 우리는 무슨 생각을 할 수 있습니까? 목차 순서와 번호도 동일하고 내용에서도 "무용→춤 / 교통수단→탈 것 / 공중여행→항공여행 / 구두방→양화점" 정도의 차이밖에 없습니다. 이 정도만의 차이가 있는 책이 서로 아무 관련이 없다고 볼 수 있겠습니까? 더군다나 일본 책을 바탕으로 그렇게 하는 것이 관례였다는 답변만 보내온 채 게시판을 막아버린 모 출판사의 행위는 어처구니없는 일이 아닐 수 없습니다. 이런 불법적인 방법으로 만들어진 책이 대형서점에서 버젓이 유통되고 있습니다. 어떤 서점에서는 추천도서로 올라와 있기까지 한 것을 발견하고 이를 따졌더니 추천도서목록에서는 제외했지만 여전히 유통되고 있습니다.

이런 경우 법적 처벌은 고사하고 최소한 유통은 막아야 하지 않을까 생각합니다. 법적 문제를 떠나 우리나라 책이 일본 도서를 베껴 출판했다니 국가적으로도 망신이 아닌가 합니다. 무슨 방법이 없을까요?

∾

저작권법 제140조에서는 "이 장의 죄에 대한 공소는 고소가 있어야 논한다." 고 하여 저작권 침해범죄의 성격이 대부분 친고죄임을 밝히고 있습니다.

친고죄(親告罪)란, "범죄의 피해자나 그 밖의 법률에 정한 사람의 고소가 있어야 공소(公訴)를 제기할 수 있는 범죄"를 말하며, 강간죄·명예훼손죄·모욕죄 등이 대표적이지요. 다시 말하면, 형사상의 범죄는 형사소송법의 규정에 따라 검사만이 공소의 제기 즉, 형사소추(刑事訴追)를 할 수 있는데, 이처럼 피해자 등의 고소가 없으면 공소를 제기할 수 없는 범죄를 친고죄라고 합니다. 이러한 친고죄는 극히 개인적인 사권(私權)에 있어서 그 침해에 대한 형사책임 추궁의 여부는 피해자인 권리자의 판단에 맡기는 것이 적당하다는 취지에서 만들어진 것이라고 할 수 있지요. 따라서 저작권 관련 침해에 있어서도 개인적 권리와 밀접한 것들은 친고죄로 규정하고 있으며, 친고죄의 공소시효는 형사소송법의 규정에 따라 "범인을 알게 된 날로부터 6개월"이며 "고소를 일단 취소한 경우"에는 다시 고소를 할 수 없습니다.

한편, 단서규정에 따라 저작권 관련 침해죄 중에서 비친고죄에 해당하는 것도 있는데, 특히 2007년 전부개정법에서 비친고죄 부분을 대폭 확대하고 있으므로 이용자들에게는 각별한 주의가 요망됩니다.

먼저 "영리를 위하여 상습적으로 복제, 공연, 공중송신, 전시, 배포, 대여, 2차적저작물작성 등의 방법으로 저작재산권을 침해한 경우"에는 비친고죄에 해당하므로 제3자에 의한 고발이 가능합니다. 인터넷 등 디지털 테크놀로지가 만연한 오늘날 저작권 침해가 대규모로 반복적으로 이루어질 수 있고 그 결과 산업적 피해가 심각해질 것으로 예상되지만, 친고죄 규정에 따라 저작자인 '개인'이 그 침해 사실을 일일이 알아서 대응하기에는 한계가 있으며 시간 및 비용이 많이 들기 때문에 영리를 위해 상습적으로 저작재산권 등을 침해하는 경우에는 비친고죄를 적용하게 된 것이지요.

그 밖에 다음과 같은 경우에도 비친고죄에 해당합니다.

- 등록을 거짓으로 한 자
- 업으로 또는 영리목적으로 정당한 권리 없이 기술적 보호조치를 제거·변경·우회하는 등 무력화하는 것을 주된 목적으로 하는 기술·서비스·제품·장치 또는 그 주요 부품을 제공·제조·수입·양도·대여 또는 전송하는 행위를 한 자
- 저작자가 아닌 자를 저작자로 하여 실명 또는 이명을 표시한 다음에 그 저작물을 공표한 자
- 실연자가 아닌 자를 실연자로 하여 실명 또는 이명을 표시하여 실연을 공연 또는 공중송신하거나 복제물을 배포한 자
- 저작자의 사망 후에 그의 명예를 훼손하는 방법으로 저작물을 이용한 자
- 허가를 받지 않고 저작권신탁관리업을 한 자
- 자신에게 정당한 권리가 없음을 알면서도 고의로 복제 및 전송의 중단 또는 재개 요구를 하여 온라인서비스제공자의 업무를 방해한 자
- 신고를 하지 않고 저작권대리중개업을 하거나 영업의 폐쇄명령을 받고도 이를 무시한 채 계속 그 영업을 한 자

또한 영리를 목적으로 "수입 시에 대한민국 내에서 만들어졌더라면 저작권법에 의해 보호되는 권리의 침해로 될 물건을 대한민국 내에서 배포할 목적으

로 수입하는 행위, 저작권법에 의해 보호되는 권리를 침해하는 행위에 의하여 만들어진 물건을 그 사실을 알고 배포할 목적으로 소지하는 행위를 한 자"도 비친고죄의 대상입니다.

귀하가 경험한 것과 같은 일은 사실 문명국가에서는 있을 수 없는, 매우 부끄러운 일이 아닐 수 없습니다. 그나마 귀하와 같이 적극적으로 자신의 올바른 견해를 개진하고 이의를 제기하는 양심적인 이용자들이 있기 때문에 희망이 있는 것이겠지요. 건강한 저작권 환경을 위해 보다 많은 사람들이 앞장섰으면 좋겠습니다.

83. 매절계약 이후 개정판에 대한 인세 요구

우리 출판사에서 10여 년 전에 어느 해외 아동 저작물의 출간을 준비하면서 한 번역자에게 번역을 맡긴 적이 있습니다. 당시 번역자와의 계약을 인세지불방식이 아닌 매절형식으로 했기 때문에 번역원고를 받고 번역료를 지불했습니다. 현재 그때 출간한 도서는 절판상태에 있습니다. 하지만 최근에 다시 이 도서에 대해 개정판을 출간하기로 결정했습니다. 그런데 예전에 번역을 했던 번역자가 개정판에 대한 인세 10퍼센트를 요구하고 나섰습니다. 제가 생각하기에는 기존에 매절로 한번에 번역료를 지불하는 계약을 했기 때문에 다시 저희가 개정판을 낸다고 하더라도 번역자에게 인세를 지불할 필요가 없을 것 같은데, 번역자의 요구에 응할 필요가 있을까요?

～

과거에 우리 출판계에서 관행처럼 이루어졌던 매절계약에 대해서 현행 저작권법은 그 자체를 인정하지 않고 있습니다. 곧 '저작재산권양도계약'이라는 형식을 갖추지 않고 단지 한 번 고료를 지불하는 것으로 모든 책임을 다한 것처럼 여겨지는 '매절계약'에 대해 경종을 울리고 있는 셈이지요.

실제 판례를 보면 매절계약 당시 그 대가로서의 지불금액이 일반적인 원고료 수준에 비추어 보아 '현저히 고액'이라고 인정되지 않는 한 그것은 '출판권설정계약'에 준하는 것으로 본다고 합니다. 여기서 현저한 고액이라는 것은 예컨대, 한 번 게재하는 것을 목적으로 하는 신문이나 잡지의 원고료가 만일 200자 원고지 1매당 1만 원이라고 한다면 그 10배 정도 되는 1매당 10만 원 정도를 지불한 것을 가리킵니다. 즉, 그 정도로 고액이어야만 저작재산권 양도에 해당하는 것이지 그렇지 않다면 매절 그 자체가 무효라는 뜻입니다.

질문의 경우에도 마찬가지입니다. 계약 당시 얼마를 지불했는지는 모르겠지만 통상적인 번역료 수준을 지불한 것에 불과하다면 개정판에 즈음해서 다시 계약하고 인세를 새로 지불하는 것이 옳습니다. 나아가 그것이 저작재산권 양도계약이라 하더라도 저작인격권은 여전히 번역자에게 남아 있으므로 번역자 성명을 표시해 주는 것은 물론이고, 내용을 함부로 바꾸어서도 안 됩니다. 저작인격권 중에 동일성유지권이라는 것이 있으므로 그 내용을 수정, 가감할 수 있는 권리는 번역자에게만 있기 때문입니다.

귀사가 당시 번역자와 맺은 계약이 애매하기 때문에 생긴 문제임을 다시 한 번 생각해 보기 바랍니다. 우리가 일반적으로 집이나 땅 같은 재산을 처분할 때 적당히 문서 한 장 정도만 주고받지는 않는다는 점을 상기해 보라는 것이지요. 즉, 격식을 갖춘 '저작재산권양도계약'으로서 나중에 그 계약서를 저작권등록부에 등록하는 등의 노력이 없이 단순히 "더 이상의 원고료는 없다"는 정도의 양도계약(매절계약)이라면 무효가 될 수도 있다는 뜻입니다. 더구나 어느 한쪽이 양도 사실 자체를 부인하는 경우 대처할 수 있으려면 제3자의 증언이나 등록관청의 입증서류가 있어야 한다는 뜻이지요. 만일 이러한 입증서류가 구비되어 있다면 대가로 지불한 금액이 얼마이든 상관없습니다. 집이나 땅도 얼마를 받든 주인 마음대로 처분할 수 있는 노릇이니까요.

저작인격권은 저작자에게만 존속하는 권리로서 공표권, 성명표시권, 동일성유지권 등 세 가지를 말하고, 따라서 이는 다른 사람에게 양도나 상속될 수 없습니다. 그 밖의 저작재산권(복제권, 공연권, 공중송신권, 전시권, 배포권, 대여권, 2차적저작물작성권)은 양도나 상속이 가능하며, 저작자 사후 50년까지 보호되는 재산적 권리를 말합니다.

84. 2차적저작물과 출판사의 권리

요즘 OSMU(One Source Multi Use) 방식으로 만화나 소설이 영화나 게임 드라마로 제작되는 경우가 많습니다. 그런데 만약 만화나 소설이 영화나 드라마로 제작될 경우 저작권료가 출판사에게도 어느 정도 가는지, 아니면 전부 작가에게 가는지 궁금합니다. 양쪽으로 모두 간다면 비율은 어느 정도 되는지요. 출판사에게 아무것도 돌아가지 않는다면 출판사 입장에서 굳이 드라마나 영화로 만들어지게끔 노력할 것 같진 않은데 어떤가요?

∾

만화나 소설 등을 원작으로 삼아서 영화나 드라마로 만드는 것을 가리켜 2차적저작물의 작성이라고 합니다. 그런데 원칙적으로 2차적저작물을 작성하는 권리는 원저작자에게 있으며, 원저작자의 허락을 받아 2차적저작물을 작성한 사람은 별도의 저작권자가 됩니다. 따라서 어떤 만화나 소설을 바탕으로 영화나 드라마를 만들고자 하는 사람은 굳이 출판사에 문의할 필요 없이 원작자의 허락만 얻으면 되는 것이지요.

다만, 대외활동에 있어 출판사를 활용하는 것이 효과적이라고 판단한다면 출판계약 당시에 2차적저작물의 작성에 관한 사항을 저자가 출판사에 위임하고 2차적저작물을 작성하려는 사람이 생김으로써 이후 발생하는 원작사용료(저작권료)에 대해 출판사와 저자의 배분비율을 정하는 경우도 있습니다. 계약내용에 명시되는 내용에 따라 달라질 문제이므로 출판계약서 작성 시 서로 협의해서 결정하면 되는 것이지요. 배분비율은 정하기 나름이므로 딱히 어느 정도가 적당하다고 단정하기 곤란하다는 점을 이해하기 바랍니다.

85. 저작물의 재수록에 따른 권리

잡지에 게재했던 원고를 저자가 임의로 단행본에 사용할 수 있는지요? 이럴 경우 저작권은 어떻게 되며, 편집권과 별개로 저자에게 모든 권한이 주어지는지요? 만일 단행본을 출판하는 회사에서 기존의 잡지사에 양해를 구하지 않고, 단순히 저자와 협의를 거쳐 원고를 사용해도 되는지, 또 원출처를 밝히는 문제도 궁금합니다.

∽

필자가 외부 인사로서 잡지 또는 신문 등 정기간행물에 원고를 게재하는 경우 특별히 약정서를 작성하지 않고 단순히 원고 청탁에 의해 글을 썼다면 그것은 어디까지나 해당 정기간행물에 1회 게재를 목적으로 하는 저작물 이용허락에 해당합니다.

따라서 원고 게재와 동시에 모든 저작권은 저작자(필자)에게 있으므로 이후 그 원고를 단행본에 실을 때에는 그 누구의 허락을 얻을 필요 없이 저작자(필자) 임의로 이용하면 되겠습니다. 곧 기존 잡지사에 양해를 구할 필요도 없고 출처를 밝힐 필요도 없습니다. 다만, 잡지에 게재된 글을 읽은 독자들도 있을 것임을 감안해서 단행본에서 예전에 모 잡지에 실었던 글임을 밝히는 것이 독자들에 대한 배려가 되지 않을까 생각합니다.

86. 시선집 및 시와 에세이를 결합한 도서의 출간과 저작권

여러 사람의 시를 모아서 시집으로 내는 경우, 일일이 허락을 받아야 하는지, 아니면 음악저작권처럼 위탁업체를 통해서만 할 수 있는지요? 그리고 저작자의 의도와 상관 없이 그 시를 바탕으로 에세이를 결합할 때 그런 의도나 내용을 각 시인에게 허락받아야 하는지요?

❦

선집 형태로 여러 사람의 작품을 모아 책을 내려면 일단 편집저작물에 해당하므로 그 내용의 구성부분이 되는 각각의 저작권자들로부터 일일이 허락을 얻어야 합니다. 편집저작물을 작성한 사람에게는 별도의 저작권이 주어지기는 하지만 기본적으로 편집저작물의 작성권은 원저작권자들에게 있기 때문입니다. 그 방법은 저작권신탁관리를 맡고 있는 단체(시와 같은 어문저작물의 경우에는 한국문예학술저작권협회 등)와 일괄계약을 하거나 번거롭더라도 저작권자와 개별적으로 이용허락계약을 체결하는 방법 모두 무방합니다. 대개의 경우 재수록이기 때문에 비용이 저렴하게 들 수 있지만, 구체적인 금액에 대해서는 저작권협회를 통해 확인하기 바랍니다.

한편, 시와 에세이를 결합하는 방식으로 저작물을 이용하고자 할 때에도 그러한 이용방법 및 범위에 대한 저작권자의 허락이 필요하므로 역시 협의대상이 됩니다. 일괄협상이 아닌 경우 개별적인 저작권자에게 그 같은 사실을 알리고 허락을 받아야 하는 것이지요.

87. 계약서가 없는 구간 도서에 대한 권리 해석문제

본사에서 1960년대에 출간된 책을 1981년에 문고본으로 바꾸어 내용에는 변함없이 재출간했습니다. 그런데 얼마 전 저작권신탁관리단체라는 곳에서 내용증명 우편을 보내왔습니다. 유족이 계약서와 출판부수 및 판매부수에 대해서 알고 싶어 한다는 것이었습니다. 그런데 문제가 있습니다. 너무 오래된 일이라서 계약서가 없다는 것입니다. 사장님 말씀으로는 원고료를 주고 샀다는데, 계약서는 회사를 이전하면서 없어진 것으로 사료됩니다. 아무리 찾아도 계약서가 없습니다. (사장님이랑 저자와 친분관계가 있습니다만 저자, 저자 사모님, 당시 편집장님 및 관련자들도 돌아가시어, 사장님 말고는 당시 정황을 아는 사람 없습니다.)

분명히 판권이 본사에 있는 것으로 추정되는데, 이런 경우 판권이 본사에 있는 것이 확실한지요? 이를 주장하려면 어떻게 해야 하는지요? 이런 경우 본사 입장에서는 어떻게 대처해야 하는지 알고 싶습니다.

❦

저작권은 기본적으로 어떠한 형식이나 절차의 이행이 필요 없이 창작과 동시에 생기는 권리이며, 또한 저작자 사망 후 50년이 지나거나 업무상저작물의 경우 공표 후 50년이 지나면 자유이용 상태에 놓이는 권리입니다. 따라서 저작권자는 물론 출판권자 역시 자신에게 그러한 권리가 있음을 입증할 수 있어야 합니다.

먼저 계약서가 없는 상태에서 출간된 책만 남아 있다면 그 계약의 유형, 즉 저작재산권양도계약에 의한 출판인지 출판권설정계약에 준하는 이용허락계약에 의한 출판인지 알 수 없는 경우에 해당합니다. 그렇다면 출판사와 저작자의 계약관계를 확인할 수 없으므로 저작권법에 따라 일반적인 출판권설정계약에 준하는 경우로 해석함이 마땅합니다. 책이 출판되었다는 정황에 비추어 비록 출판권은 귀사에 있다 하더라도 저작권은 여전히 유족에게 있는 것이 분명하므로 유족 대표와 재계약을 통해 권리관계를 분명하게 정리하는 게 좋겠습니다.

따라서 그동안 어떻게 저작권 관리를 했는지에 대한 상호 이해가 필요하므로 새로운 출판권설정계약서를 작성하기 바랍니다. 그리고 기간을 정해서, 즉 언제까지 소급해서 적용할 것인지, 아니면 앞으로의 출판행위에만 적용할 것인지, 그 인세율은 어떻게 할 것인지 새롭게 규정하고 서로 합의하는 게 좋겠습니다. 만일 유족 측에서 예전의 출판실적을 요구한다면 그것 역시 현재로서는 들어주는 수밖에 없는 것으로 판단됩니다. 투명하게 밝힐 것은 밝히고 새롭게 시작한다는 생각으로 다시 출판계약을 하거나 출판권을 포기하는 방법밖에 없겠습니다.

88. 계약서가 존재하지 않는 출판물의 처리방법

저는 아동용 서적을 출판하는 회사의 직원으로서 계약서를 관리하는 담당자입니다. 과거에 맺은 계약서를 정리하는 중 몇 가지 문제점이 발견되었습니다. 우선 2000년을 기준으로 이전 연도의 계약서 중 일부가 보관되어 있지 않습니다. 본사로서는 해당 저작물에 대한 권리관계를 입증할 계약서가 없어 해당 저작물의 작가 또는 화가가 문제를 제기하는 경우 난감해질 수밖에 없는 실정입니다. 어떻게 해야 하는지 조언을 받았으면 합니다.

∾

일단 계약서가 존재하지 않는다면 어떤 조건과 범위 안에서 저작물을 이용하기로 저작권자와 합의하였는지 입증할 수 없다는 점에서 매우 불리한 상황을 방치하고 있는 것이나 마찬가지입니다. 따라서 저작권법의 규정, 즉 "출판권은 그 설정행위에 특약이 없는 한 맨 처음 출판한 날로부터 3년간 존속한다."는 조항에 따라 해당 도서가 발행된 지 3년이 지난 시점부터 해당 출판권이 저작권자에게 귀속된 것으로 볼 수밖에 없습니다.

그렇다면 그 시점을 따져서 이후의 출판권을 보장받으려면 재계약을 하는 게 좋겠습니다. 분실 염려가 없는 상황인 만큼 저작권자와 서로 협의해서 새로운 계약서를 만들어 놓는다면 앞으로 생길 문제를 미연에 방지할 수 있을 겁니다. 그렇지만 저작권자가 재계약을 원하지 않는다면 하는 수 없이 출판을 포기할 수밖에 없으며, 이 경우 이미 지급된 인세에 해당되는 재고도서 이외에는 더 이상 판매해서는 안 된다는 점을 잊지 말아야 합니다.

또, 재계약 없이 계약서가 존재하지 않는 상태에서 계속 출판을 하게 되면 무단복제, 즉 저작권 침해로 민·형사상 책임을 져야 할지도 모릅니다. 모든 것은 저작권자가 어떻게 하느냐에 달린 문제이므로 주의하기 바랍니다.

89. 법인 대표이사의 변경에 따른 계약의 효력 변경 여부

법인인 전자책 개발업체와 애초에 체결한 계약의 경우 대표이사가 바뀌면 계약의 효력은 어떻게 될까요? 자동갱신조항이 없다면 계약기간 만료와 동시에 더 이상 계약관계는 유지되지 못하는 것인지요? 또, 개인 명의의 출판사인데 대표자가 바뀌는 경우 현재 보유하고 있는 출판권의 효력은 어떻게 되는 건가요? 저자들과의 협의 없이 임의로 대표자 명의를 변경해도 되는지도 궁금합니다.

∾

개인으로서의 자연인뿐만 아니라 법인(法人)도 엄연히 인격이 보장되는 민법상 주체이므로 법인격에 변화가 없는 한, 즉 대표이사의 교체만으로는 계약의 효력에 변화를 주지 못합니다. 아울러 계약내용 중에 자동갱신에 관한 조항이 없다면 계약기간이 끝나는 시점에 모든 효력은 해지되며, 본래 권리자에게 각각 권리가 귀속됩니다.

또, 법인과는 달리 개인 명의로 운영되는 출판사의 경우에는 대표자가 곧 출판사의 운영주체라는 점에서 대표자의 신분이 다른 사람으로 바뀐다면 계약 자체의 효력도 정지됩니다. 곧 애초에 저작재산권의 양도를 목적으로 계약을 체결한 것이 아니라면, 즉 출판권설정계약에 불과하다면 모든 출판계약은 대표자 변경과 함께 무효가 되므로 재계약을 체결해야 할 것으로 판단됩니다.

90. 이중계약에 대한 출판권자의 대응방법

A라는 출판사에서 '갑'이라는 작가와 특정한 주제에 관한 도감을 내기로 계약했습니다. 이를테면 '딱정벌레'에 관한 생태 및 분류에 관한 도감을 내기로 계약을 하고 계약금을 지불했습니다. 그리고 계약서 내용 중 출판물의 배타적 이용에 관해서는 "갑은 본 계약기간 중 위 저작물의 제호 및 내용의 전부 또는 일부와 동일 또는 유사한 저작물과 또는 그 개정판이나 증보판을 스스로 출판하거나 제3자로 하여금 출판하도록 할 수 없다."라는 조항이 분명히 들어 있습니다. 그런데 갑은 최근 B라는 출판사와 똑같은 소재인 '딱정벌레'에 관한 출판계약을 했고, 이미 원고를 넘겨주었다고 합니다. 이럴 경우 A출판사에서는 앞으로 나올 책에 중대한 영향을 미친다고 생각을 하여 B출판사와 갑에게 작업 중단을 요청했지만 B출판사에서는 A출판사의 책과 내용이 다르고 판매에도 별 영향을 끼치지 않을 것이므로 문제가 없다는 식으로 응대하고 있습니다. 추측하건대, A출판사의 책은 좀 더 두껍고 내용이 많이 들어가는 형식이고, B출판사에 넘긴 원고는 좀 더 요약·정리되어 가볍고 읽기 쉬운 내용으로 만들어질 것 같습니다. A출판사의 입장에서는 어떻게 해야 꼬인 문제를 풀 수 있을까요?

∾

문의내용을 보건대, 참으로 안타까운 상황임에는 틀림없으나 법적으로는 당장 어떤 조치를 취할 수 없는 경우로 보입니다. 구체적으로 저자가 계약을 위반했다는 증거를 찾기가 어렵기 때문입니다. 우선 완전원고가 귀사에 입고된 상황이 아니므로 다른 출판사에 넘긴 원고와의 유사성을 당장 입증할 수 없고, 오히려 다른 출판사에서 책이 먼저 나올 상황이고 보면 나중에 거꾸로 귀사가 출판권 침해의 누명을 쓸 수도 있겠습니다.

현행 저작권법에 따르면 출판권설정계약을 했더라도 그 설정내용이 등록되지 않으면 제3자에게 대항할 수 없습니다. 즉, 저자가 이중계약을 하더라도 제

3자인 다른 출판사를 상대로 출판권 침해를 주장할 수 없다는 뜻입니다. 지금이라도 기존에 맺은 계약을 확인해서 출판권설정계약에 해당하는지, 해당한다면 등록되어 있는지(등록업무는 저작권위원회에서 하므로 그곳으로 문의하기 바랍니다) 살펴보고, 아직 등록되어 있지 않다면 절차에 맞게 등록하기 바랍니다. 이렇게 해서 출판권설정 사실이 등록되고 나면 나중에 귀사에서 나온 책을 토대로 저자에게는 계약위반을 사유로, 다른 출판사에는 설정출판권 침해를 사유로 손해배상 등을 청구할 수 있습니다. 그렇지 않은 경우에는 제3자에게는 대항할 수 없고, 다만 저자를 상대로 계약위반에 따른 손해의 배상을 요구할 수 있을 뿐입니다.

그렇지만 아직 원고도 모두 들어오지 않은 상황에서, 그리고 계약내용대로 이루어지고 있는 상황에서 저자의 부도덕한 행위 때문에 고충이 클 수밖에 없을 듯합니다. 저자와 함께 허심탄회하게 의견을 교환해 보기 바랍니다.

91. 띄어쓰기, 오·탈자 등의 교정과 저작권

다른 출판사의 출판물에 수록되어 있는 내용을 지문으로 사용하여 논술교재를 만들려고 합니다. 물론 지문 사용에 대한 저작권료를 지불하고 사용허락을 받은 상태입니다. 그런데 인용을 하려고 보니 그 출판사의 지문에 띄어쓰기라든지, 오·탈자, 조사 부적격 문제 등이 있어서 저희가 임의로 바로잡아서 이용해도 되는지요. 지문 전체를 본질적으로 변경하는 것은 절대 아니고, 조사나 띄어쓰기, 오·탈자 문제만 고쳐서 이용하는 것에도 저작권 침해문제가 생길 수 있는지 알고 싶습니다.

∽

저작자에게 주어진 고유한 권리 중에 저작인격권이 있고, 그 가운데 '동일성유지권'이란 게 있습니다. 즉 동일성유지권이란 "저작자가 그 저작물의 내용, 형식 및 제호의 동일성을 유지할 권리"를 가리키는 것으로 저작자가 자신이 작성한 저작물이 어떠한 형태로 이용되더라도 처음에 작성한 대로 유지되게 할 수 있는 권리를 말합니다.

한편, 저작자의 사전 동의가 없더라도 저작물의 변경이 가능한 경우가 있습니다. 이는 동일성유지권이 미치지 않는 경우로 크게 세 가지가 있는데, 저작권 보호가 개인의 이익뿐만 아니라 문화의 산물인 저작물을 이용한다는 차원에서 공익적인 측면 또한 강하다는 점을 보여줍니다. 다만, 예외 사유에 해당하더라도 본질적인 내용의 변경을 할 수는 없습니다.

먼저, 고등학교 및 이에 준하는 학교 이하의 학교의 교육목적상 필요한 교과용도서에 공표된 저작물을 이용할 경우에는 부득이하다고 인정되는 범위 안에서 표현을 변경할 수 있습니다. 두 번째로는 건축물의 증축 또는 개축에 따른 건축저작물의 변형은 동일성유지권 침해가 아닙니다. 세 번째로는, "저작물의 성질이나 그 이용의 목적 및 형태에 비추어 부득이하다고 인정되는 범위 안에서의 변경"이 있습니다.

  질문내용에서처럼 "분명한 오자나 탈자를 저작자의 허락 없이 바로잡는 것"은 바로 세 번째에 해당하는 것으로, 동일성유지권 침해가 아니라고 판단됩니다. 하지만 해당 지문이 시나 소설 같은 문학작품인 경우에는 문법이나 어문규정에 어긋나더라도 문학적 표현에 해당하는 경우가 있으므로 이런 점들을 헤아려서 판단해 보기 바랍니다.

92. 그림책 저작권 침해의 기준

1. 아동을 대상으로 독서논술교재를 만들어 웹사이트를 통해 판매하려고 합니다. 이때 아이들은 해당 그림책을 구입해서 읽어야만 독서논술교재를 사용할 수 있습니다. 그렇다면 교재내용에 다른 그림책의 이미지를 인용해도 저작권 침해가 되지 않는지요? 아이들이 논술교재를 사용하기 위해서는 해당 그림책을 구입해야 하므로 오히려 그림책 작가나 출판사 입장에서 보면 간접광고도 되고 그림책 판매에 더 도움이 되는 상황인데 말이지요.

2. 그림책을 이용해 '그림책을 이용한 어린이 독서논술지도'라는 주제로 동영상 강의를 찍어 판매하려고 합니다. 이때 동영상 강의 중에 그림책을 선정해서 읽어주려고 하는데요. 이것 또한 출판사나 작가 입장에서 보면 그림책 판매량이 더 늘어날 수 있는 계기가 될 수 있을 텐데, 이 경우도 저작권법에 위배되는지 알고 싶습니다.

3. 저작권법에서 규정하고 있는, 그림책의 저작권 침해를 판단하는 기준에 대해 알고 싶습니다.

∾

어떤 저작물의 이용을 허락할 권리는 당연히 해당 저작물의 저작권자에게 있습니다. 따라서 자기가 창작한 것이 아닌 다른 사람의 저작물을 이용하려면 해당 저작권자로부터 이용에 따른 허락을 얻는 것은 당연한 일입니다. 그리고 이용목적에 따라 허락을 얻는 과정에서 금전적으로 저작권사용료를 지불해야 하는 경우도 있겠지요. 하지만 이용목적이 공익을 우선으로 하는 경우에는 법에 따라 저작재산권이 제한될 수도 있습니다. 대표적인 것이 '공표된 저작물의 인용'이 되겠지요.

1. 질문내용처럼 "아이들을 대상으로 독서논술교재를 만들어 웹사이트를 통해 판매하려고 하는 경우"는 '공표된 저작물의 인용'에 해당하지 않습니다.

즉, 정규학교에서의 교육에 해당하지 않는 영리목적의 이용이기 때문에 여기에 필요한 모든 저작물에 대해서는 그것이 귀하가 직접 창작한 것이 아닌 한 저작권자의 허락을 받아야 합니다. "아이들이 논술교재를 사용하기 위해서는 해당 그림책을 구입해야 하므로 오히려 그림책 작가나 출판사 입장에서 보면 간접광고도 되고 그림책 판매에 더 도움이 되는 상황"이라는 것은 어디까지나 귀하의 생각이고, 저작권자가 판단했을 때 오히려 자신의 저작물 이미지에 도움이 안 된다고 판단된다면 이용 자체를 거부할 수 있는 일입니다.

2. "그림책을 이용하여 '그림책을 이용한 어린이 독서논술지도'라는 주제로 동영상 강의를 찍어 판매하며, 이때 동영상 강의 내에 그림책을 선정해서 읽어주려고 하는 경우" 역시 허락 없이 저작물을 인용할 수 있는 경우에 해당하지 않으므로 저작권자의 허락을 얻어야만 합니다. 타인의 저작물을 무단으로 이용하는 경우 그 목적이 비영리적이든 영리적이든 저작권 침해 그 자체에는 별 영향을 미치지 않습니다. 따라서 귀하의 행위로 인해 다른 저작물이 홍보된다는 전제는 저작권 무단이용을 위한 변명이 될 수 없습니다.

3. 창작성이 있는 모든 저작물에는 저작권이 존재합니다. 그것들은 글이나 그림, 사진, 각종 응용미술작품, 컴퓨터프로그램 등의 형태로 나타나게 되고, 그것을 이용하고자 하는 사람은 저작자가 사망한 지 50년이 지난 것이 아닌 한 저작권자의 허락을 얻어야만 합니다. 그리고 저작권을 침해했는지 침해하지 않았는지 판단하는 것은 실제 저작물과의 비교를 통해서 매우 쉽게 판단할 수 있습니다. 나아가 저작물의 일부를 감추거나 왜곡하여 이용하게 되면 저작재산권과 함께 저작인격권(동일성유지권, 성명표시권 등)까지 침해하게 되어 가중처벌이나 손해배상 이외의 위자료 지불이 불가피하므로 매우 주의해야 합니다.

93. 의뢰받은 일러스트에 대한 저작권 귀속문제

저는 프리랜서 일러스트레이터입니다. 이번에 어느 회사의 캘린더 일러스트 일을 맡아서 했습니다. 그 회사에서 외주는 처음으로 주는 거라 계약서가 따로 없다기에 계약서는 따로 쓰지 않고, 이메일로 발주서만 받고 일을 진행했습니다. (그림을 몇 컷 의뢰하고 컷당 가격은 얼마……라고 명시된 간단한 발주서입니다.) 이 경우 그림에 대한 저작권은 저에게 있는 것이 맞나요? 앞으로 그 그림들을 상업적인 용도로 다른 곳에 쓸 수 있는 권리가 저에게 있는지 궁금합니다. 그리고 그 회사에서 제 그림들을 달력 외 다른 곳에 사용할 수 있는지도 궁금합니다.

구체적인 계약사항이 없는 상황에서 그림이 발주되었다면 일단 저작권은 그린 사람에게 있는 것이 확실한데, 그것의 사용범위는 매우 애매합니다. 이 경우 의뢰회사가 단순히 캘린더에만 실을 목적으로 그림을 발주한 것인지, 아니면 회사 내의 여러 가지 용도에 두루 사용하려고 발주한 것인지 알 수 없기 때문이지요. 그렇다면 결국 그림을 그려주고 받은 대가를 가지고 판단해야 하는데, 금액이 통상적인 수준에 비추어 일회성 이용허락에 해당하는 금액인지, 아니면 저작재산권 양도에 해당할 정도로 큰 금액인지 판단해야 하는 번거로움이 생깁니다. 어쨌든 나중에 생길 문제를 미연에 방지하고자 한다면 지금이라도 이용목적 및 범위를 포함하는 계약서를 소급해서 작성하는 것이 좋겠습니다. 그것도 어렵다면 귀하의 견해를 담은 내용증명 우편을 상대방 회사에 발송해서 확인을 받아 두는 방법도 생각해 볼 수 있겠습니다.

94. 절판도서를 재발행하는 경우의 저작권 문제

유명 연예인 등이 세상을 떠나는 바람에 세간의 관심이 높아질 때마다 예전에 출간되었던 관련도서가 다시 출판되는 경우를 보게 됩니다. 한참 동안 절판상태에 있었던 책이 갑자기 다시 나오는 것을 보면서 의아한 생각을 하지 않을 수 없는데요. 이러한 행위가 법적으로 타당한 것인지, 출판권 존속기간에 대한 저작권법의 규정을 어떻게 이해해야 하는지 궁금합니다.

❧

출판사에서 출판권을 온전히 지키기 위해서는 권리뿐만 아니라 의무에 대해서도 책임 있는 태도를 보여야 합니다. 나아가 계약내용에 대한 해석에 있어서도 저작권법 등 관련법률이 규정한 바에 따라 합리적으로 이루어져야 합니다. 예컨대, 저작권법에서 "설정행위에 특약이 없는 한 맨 처음 출판한 날로부터 3년간 출판권이 존속한다."고 규정한 취지를 이해할 필요가 있다는 뜻이지요. 일반적으로 출판권의 존속기간에 대해서는 설정행위로 정하는 것이 원칙이지만, 만약 그렇게 하지 않았을 경우와 일방적인 출판권자의 욕심 때문에 출판권 존속기간이 무한대로 설정되었을 경우에는 이 규정에 따라 출판권 존속기간은 3년이 됩니다.

출판권의 존속기간은 저작물의 성질과 그것을 출판에 이용함으로써 기대되는 실질적인 효용성, 그리고 복제권자와 출판권자의 인간적인 신뢰 정도에 의해 결정되는 것이 합리적이므로 별도의 정함이 없다면 맨 처음 출판한 날로부터 3년간 출판권이 존속하는 것으로 본 것이며, 저작재산권 자체가 길어야 저작자 사후 50년인 점을 감안하더라도 무기한의 출판권이란 있을 수 없으므로 그런 경우에도 맨 처음 출판한 날로부터 3년간만 출판권이 존속하는 것으로 보고 그 이후에는 출판권이 소멸된다고 규정한 것이지요.

이러한 출판권의 존속기간은 출판권설정계약의 유효기간과 일치하므로 그 계약에서 유효기간이 끝났더라도 일정한 기간 내에 서로의 분명한 의사표시가 없는 한 자동적으로 유효기간이 갱신된다고 정했다면 출판권 존속기간 역시 갱신됩니다. 하지만 당사자 쌍방이 인지하지 못한 상태에서의 '계약기간 자동갱신조항'은 그 효력을 인정하기 어렵다는 것이 법조계의 중론이라는 점에서 여러 가지 문제점을 내포하고 있는 것으로 보입니다. 따라서 출판권자는 적당한 기간을 정해서 복제권자와 합의하여 출판권 존속기간을 정해야 하며, 무조건 욕심을 부리다가는 오히려 훨씬 단축된 출판권 존속기간으로 낭패를 볼 수도 있습니다. 여기서 "맨 처음 출판한 날"이라는 것은 출판권 설정 후에 저작물의 복제물인 출판물이 서점 등에 유통되어 구매 가능한 상태에 놓인 날을 말하므로 발행 및 배포가 완전하게 이루어진 날을 뜻하며, 일반적으로는 서적 등의 판권지에 적혀 있는 초판 1쇄의 발행일을 뜻합니다.

결국 절판된 도서를 다시 발행하려는 출판권자라면 기존 계약서를 아전인수 식으로 해석해서는 안 되겠지요. 일단 특정도서를 절판했다는 것은 그 책에 대한 자신의 출판권을 포기한 것이나 다름없기 때문에 재계약 절차를 통해 새로운 신뢰관계를 구축하는 것이 바람직합니다. 저자와 출판인은 언제까지나 함께 가야 할 동반자이기에 상생을 위한 양해와 배려가 필요하다는 점을 잊어서는 안 될 것입니다.

95. 계약해지된 저작물을 재출판하는 경우의 출판계약에 대한 해석

저작자로서 A출판사와 맺었던 출판권설정계약이 해지된 저작물에 대해 B출판사와 새로이 출판권설정계약을 맺고 편집디자인 작업이 진행되고 있었습니다. 이런 와중에 B출판사의 담당 편집자가 바뀌었고, 새 편집자가 계속 편집작업을 진행하던 도중에 아직 시중에서 판매되고 있던 A출판사의 재고도서의 존재를 뒤늦게 알게 되었습니다. 이에 저의 저작물이 A출판사의 출판물과 내용이 같다는 점에서 순수창작원고가 아니라는 이유를 들어 계약 파기를 통고하고 저작자인 저에게 손해배상을 청구하는 상황이 벌어졌습니다. 그래서 A출판사로부터 계약해지확인서를 받아 B출판사에 제시하면서, 문제의 저작물은 본인에게 저작권이 있는 것으로 제3자에게 피해를 입힐 아무런 이유가 없을 뿐 아니라, 제3자가 문제를 제기할 아무런 이유도 없음을 알리며 계약 파기와 손해배상청구의 부당함을 알렸습니다. 물론 문제의 저작물이 먼저 타 출판사에서 나왔었다는 것은 최소한 먼저 편집을 담당했던 편집자가 알고 있었고, 해당 편집자는 기획단계에서 제가 보여준 계약해지 상태의 저작물을 그대로 활용하는 방안을 제안했었습니다. 그런데 이제 와서 법적 해결 운운하는 것이 타당한 일일까요? 만일 법적인 책임을 물을 사안이라면, 저는 저작권 또는 출판권 관련 무엇을 침해한 것인지요?

෴

계약이란 당사자 쌍방이 신의 성실의 원칙에 입각하여 준수하기로 약정한 것이며, 이를 어기면 도의적 책임뿐만 아니라 법적 책임도 질 수밖에 없습니다. 일반적으로 출판계약에서는 출판권자(출판사)에게 해당 저작물에 관한 독점적 혹은 독점적이고도 배타적인 이용권을 허용하는 것으로, 이러한 성질을 반영해서 내용에 대한 책임은 저자가 지고 제작에 따른 책임은 출판사가 진다는 내용과 함께 저자는 제3자로 하여금 유사하거나 똑같은 저작물을 발행하게 해서는 안 된다는 내용이 포함되게 마련입니다.

　문의내용의 경우에 만일 계약서에 해당 저작물이 이미 시중에 나온 것임을 확인하는 내용이 없는 한, 그리고 비록 출판계약이 해지되었다 하더라도 그 재고분이 여전히 시중에 남아 있는 한 새 책의 시장수요를 잠식하는 등 출판권자의 피해가 우려되므로 귀하가 출판계약을 위반한 것으로 판단됩니다. 예컨대, 이미 출간된 적이 있는 저작물을 다른 출판사에서 다시 출판하는 경우에는 그에 따르는 여러 가지 특수성을 인지하지 않는 한 선뜻 출판하기는 어렵겠지요. 따라서 그런 내용을 충분히 고지해서 계약서에 그러한 내용이 담겨 있지 않다면, 나아가 유사하거나 동일한 저작물을 제3자로 하여금 출판하게 해서는 안 된다는 내용이 계약서에 명시되어 있다면 그에 따른 책임은 귀하에게 있는 것으로 판단됩니다.

96. 동영상 강의에 대한 저작자와 출판권자의 권리

가령 '갑'이라는 필자가 A라는 출판사와 계약을 맺고 수험도서를 출판했다고 했을 때, '을'이라는 사람이 갑 또는 A와의 협의 없이 B라는 온라인 강의업체에 그 책의 내용을 토대로 동영상 강의를 제작해서 판매하도록 계약했다면, 을 또는 B는 갑의 저작권 또는 A의 출판권을 침해한 것인지요? (B사는 동영상 강의만 팔고 고객들은 해당 교재를 개별적으로 서점에서 사는 방식이었으므로 B사 자체에서 책을 판매하지는 않았음.)

∿

동영상 강좌는 저작권법상 영상저작물에 해당합니다. 따라서 법에 의해 해당 동영상의 저작권은 '영상저작물의 특례' 규정에 따라 제작업체에 귀속됩니다. 다만, 이 동영상이 순수 창작물이 아니라 다른 원저작물을 바탕으로 제작되었다면 2차적저작물에 해당되어 원저작권자의 권리가 포함될 수밖에 없습니다. 질문내용에 따르면 기본적으로 을과 B사는 갑의 저작권을 침해한 것이 되며, 만일 갑으로부터 저작권 침해에 따른 민사상 손해배상 및 형사상 처벌을 원한다는 법적 절차가 진행된다면 그에 따른 책임을 지는 것이 불가피합니다. 출판권자인 A의 경우에는 직접적인 권리를 주장하기는 어렵고, 갑과의 출판계약 시 2차적저작물에 대한 권리를 공유하기로 했다거나 그 밖에 특별한 약속이 있었다면 그에 따를 수 있겠습니다. 결국 '을'은 '갑'의 저작재산권 중 2차적저작물작성권을 침해한 셈입니다.

97. 저작자가 출판사의 부정행위에 대응할 수 있는 방법

책을 내기 위해 준비하고 있는 저작자입니다. 일반적으로 출판을 하게 되면 초판에 대한 인세를 선금 형식으로 받는 것 같던데요. 재판의 경우에는 인세를 어떻게 받게 되는 건가요? 초판과 재판의 경우 발행부수가 정해져 있는지요? 저작자에게 인세를 적게 주려고 속이는 경우가 많다고 들었습니다. 만일 발행부수나 판매부수를 속인다면 저작자가 대처할 수 있는 방법은 무엇인가요? 출판사에는 해당 부수를 정확하게 파악해서 저작자에게 알려야 할 의무가 있는 건가요? 혹시 인지를 붙이게 되면 이런 위험은 없어질까요? 인지를 생략한다고 계약서에 있던데, 저에게 인지를 붙이겠다고 주장할 수 있는 권리가 있을까요?

∾

계약이란 어디까지나 당사자 쌍방이 서로를 신뢰한다는 전제 아래 이루어지는 것입니다. 그러한 신뢰관계가 깨진다면 계약 또한 의미가 없는 것이지요. 이러한 신뢰의 증거로써 계약서를 작성하는 것이고 만일 어느 일방이 계약내용을 위반한다면(상대방이 위반했다는 증거를 확보했다면) 그에 대한 책임을 지는 것은 물론 계약은 그 즉시 해지(또는 해제)되고 마는 것입니다. 초판 1쇄의 인세와 2쇄 또는 재판의 인세는 출판계약서 작성 당시에 정하기 나름입니다. 일정한 비율로 계속 지불될 수도 있고, 누진세 개념으로 판매부수(또는 발행부수)에 따라 늘어날 수도 있겠지요. 다만, 초판 1쇄 이후에는 선지불보다는 판매부수를 정산한 다음에 후지불하는 방식이 일반적인 것으로 알려져 있습니다.

만일 출판사에서 발행 또는 판매부수를 속인다면(그렇게 하는 곳은 극소수이겠습니다만) 저작자로서는 이를 밝혀내기가 쉽지 않을 것입니다. 애초에 부수 확인을 위한 방식을 쌍방이 합의해 두는 수밖에 없습니다. 물론 출판권자에게는 발행부수 및 판매부수를 정확하게 저작권자에게 통지해 줄 의무가 있습니다. 이를 지키는지 지키지 않는지 확인하기가 어려울 뿐이지요. 또, 저작권자가 원한다면 인지를 붙여야 할 의무도 있습니다만, 그렇게 한다고 해서 억지로 신뢰관계가 유지된다고 보기는 어렵겠습니다. 인지를 붙이는 과정이 매우 번거롭고, 처음 이를 고안한 일본에서조차 오래전에 사라진 전근대적인 방법이기 때문이지요. 아무쪼록 서로 믿고 위로하는 가운데 성공적인 출판이 이루어지기를 기대합니다.

98. 편저의 개념과 저작권

편저(編著)의 개념 및 저작권과의 관계에 대한 질문입니다. 먼저, 편저의 개념을 알고 싶어서 출판협회에 문의해 보니 자신의 저작물이 포함되지 않고 단순히 다른 사람의 저작물만을 모아서 출판한 경우도 편저에 해당한다는 답변을 들었습니다. 그런데 인터넷 사이트의 용어사전에서 찾아보니 편저를 다음과 같이 설명해 놓았습니다.

> • 편저 : 여러 사람들의 저작물과 함께 자신의 저작물도 모아 하나의 편집출판물로 엮어 발행하는 것. 편집(editing)과 마찬가지이나, 그 편집물 속에 편집자 자신의 저작물도 포함되어 있다는 것을 나타내기 위해 표지 등에 'ㅇㅇㅇ 편저'라는 식으로 편저라는 말을 사용하는 경우가 많다. 한편 이러한 편저를 한 사람을 편저자(編著者)라고 하는데, 이것도 해당 편집출판물 속에 자신의 저작물도 포함되어 있다는 것을 나타내고자 할 때 주로 사용하는 말이다. 영어에는 이러한 편저 또는 편저자에 해당하는 말이 없다. 다른 사람들의 저작물만을 엮는 단순한 편집이든, 또는 그 속에 엮은이 자신의 저작물을 포함시키는 편저이든 간에 그 구별이 없이 모두 에디팅(editing)이라고 한다. 또한 이러한 에디팅을 하는 사람 역시 편자니 편저자니 하는 구별 없이 모두 에디터(editor) 또는 컴파일러(compiler)라고 부른다. (NAVER 용어사전)

이에 따르면 우리나라에서 편저는 자신의 저작물이 포함되어야 하는 것으로 이해되는데요. 어떤 것이 정확한 것인지요? 그리고 편저를 출판할 경우 편저에 실린 다른 사람의 저작물에 대해서는 별도의 허락이나 계약을 체결해야 하는지도 궁금합니다.

❧

'편저(編著)'라는 용어에 대한 해석은 네이버 사전의 내용이 매우 정확합니다. 다만 해당 저작물의 내용 중에 자신의 것은 일부에 해당하는 것이며 대부분의 내용은 남의 것이라는 점에서 직접적인 '저(著)' 또는 '지음'이라고 할 수 없는 것이지요. 반면에 자기의 창작부분은 포함되지 않고 남의 저작물을 주제에 맞게 취사선택해서 창조적으로 배열한 것을 가리켜 우리 저작권법에서는 '편집저작물'이라고 하며, 이런 경우에 이를 편집한 사람은 '편저자'가 아닌 '편자(編者)' 또는 '아무개 엮음/엮은이 아무개' 등으로 표기해야 옳은 것으로 판단됩니다.

이렇게 편집저작물을 작성하는 경우에 각각의 부분에 해당하는 저작물의 저작권자에게는 저작권이 존재하는 한 일일이 이용허락을 얻어야 하며 그렇게 하지 않는다면 저작권 침해로 인한 책임을 별도로 질 수밖에 없습니다. 별도의 허락이나 계약을 체결하지 않고 이용했든, 아니면 적법하게 이용허락을 받아서 편집저작물을 완성했든 편집저작물 자체의 창작성(소재의 선택과 배열에 따른 창작성)이 인정된다면 편집물에 대한 저작권이 별도로 생깁니다. 곧 엮은이에게도 편집에 대한 저작권이 생긴다는 뜻이지요.

결국 남의 저작물을 이용해서 편집물을 만들고자 한다면 각각의 저작권자에게 이용허락을 받아야 한다는 사실만은 잊지 말기 바랍니다.

99. 각종 법령을 종합해서 편찬한 법률서적의 저작권

법률 관련 전문서적을 출판하기 위해 마무리 단계에 있습니다. 내용은 주로 헌법 조문과 관련 있는 다른 법령을 종합해서 편집한 것인데, 이런 경우 저작권 문제는 어떻게 될까요? 저에게 별도의 저작권이 생길 수 있는 걸까요?

∾

현행 저작권법에 따르면 저작물임에 분명하지만 저작권법으로 보호받지 못하는 저작물도 있습니다. 저작권법은 근본적으로 저작자인 개인이나 단체의 권리를 보호하기 위해 마련된 제도적인 장치이지만, 무조건적인 보호만을 위한 것은 아니기 때문이지요. 저작권법 제정의 취지에는 저작권을 보호함으로써 국가적인 차원에서 문화의 향상과 발전을 도모하기 위한 공공적인 성격도 강하게 담겨 있습니다. 따라서 저작물의 성질로 보아 국민에게 널리 알려 이용하게 함으로써 훨씬 더 유익한 효과를 가져올 수 있는 것은 보호의 대상에서 제외하기로 한 것인데, 그 중 대표적인 것이 바로 '헌법·법률·조약·명령·조례 및 규칙'입니다.

먼저, 각종 법령은 저작권법의 보호를 받지 못합니다. 여기서 말하는 법령이란, 헌법을 포함하여 형법, 민법, 상법 등의 각종 법률과 대통령 및 국무총리의 령, 각 행정부처의 령, 그리고 법률과 동등한 효력의 조약이나 협약은 물론 그 밖의 국제법규까지 망라하는 개념입니다. 이처럼 법령을 보호받지 못하는 저작물로 규정한 까닭은 그것이 모든 국민의 실생활과 관련하여 수시로 이용 가능한 상황에 놓여 있어야 하므로, 그것을 작성한 누군가의 허락에 의해서만 이용할 수 있다면 국가 운영에 있어 많은 문제점이 생길 소지가 있기 때문이라고 할 수 있습니다.

하지만 각종 법령을 체계적으로 배열했거나 법령에 대한 해설을 곁들인 저작물은 별도의 저작물로서 보호됩니다. 즉, 수많은 법령 중에서 관련법규만을 모아 창작성이 있게 배열했다면 편집저작물이 될 수 있고, 어떤 법령에 대해 알기 쉽도록 해설을 가해서 저작물을 작성하였다면 그것은 하나의 독립적인 저작물로서 보호된다는 점에 주의해야 합니다.

귀하가 편찬한 내용은 보호받는 편집저작물이 될 수 있으므로 좋은 결과가 있기를 기대합니다.

100. 편저를 출판하는 경우에 주의해야 할 사항

특정 학문 분야에 관심을 갖고 공부하고 있는 연구자입니다. 최근 이 분야의 전문서적을 찾아보니 내용으로 보아 A, B, C 등 세 가지 책이 비교적 잘 정리되어 있었습니다. 그러나 각각의 도서별로 보면 부족한 부분 또한 많아서 A, B, C의 내용 중에서 필요하고 중요하다고 생각되는 부분만을 골라 제가 다시 편집하여 D라는 책을 만들고자 합니다.

1. 저작권 침해에 해당되는지요?

2. 편집하여 인용하는 부분에 대해 모두 출처를 밝혀 놓더라도 문제가 되는지요?

3. 이런 경우 저작권 침해에 해당되지 않고 편저 형식으로 출판할 수 있는 방법은 무엇인가요?

～

저작물의 유형 중에는 순수한 창작에 의한 것도 있지만 번역이나 각색 또는 편곡 등에 의한 2차적저작물도 있고, 또 "소재의 선택 및 배열에 창작성 있는 것"으로서의 편집저작물이란 것도 있습니다. 다만, 2차적저작물이나 편집저작물은 그 원저작권자의 허락이 없는 한 저작권 침해에 대한 책임을 별도로 감수해야 하므로 주의가 요망됩니다.

1. A, B, C 등 세 가지 저작물이 그 자체로서 창의성이 인정되는 별도의 저작물임에 틀림없다면 원저작권자들로부터 편집저작물 작성에 관한 이용허락을 얻어야 하며, 출처 또한 정확히 명시해야 합니다. 만일 허락 없이 새로운 편집물을 만들게 되면 저작권 중 재산권의 침해뿐만 아니라 임의로 내용을 변경한 것에 따른 인격권 침해부분까지 책임을 감수해야 합니다. 곧 민사상 손해배상 및 위자료 부담과 함께 형사상 처벌의 대상이 되는 것이지요.

2. 출처의 명시만으로 저작권 침해로부터 자유로운 '인용'에 해당하는 경우는

그 이용목적이 "보도, 비평, 연구, 교육" 등 불가피한 경우에 해당하거나 이에 준해야 하며, 주종관계에 있어 자기의 창작부분이 주가 되고 인용되는 부분은 보충이나 예증에 불과한 종속적인 관계가 성립해야 합니다. 질문의 경우에는 이에 해당하지 않는 것으로 보입니다.

3. 결국 저작권 침해에 해당하지 않으면서도 편저를 출판하려면 우선 원저작권자들의 양해가 있어야 하고, 내용의 수정이나 첨삭에 따른 원저작권자에 의한 별도의 감수절차를 통해 이후 이의제기가 없어야 합니다. 이런 과정이 번거롭게 여겨진다면 애초에 전범으로 삼은 세 저작물에서 아이디어에 해당하는 부분만 차용하고 실제 내용은 완전히 다른 것으로 바꾸어 새로운 저작물이 되도록 하는 방법이 있습니다. 곧 목차나 논리전개방식 등에서 특징을 가져다가 내용은 완전히 새로운 것으로 바꾼다면 저작권 침해가 아닐 수도 있다는 뜻입니다.

101. 공유 저작물의 편집저작물 이용에 따른 주의사항

공유 저작물, 곧 저작권 시효가 만료된 저작물을 모은 외서를 번역해 출간하려는데요. 사정이 좀 복잡하니까 단순화해서 말씀을 드리자면, 여러 언어권에 속했고 저작권 시효가 만료된 옛 성현들의 글을 모아 영국 출판사에서 출간한 A책(영국 원서)이 있습니다. 이를 미국 출판사에서 B책(미국 원서)으로 냈습니다. 지금 저희가 가지고 있는 책은 B책입니다. 저희는 B책에서 대부분을 발췌해서 한국어로 번역해 내려고 합니다. A책, B책에 동일하게 실린 책의 내용 자체는 저작권이 없는 것입니다. 이런 때에 A출판사나 B출판사의 편집권에 대한 저작권 문의를 해서 판권을 따로따로 계약을 해야만 하는 것인지요? B책 뒷부분에는 그 책에 실린 텍스트를 모으는 데 참고한 다른 언어권 서적(a, b, c, d, e······)을 참고문헌으로 넣고 사용하게 해 주어 고맙다는 멘트도 있는 걸 보면 원래 언어권에 속한 글들을 실은 책의 원저작권에 대해서 해결한 후 출간한 모양입니다. 이럴 때에도 모아서 엮은 편집권의 창작성을 인정하게 되는지요. 저작권이 만료되고 편집권만 살아 있는 경우라 할 수 있을 텐데 어떻게 해결해야 하는지 잘 모르겠어서 여쭙니다. 만약 저작권 관련해서 반드시 해당 출판사와 계약을 맺어야 한다면 A, B 가운데 어느 출판사에 연락을 취해 보는 게 타당하고 효율적일는지요?

❧

편집저작물이란 한마디로 "편집물로서 그 소재의 선택·배열 또는 구성에 창작성이 있는 것"을 말합니다. 여기서 편집물이란 "저작물이나 부호·문자·음·영상 그 밖의 형태의 자료의 집합물을 말하며, 데이터베이스를 포함"하는 개념입니다. 편집물이 저작권 보호대상 여부와 관계가 없다면 편집저작물은 저작권법에 따라 독자적인 저작물로 보호됩니다. 여러 개의 저작물 또는 여러 가지의 자료를 특정한 의도에 따라 정리하고 배열하여 만들어 낸 저작물로 영화나 방송 프로그램의 편성도 이에 해당하며, 출판물에서는 신문·잡지 등의 정기간행물을 비롯해 학술·문예 작품집이나 사전·연감·시가집·법령집 등이 이에 해당합니다. 예컨대, 문학전집(文學全集) 또는 선집(選集)·백과사전(百科事典)·신문·잡지 등은 저작물의 편집물이며, 국어사전 또는 영어사전이나 전화번호부 등은 단순한 사실이나 자료의 편집물이 되는 것이지요.

그런데 편집저작물의 보호는 그 편집방법에 있어서 아이디어를 보호하는 것이 아니라 편집물에 구현된 편집방법을 보호하는 것입니다. 따라서 누군가가 한국문학선집의 편집방법을 모방해서 일본문학선집을 작성했더라도 그것은 내용 자체가 전혀 다른 것이므로 편집저작권의 침해가 성립되지 않습니다.

결국 편집저작물의 저작자가 권리를 주장할 수 있는 것은 제3자가 그것과 유사한 편집저작물을 무단으로 작성해서 이용했을 경우에 한정되며, 편집저작물 중의 일부 저작물만을 누군가가 무단으로 이용했다면 그 저작물의 원저작자의 권리만이 작용할 수 있다는 점에 주의해야 합니다.

질문에 의하면 A와 B 모두 편집저작물로서 저작권이 인정되는 것으로 판단되며, 귀사에서 B를 가지고 번역한다면 엄격한 의미에서 3차 저작물이 되므로 A와 B 양측으로부터 모두 이용허락을 얻어야 합니다. A가 원저작물이며 그것에 바탕한 2차 저작물이 B이기 때문이지요. 번거롭게 하지 않으려면 A의 이용허락만 얻어서 그것을 텍스트로 삼는 것이 좋겠습니다.

102. 편집저작물, 단행본과 정기간행물 연재 그리고 저작권

1. 80퍼센트가 화보로 구성된 외국 도서에서 저작권자 표시란에 'photo credit'라고 하여 사진 찍은 사람들의 이름을 일일이 기록해 놓았습니다. 'credit'의 의미는 ⓒ 표시를 한 것과 어떻게 다른 것인지요?

2. 현재 저자가 출판을 위해 글을 쓰고 있는데, 저자는 거의 흡사한 내용을 신문 등에 연재하고 싶어 합니다. 단행본으로 출판하려는 저희로서는 그것이 단행본 판매에 도움이 될지 해가 될지 알 수 없는데요. 이와 같은 상황에서 저자가 동일하거나 유사한 내용을 다른 매체를 통해 출판하려고 할 때 일반 출판사가 저자에게 왈가왈부할 권한이 있는 것인지 알고 싶습니다. 현재 저희는 계약서 문안을 마련 중이므로 어떤 조항을 넣으면 좋을까요?

~

1. 사진작품들로 구성된 화보집이라면 저작권법상 '편집저작물'에 해당합니다. 즉, 구성부분이 되는 사진작품들은 개별적으로 그것을 찍은 사람들에게 저작권이 주어지는 것이고, 그것을 취사선택해서 창작적으로 배열한 사람 또는 단체(엮은이)는 편집저작물의 저작권자가 되는 것이지요. 아마도 그런 의미에서 개별 사진의 저작자들을 'photo credit'로 표시한 것으로 보입니다.

2. 보통 단행본을 펴낼 목적으로 창작을 하는 경우도 있지만, 이미 정기간행물(신문이나 잡지, 특정 사이트 등)에 연재한 내용을 모아 단행본으로 펴내는 경우도 있습니다. 아직 출판을 위한 정식계약을 하지 않았다면 현재 이루어지고 있는 저작물 이용상황에 대해 출판사에서는 이러쿵저러쿵할 수 있는 입장은 아니지요. 다만, 앞으로 출판계약을 한다면 계약서 내용 중에 어떤 내용을 넣을지 저자와 협의해서 결정할 수 있을 것입니다. 대개 출판계약서

에는 독점출판권을 확보하기 위하여 "제3자로 하여금 본 저작물과 같거나 유사한 내용을 출판하게 해서는 안 된다."는 내용을 넣게 마련인데, 이때 '제3자에 의한 출판'에 질문의 경우와 같이 다른 매체에 연재하는 것도 포함되는지 여부는 전적으로 귀사에서 판단할 문제입니다. 잘 생각해 보기 바랍니다.

103. 외국 교재의 발췌본 사용에 따른 저작권 문제

일반서점에서 팔고 있는, 외국에서 발행한 영어교재를 여러 권 구입한 다음 여기저기서 발췌하여 한 권의 책으로 제본하여 사용한다면 저작권 침해에 해당하는지요? 그런 행위가 저작권 침해라면 그 책을 교재로 삼아 가르치는 선생님에게도 잘못이 있는지요?

❧

아마도 다른 사람이 창작해 놓은 저작물들을 모아 놓고 조금씩 발췌하여 이용해도 아무런 문제가 되지 않는다면 이 세상에서 책을 내지 못할 사람은 없을 겁니다. 하지만 현행 저작권법에서는 저작권자에게 저작재산권 중의 하나로 '복제권'과 함께 '2차적저작물작성권'을 부여하고, 복제방식에 의한 '편집저작물'의 작성뿐만 아니라 번역이나 각색 등의 방식으로 2차적저작물을 만들고자 하는 사람은 원저작물의 저작권자에게서 이용허락을 얻도록 규정하고 있습니다.

따라서 시중에 유통되고 있는 외국어 교재들을 가지고 짜깁기 형태의 책자를 만들거나 이것을 가지고 사설학원에서 영리목적의 강의를 하는 행위는 모두 저작권법 위반입니다. 2007년도 전부개정 저작권법에서는 이러한 영리목적의 상습적인 저작권 침해행위를 비친고죄로 규정하고 있기 때문에 누구든지 불법행위를 발견하면 고발할 수 있습니다. 관습처럼 이런 행위를 해 온 사람들이 있다면 이참에 정당한 절차를 거쳐서 이용허락을 얻은 후 이용해야 한다는 점을 잊어서는 안 되겠습니다.

104. 판면권의 개념과 의미

일선 편집자입니다. 개인적으로 도서의 판면 디자인에 관심을 많이 갖고 있습니다. 그런데 아무리 창의적인 디자인을 구현한다 해도 그것을 그대로 베끼는 경쟁사들 때문에 낭패를 본 적이 한두 번이 아닙니다. 이런 것을 방지할 수 있는 방안은 없는 걸까요? 외국에는 '판면권'이라는 게 있다고 하는데, 그 의미에 대해서 좀 더 구체적으로 알고 싶습니다.

෴

사실 내용은 차치하더라도 요즘 서점에 가보면 표지만 봐서는 전혀 차별화되지 않는 비슷한 외형의 책들을 많이 보게 됩니다. 이른바 판면에 대한 모방으로 일관하는 편집자들의 자세 때문에 생긴 결과일 터인데, 출판권을 스스로 내다버리는 듯한, 그리하여 서로 출판권을 침해하는 악순환이 '관행'이라는 미명하에 지속되는 동안 독자들은 서서히 다른 미디어가 내미는 유혹의 손짓을 따라 떠나고 있는지도 모를 일입니다. 이렇다 보니 저 역시 누누이 강조해 온 것처럼 저작권법상 '판면권(publisher's edition right)' 신설 문제를 생각하지 않을 수 없게 된 것이 아닌가 싶습니다. 저작물의 저작자가 출판물에 대해 갖는 저작권과는 별도로 출판물의 '판(edition)'에 대해 출판자 또는 편집자에게 독립된 권리를 인정해야 한다는 것이지요. 실제에 있어서 출판물의 판면은 출판사 측의 창의와 비용에 의하여 구성되는 것임에도 불구하고 복제기술의 발달과 급속한 보급에 따라 출판사가 입는 손해의 폭이 점차 커지고 있습니다. 출판사에서는 원고의 정리, 활자·그림·사진 등의 선택과 배열, 판면의 크기와 레이아웃 등을 포함한 판면의 구성에 창의력과 인력 및 비용의 투입 등 많은 노력을 기울입니다. 이처럼 출판물에 있어서 판면의 구성은 편집자의 창의와 노력의 성과임에 분명하므로 이것을 별도의 권리로 인정하여 보호할 필요가 있는 것이지요.

하지만 '판면권' 신설에 있어 보다 본질적인 문제는 이 같은 판면구성에 대한 편집행위의 창의성을 어떻게 증명하느냐에 달려 있습니다. 저작권법에서 규정하고 있는 "인간의 사상 또는 감정을 표현한 창작물"이라는 저작물로서의 요건을 충족시킬 만한 판면이 얼마나 존재하느냐 하는 것과 함께 모방의 한계를 어디까지 둘 것인가 하는 현실적인 문제에 부딪치게 되면 '판면권'의 획득 요건은 매우 미묘해질 수 있기 때문이지요. 게다가 독자의 눈에 처음 띄는 책의 얼굴이나 다름없는 표지의 디자인, 그리고 원고내용의 적절한 전달에 알맞은 본문편집에 있어 독창성보다는 유행이나 경쟁제품에 대한 모방으로만 일관하는 것이 현실이라면 판면권에 관한 논의는 앞으로도 공허한 울림에 불과할지도 모르겠습니다.

보통 출판행위는 저작자, 편집자를 포함한 출판자, 그리고 독자가 있음으로써 가능한 것이며, 이 중에서 편집자는 저작자와 독자 사이에서 그들을 연결시켜 주는 지적(知的) 전파과정을 담당합니다. 따라서 저작자가 일차적인 창조자라면 출판자는 주로 편집자를 통해 그것을 개성 있는 출판물의 형태로 꾸며서 펴내는 또 다른 창조자입니다. 그러므로 출판자는 좋은 내용의 책을 창의적으로 기획하고 개발하여 정성을 다해 펴내야만 제 구실을 다하는 것이지요. 바로 이러한 출판의 본질을 이해하고 진정 좋은 책 만들기와 독자 중심의 편집관을 갖춘 유능한 편집인들이 철저한 자기검증을 통해 훌륭한 출판인의 후원 아래 창의성을 발휘할 때 저작권법으로 보호되는 판면권은 문화 창달의 또 다른 기폭제로서 제 기능을 수행할 수 있지 않을까 생각합니다.

105. 도서 판면의 유사성에 따른 저작권 문제

우리 출판사에서 진행하고 있는 책의 형태가 다른 출판사에서 나온 책과 매우 비슷합니다. 물론 내용은 다르지만 표지에서부터 본문 구성의 형태가 매우 유사합니다. 이런 경우에도 저작권 침해문제가 생길 수 있을까요?

❦

책의 판면형태에 대해서는 일부 국가에서 '판면권'이라고 하여 저작권이 아닌 '저작인접권'으로 보호하는 경향이 있으나, 우리나라에서는 글자꼴(서체)과 함께 판면 또한 보호받지 못하는 것으로 규정하고 있습니다. 따라서 내용만 다르다면 판면 레이아웃이 비슷한 것은 문제가 되지 않습니다. 다만, 도의적으로 보아 그것이 누군가의 독창적인 아이디어에 의해 이루어진 것이라면 무작정 모방하는 것은 비윤리적인 것이 아닐까 싶습니다. 더구나 해당 도서의 표지 및 본문의 디자인을 담당한 디자이너가 독특한 판면 디자인에 대하여 특허(디자인권 등 포함)를 출원했다면 저작권법이 아닌 다른 법률에 의해 제재를 받을 수도 있으므로 철저히 확인해 보기 바랍니다.

106. 제목과 서체의 저작권

도서의 제목을 컴퓨터 서체에서 골라 디자인하여 출판했습니다. 그런데 우연의 일치로 다른 출판사에서 동일한 제목에 동일한 서체의 책을 먼저 만들어 출판하고 있다는 사실을 알게 되었습니다. 내용이 다른 건 물론이고 발행일도 다른데, 이런 경우에도 저작권 침해에 해당하는지요?

∽

제호란 저작물의 제목을 일컫는 말입니다. 이러한 제호는 저작물의 내용을 집약하여 짧은 문구로 표현한 것이므로, 이를 무단으로 변경한다면 저작자에게는 사실상의 인격권 침해가 될 수 있습니다. 나아가 주제나 내용과는 상관없이 저작물의 상업적 이용만을 위해 제호를 무단으로 바꾸게 될 경우에는 더욱 심각한 문제가 생길 수도 있지요.

그런데 원래 제호 자체는 저작권법에서 보호하는 저작물이 아니므로 저작물을 작성하는 사람이 다른 저작자의 제호를 무단으로 사용하더라도 저작권 침해가 성립되지 않습니다. 제호를 독립적인 저작물로 인정하지 않는 이유는 저작권법 제정의 취지에서 찾아볼 수 있는데요. 저작권을 보호하는 궁극적인 목적은 문화의 향상발전인데, 만약에 모든 제호를 저작물로 인정할 경우에 엄청난 혼란이 일어남으로써 문화의 향상발전보다는 일부에 의한 독점현상 때문에 폐해가 생길 수 있으니까요.

한편, 법원 판례에 따르면 "서예가가 연구화고 체계화한 글씨체로 작품화한 서체는 서예가의 사상 또는 감정을 창작적으로 표현한 지적·문화적 정신활동의 소산으로서 하나의 독립적인 예술적 특성과 가치를 가지는 창작물"입니다. 하지만 컴퓨터 글꼴로서의 서체에는 저작권이 인정되지 않습니다.

결국, 질문내용대로 제호나 서체만 동일할 뿐 실제 본문의 내용이 다르다면, 저작권 침해문제는 걱정하지 않아도 되겠습니다. 하지만, 책도 하나의 상품이므로 제호가 서체와 더불어 만일 '상표등록'이 되어 있다면 이는 저작권과 관계없이 또 다른 지적재산권 분쟁의 소지가 있으므로 특허청을 통해 확인해 보기 바랍니다.

원래 제호 자체는 저작권법에서 보호하는 저작물이 아니므로 저작물을 작성하는 사람이 다른 저작자의 제호를 무단으로 사용하더라도 저작권 침해가 성립되지 않습니다.

107. 감수자와의 계약 시 주의할 사항

전문서적의 감수계약에 대해 문의 드립니다. 일반적으로 감수자에게는 저작권을 인정하지 않는 것으로 알고 있습니다. 저작권법에도 따로 규정이 마련되어 있지 않고, 관행상 계약서를 작성하지 않고 진행하는 경우가 많은 것 같습니다. 하지만 저작권위원회 자료에 따르면 때에 따라 "감수자 자신이 그 내용을 검토하고 상당 부분을 보정·가필을 한 경우에는 저작에 상당하는 행위를 한 것이라 볼 수 있을 것이다. 따라서 이 경우는 저작자와 함께 그 저작물의 공동저작자가 된다 할 것이다."라고 나와 있습니다.

현재 감수를 부탁하려는 책의 경우 출간 스케줄을 정확히 지켜야 하고, 드릴 금액도 적지 않아 확실히 계약서를 작성하고 싶은데, 이곳저곳 찾아봐도 적당한 계약서 양식을 구할 수가 없습니다. 혹시 관련자료가 있는지요?

❧

감수자와의 계약을 예상하고 계약서 모델을 만들어 놓은 곳은 없는 것으로 알고 있습니다. 계약서란 어디까지나 당사자 사이에 주고받는 약정사항을 담은 문서이므로 형식에 관계없이 당사자끼리의 합의사항이 정확하게 기재되어 있으면 됩니다. 따라서 출판사와 감수자 사이에 합의를 봐야 할 사항을 중심으로 자유롭게 계약서를 작성하면 되겠습니다. 예컨대, 감수자가 해야 할 일, 결과물의 양도기간, 감수에 따른 대가의 금액 및 지불방법, 이후의 저작권 귀속 문제 등을 정확히 기재해서 날인하게 되면 그 자체로 효력을 인정받을 수 있습니다.

108. 원서 제목과 번역서 제목이 다른 경우의 저작권 문제

외국 도서의 번역서를 내려고 합니다. 모든 계약이 완료된 상태이며 번역서 인쇄를 앞두고 있습니다. 그런데 번역서의 제목이 문제입니다. 번역서에 원서의 제목과 다른 제목을 달고자 하는데 괜찮을까요? 원서 제목과는 완전히 다른 새 제목을 달고자 합니다. 물론 새 제목은 책의 취지를 잘 반영한 것으로 국내 출판시장에서의 마케팅을 감안한 것입니다. 참고로 계약서상에는 제목 변경에 관한 조항이 없습니다. 다만, 계약서 중 번역 관련조항에 이런 내용이 있습니다.

> "출판사는 자기 비용으로 본 작품을 원문에 충실하고 정확하게 번역하는 것으로 한다. 단 본문의 규정에 관계없이 출판사가 허락 지역의 문화와 언어 독자층, 시장의 차이를 이유로, 또는 명예훼손이나 표현규제의 우려로 본 작품의 특정부분을 변경이나 삭제할 수밖에 없는 경우, 출판사는 그 취지를 권리자에게 알리고 사전에 한국어 번역판에 필요한 변경이나 삭제를 행하기 위한 서면승낙을 받지 않으면 안 된다."

이런 경우 국내 출판사가 임의로 제목을 변경할 수 있는 것인지 알고 싶습니다. 판권을 중개한 국내 에이전시는 이런 경우 외국 출판사와 외국 저자에게 연락해서 동의를 받아야 한다고 하네요. 계약서 조항에는 그 같은 내용이 없어도 그렇게 하는 것이 상식이고 관례라고 하는데, 정말 그런가요? 번역서 출간의 경우 반드시 원서 제목을 직역하거나 그와 비슷한 제목을 달아야 하는 건가요?

∾

제호(題號)란 저작물의 제목을 일컫는 말이지요. 이러한 제호는 저작물의 내용을 집약하여 짧은 문구로 표현한 것이므로, 이를 무단으로 변경한다면 저작자에게는 사실상의 인격권 침해가 될 수 있습니다. 나아가 주제나 내용과는 상관없이 저작물의 상업적 이용만을 위해 제호를 무단으로 바꾸게 될 경우에는 더욱 심각한 문제가 생길 수도 있습니다. 현행 저작권법에서는 '동일성유지권'에 대해 "저작자는 그의 저작물의 내용·형식 및 제호의 동일성을 유지할 권리를 가진다."고 규정하고 있기 때문이지요. 곧 제호는 저작인격권으로서의 동일성유지권 보호대상임에 분명합니다.

그런데 원래 제호 자체는 저작권법에서 보호하는 저작물이 아니므로 저작물을 작성하는 사람이 다른 저작자의 제호를 무단으로 사용하더라도 저작권 침해가 성립되지 않습니다. 제호를 독립적인 저작물로 인정하지 않는 이유는 저작권법 제정의 취지에서 찾아볼 수 있는데요. 즉, 저작권을 보호하는 궁극적인 목적은 문화의 향상발전인데, 만약에 모든 제호를 저작물로 인정할 경우—예컨대, 어떤 사람이 '사랑'이란 제목으로 글을 썼다면 이후에는 그 누구도 '사랑'이란 제목으로는 저작행위를 할 수 없을 것이기 때문에—엄청난 혼란이 일어남으로써 문화의 향상발전보다는 일부에 의한 독점현상으로 폐해가 생길 수 있겠지요. 따라서 우리나라의 경우 저작물의 제호에 한해서는 저작물성을 인정하지 않고 있는 겁니다. 다만, 제호 자체가 저작권법에서 보호하는 저작물이 될 수 없다고 하여 보호할 수 있는 방법이 없는 것은 아닙니다. 저작물을 복제한 출판물을 예로 든다면 출판물도 하나의 상품이기 때문에 매우 독창적인 제호라면 산업재산권에서의 상표로서, 또는 부정경쟁방지법에 의한 상표로서 보호받을 수 있습니다.

위의 질문에 대해 다시 살펴보면, 결국 내용뿐만 아니라 제목도 엄연히 저작인격권상의 동일성유지권 보호대상이라는 점에서 기왕의 계약내용에도 적시되어 있는 것처럼, 원 제목을 다른 것으로 바꾸어 이용하려면 당연히 원저작자의 동의를 얻어야 할 것으로 판단됩니다. 만일 우리 현실에 맞게 고쳐야 한다는 취지에만 집착하여 임의로 새 제목을 정해서 이용하는 경우 원저작자가 저작인격권 침해 및 번역출판계약 위반을 주장하는 경우 속수무책으로 당할 수밖에 없기 때문이지요. 국내 시장 특성상 불가피하다면 먼저 제목을 바꿀 수밖에 없는 이유를 잘 설명해서 원저작자의 동의를 얻어 내기 바랍니다.

한편, 최근에는 현대사회에서 저작물의 제호가 갖는 대중적 광고력과 고객 흡인력도 대단하다고 할 것이므로 일률적으로 모든 저작물의 제호에 대해 저작물성을 인정하지 않는 것은 부당하며, 제호 중에도 사상이나 감정을 창작적으로 충분히 표현한 것이라면 저작물로 인정할 수 있다는 견해도 등장하고 있습니다. 예컨대, 단문으로 구성된 시(詩)도 어문저작물로 인정되므로 현대사회에서 제호가 갖는 사회적·경제적 중요성을 고려해서 제호 자체만을 놓고 보더라도 사상이나 감정을 창작적으로 충분히 잘 표현한 것이라면 저작물성을 인정할 수 있다는 견해도 일면 타당성이 있다는 것이지요. 반면, 타인이 창작하여 널리 알려진 저작물의 제호를 무단사용하여 소비자에게 혼동을 일으켜 무임승차하려는 의도가 분명한 악의의 행위자에 대해서는 부정경쟁방지법에 따라 엄중하게 책임을 물어야 할 것입니다.

109. 소설 제목과 드라마 제목이 같은 경우

저는 특정제목의 대하역사소설을 출간한 적이 있는 저자입니다. 물론 현재도 계속 작품활동을 하고 있습니다. 그런데 보도에 의하면, 모 방송사에서 제 소설의 제목과 같은 제목으로 드라마를 내놓는다고 합니다. 내용은 다르지만 같은 제목을 사용하는 건 저작권법에 저촉되지 않는지 궁금합니다.

∿

결론부터 말씀드리자면, 저작물의 제호(제목)에는 저작권이 주어지지 않습니다. 원래 저작권을 보호하는 취지에 비추어보더라도 무분별하게 제호를 보호하다 보면 내용의 보호에 앞서 저작행위가 크게 위축될 수밖에 없을 것입니다. 그렇지 않아도 출판계 실무자를 비롯해서 문화산업 실무자들에게 그럴싸한 제목 생각하는 일이 가장 큰 업무 중 하나가 되어 버린 마당에 보호되지 않는 제목까지 생각해 내려면 아마 본말이 전도될 것은 뻔한 일이지요. 다만, 제목과 관련해서 주의할 점은 그 자체가 저작권의 보호대상은 아닐지라도 저작인격권상의 동일성유지권을 침해해도 좋다는 뜻은 절대로 아니라는 사실입니다. 즉, 잡지나 신문 등에 종사하는 실무자들이 아무 생각 없이 외부필자가 보내온 원고를 함부로 손대거나 마음대로 제목을 갈아치우는 행위는 동일성유지권을 침해한 행위가 된다는 사실을 잊어서는 안 될 것입니다.

110. 저자의 동의 없이 체결된 출판권양도계약의 효력

본사에서는 모 출판사와 출판권양도계약을 맺고 책을 냈습니다. 전집으로 총 60권짜리 만화책을 6,000질 인쇄했습니다. 그런데 출판권자인 모 출판사가 저자들의 서면동의를 받지 않고 저희와 출판양도계약을 맺었다는 것을 뒤늦게 알았습니다. 서면동의서를 확인하지 않은 저희의 잘못도 있겠지요. 그리하여 책의 판권에는 관습적으로 저작권자가 저희 출판사로 되어 있습니다. 물론 저자 소개는 매우 상세하게 했습니다. 인세도 지불했고요. 저자들은 저희 출판사와 직접 계약을 맺자고 했으나, 인세 또는 원고료 요구 액수가 지나치게 높아 저희는 계약을 포기해야만 했습니다. (3만질 인세를 미리 달라더군요.) 그러자 저자들이 뒤늦게 저작권 위반이라고 해서 모 출판사를 고소했습니다. 저희는 모 출판사와 새로이 출판권양도계약 대신 제작판매위탁계약을 맺으려고 합니다. 이럴 경우, 이 위탁계약이 성사가 되는지 궁금합니다.

∾

결론부터 말씀드리면 '출판권'은 저작권자의 동의가 없는 한 양도할 수 없습니다. 질문내용에 따르면 귀사와 모 출판사의 양도계약은 원천무효행위에 해당하는 셈이지요. 결국 저작권자들이 양사를 상대로 저작권 침해에 따른 민사상 손해배상 및 형사상 처벌을 요구할 수 있다는 뜻이 됩니다. 이미 출판이 되었다면 그에 따른 법적 책임을 면하기는 어려울 것으로 판단되며, 제작판매위탁계약이란 것도 어디까지나 출판사끼리의 문제일 뿐 저작권자의 권리와는 상관없는 조치에 불과합니다. 저작권자들과 원만하게 합의에 이를 수 있도록 노력해 보기를 바랍니다.

111. 외국 저작물의 보호기준

외국 작가 A의 작품을 한국어로 번역하기 위해 저작권자와 연락을 주고받던 중, A의 다른 작품이 국내에서 해적판으로 출간되었음을 발견했습니다. 저작권자는 해적판을 낸 국내 출판사에 대한 정보를 달라고 부탁하더군요. 앞으로 어떤 일이 일어날 수 있을까요?

～

우선 저작권법상 무단복제에 해당하는지, 아니면 회복저작물로서 과거에는 보호받지 못하던 저작물이었으나 이후 새롭게 보호받기 시작한 저작물인지 판단하는 게 필요합니다. 해적판이라고 표현한 번역물의 국내 출간시점이 만일 1995년 이전, 즉 1994년까지의 시점에 해당하고, 원저작물의 발행일이 1987년 10월 1일 이전이라면 그것은 무단복제(해적판)라고 볼 수 없습니다. 다만, 2000년 1월 1일을 기해 원저작권자에게 보상청구권이 부여되므로 원저작권자가 통상의 저작권사용료에 해당하는 보상을 번역물 출판사에 요구해서 저작권료를 받을 수 있을 뿐입니다. 만일 번역본의 국내 출간 시점이 1995년 이후이거나 원저작물 발행시점이 1987년 10월 이후라면 무단복제물임이 분명하므로 저작권법에 따라 민사상, 형사상 법적 절차를 밟을 수 있겠습니다.

현행 저작권법에 따르면 외국인의 저작물은 "대한민국이 가입 또는 체결한 조약에 따라 보호된다."는 기본원칙을 바탕으로 국제적인 관례에 따른 내국민 대우의 원칙, 국가간의 상호주의 원칙 등에 따라 보호됩니다.

먼저, 우리나라가 가입 또는 체결한 조약에 따라 외국인의 저작물을 보호하는데, 여기서 '가입'이란 저작권 보호와 관련하여 여러 나라가 참여한 국제협약에 우리나라가 회원국으로 참여하는 것을 말하며, '체결'이란 주로 우리나라와 다른 나라 사이에서 맺어지는 조약이 성립된 것을 말합니다. 현재 우리나라가 가입한 국제협약으로는 1987년 10월 1일부터 효력이 발생한 유네스코 주관의 세계저작권협약(UCC; Universal Copyright Convention)과 1996년 1월 1일부터 효력이 발생한 세계무역기구(WTO) 협정, 그리고 1996년 8월 21일에 가입한 베른협약(Berne Convention) 등이 있습니다. 그리고 1996년 6월 30일 까지는 그렇게 성립된 조약의 발효일 이전에 발행된 외국인의 저작물은 보호 하지 않는다는 단서에 따라 우리나라가 UCC에 가입하여 국내에서 그 효력이 발생하기 시작한 1987년 10월 1일 이전에 발행된 외국인의 저작물은 사실상 보호받을 수 없었지요. 이 조항은 UCC 제7조에서 규정하고 있는 불소급효(不溯及效)에 의한 것으로 보이는데, WTO 체제의 출범에 따라 국제적인 상황은 이를 부정하는 쪽으로 가닥이 잡히게 되었습니다.

베른협약에서는 UCC와는 달리 회원국의 외국인 저작물에 대한 소급효(溯及效)를 강조하고 있는데, 새로이 출범한 WTO의 지적재산권협정(TRIPs)에서 회원국들은 모든 지적재산권에 대해 베른협약의 수준으로 보호할 것을 명시 하고 있으며, 우리나라도 이미 회원국이 되었기 때문이지요. 실제로 1995년 11월에 통과된 개정 저작권법에서부터 소급보호가 가능하도록 정비되었으며, 이 법이 적용된 1996년 7월 1일부터는 1987년 10월 1일 이전에 공표된 것으로서 그동안 보호하지 않았던 외국인의 저작물에 대해 1957년 1월 1일을 기점으로 소급보호가 이루어지게 되었습니다. 이렇게 해서 새로 저작권 보호의 대상이 된 저작물을 '회복저작물'이라고 부르는 것입니다.

112. 원저작물과 2차적저작물의 관계

이미 저작자 사후 50년이 흘러 저작재산권이 만료된, 독일어로 쓰인 A라는 1차 창작물의 번역서를 내고자 합니다. 그런데 독일어에 대한 이해가 부족하다 보니 출간된 지 몇 년 되지 않은 B라는 영어 번역서를 저본으로 삼고자 합니다. 말하자면 중역을 하겠다는 것이지요. 이때, 원저작물 A의 저작재산권이 만료되었으므로 B라는 영어 번역서를 저본으로 삼아 번역하고 이를 한국어판으로 출간하는 것은 문제가 되지 않는 걸까요?

෴

저작재산권 중에 '2차적저작물작성권'이란 게 있어서 번역·각색·편곡 등 원저작물을 가지고 2차적저작물을 작성하고자 하는 경우 원저작권자의 허락이 필요합니다. 그런데 이렇게 해서 2차적저작물을 작성한 사람에게는 원저작권자의 권리와는 별도로 2차적저작물 자체에 대한 저작권이 발생합니다.

질문내용처럼 "이미 저작자 사후 50년이 흘러 저작재산권이 만료된, 독일어로 쓰인 A라는 1차 창작물"에 대한 저작재산권은 소멸되었다 하더라도 "출간된 지 몇 년 되지 않은 B라는 영어 번역서"의 저작권은 엄연히 존재하므로, 영어 번역판을 저본으로 삼고자 한다면 당연히 B의 저작권자로부터 이용허락을 얻어야 합니다. (만일 원저작물 A의 저작권이 존재한다면 B뿐만 아니라 A 저작권자의 허락도 필요합니다.) 번역하는 데 착오가 없기를 바랍니다.

113. 번역물에 대한 저작권의 주체 문제

일본 서적 번역본의 저작권이 번역자에 귀속되는지 또는 출판사에 귀속될 수도 있는지 알고 싶습니다. 일본 서적을 국내 출판사가 일본 출판사와 출판계약을 체결했고 번역자가 번역하여 출판이 이루어졌을 경우, 제3자가 이 번역본의 내용을 무단이용하는 저작권 침해를 하였다면 저작권 침해를 이유로 제소(提訴)할 수 있는 주체는 번역자입니까, 아니면 출판사입니까? 또는 이 경우 번역자와 출판사의 합의에 따라 양자 모두 저작권을 소유할 수 있습니까?

～

번역 등 2차적저작물의 작성권은 기본적으로 원저작물 저작권자에게 있습니다만, 원저작자의 허락 여부와 관계없이 2차적저작물을 작성한 사람에게도 별도의 저작권이 주어집니다. 곧 번역한 사람에게는 번역물에 대한 저작권이 생기는 것이지요. 따라서 제3자가 번역내용을 무단으로 이용하거나 유사한 번역물을 공표함으로써 저작권이 침해되었다면 저작권자인 번역자가 법적 조치를 취할 수 있습니다. 특히 저작권 침해에 관한 형사처벌은 '친고죄(親告罪)'로 규정되어 있기 때문에 번역자 본인만이 고소를 할 수 있습니다. 다만, 번역 저작물에 대한 재산적 권리, 즉 저작재산권을 출판사 또는 제3자에게 양도했다면 양도받은 사람이 저작재산권자로서 고소를 할 수 있겠습니다.

문의내용에 비추어 보면, 만일 귀하가 저작재산권을 출판사에 양도하지 않았다면 저작권자는 귀하가 되므로 직접 제소할 수 있으며, 저작재산권양도계약서를 작성하고 출판사에 권리를 넘겨주었다면 출판사에서 제소할 수 있을 것입니다. 물론 귀하와 출판사 사이의 약정에 따라 이미 출판사에 출판권이란 권리가 있으므로 귀하는 저작권자로서, 출판사는 출판권자로서 공동으로 저작권 침해에 대한 법적 조치를 취하는 것도 가능하겠습니다.

114. 번역자의 권리

프랑스에서 출간된 동화를 번역하게 되었습니다. 국내의 모 출판사에서 그 작품에 대해 한국어판 라이선스를 획득해서 저에게 번역을 의뢰했는데, 이럴 경우 번역자인 저에게도 저작권이 생기는지 알고 싶습니다.

❧

물론입니다. 우리 저작권법 제5조에 따르면 "원저작물을 번역·편곡·변형·각색·영상제작 그 밖의 방법으로 작성한 창작물"을 가리켜 '2차적저작물'이라고 하며, 이는 '독자적인 저작물'로서 보호됩니다. 이렇듯 여러 가지 방법에 의해 원저작물을 토대로 작성된 2차적저작물을 작성하는 경우 원저작물 저작자의 허락을 필요로 하지 않습니다. 원저작자의 허락 여부와는 관계없이 일단 작성된 2차적저작물은 저작권법에 따라 보호되는 것이지요. 그러나 그것이 원저작물의 저작자의 권리를 침해해도 좋다는 뜻은 아닙니다. 원저작자의 허락 여부와는 관계없이 2차적저작물의 작성자에게 부여되는 권리가 있기는 하지만, 그것이 원저작자의 권리를 침해했다면 그에 따르는 책임 역시 별도로 발생합니다.

결국, 2차적저작물을 작성한 사람이 그에 따른 권리를 정당하게 행사하기 위해서는 먼저 원저작물의 저작권 보호기간이 지나지 않았다면 원저작자의 허락을 받는 것이 가장 안전한 절차라고 하겠습니다. 번역의 경우를 예로 든다면, 저작물의 번역권 자체가 저작권의 구성요소이기 때문에 번역을 하기 위해서는 적절한 경로를 통해 원저작자로부터 허락을 받아야 하는 것이며, 그렇지 않을 경우에 그에 따른 원저작자의 권리 침해문제가 별도로 제기될 수 있다는 점에 주의해야 합니다.

115. 외국 도서의 번역에 따른 계약 효력 개시의 시점

에이전시를 통해 외서를 계약 중에 있습니다. 저작권중개요청서를 낸 상태고 아직 계약서가 도착하진 않았습니다. 에이전시에 따르면 원서 출판사도 긍정적으로 응하고 있다고 합니다. 그런데 저희 쪽에서 내부 사정으로 이 책의 출간 여부가 불투명해져서 다시 결정 중에 있는 상황입니다. 명확한 것이 아니라서 에이전시 쪽에 어떻게 액션을 취할 수 있는 상황도 아닙니다. 여기서 제가 궁금한 것은 "원서 출판사와 계약이 성사되는 시점이 언제인가"입니다. 에이전시가 보낸 자료에 따르면 약정된 선수금을 계약서 서명 후 30일 이내에 지불해야 하며, 이 기간 동안 갑이 계약을 파기할 경우 저작권자와 협의하에 정해진 위약금을 지불해야 한다고 명시되어 있는데, 위의 조항에 따라야 하는 상황이 생길 경우 저희가 저작권중개요청을 하고 그것이 받아들여져 계약서가 도착한 때부터 계약이 성사된 것으로 보는 것인지, 아니면 계약서가 도착하고 그 계약서에 날인한 후부터 보는 것인지 궁금합니다.

～

우리나라에서는 민사상 계약의 발효 시점을 '도달주의' 원칙에 의거하고 있습니다. 즉, 서로의 뜻에 따라 합의한 내용을 계약서 형태로 문서화하여 이를 보증하는 쌍방의 서명(또는 날인)이 이루어지고, 이러한 계약서가 서로에게 전달되어 도착했을 때부터 계약이 효력을 갖는 것으로 봅니다. 따라서 단순히 계약서만 오가서는 안 되며 여기에 서로의 뜻을 확인하는 서명(또는 날인)이 되어야만 효력이 발생하는 것이지요. 결국 계약서에 쌍방의 확인이 기록되는 순간부터 효력이 발생하므로 단순히 계약서가 귀사에 도착하는 것만으로는 그 효력을 인정할 수 없을 것입니다.

116. 원작자의 이용허락을 얻지 못한 번역원고의 저작권

특정 일본 서적을 번역출판하기로 하고 에이전시를 통해 번역출판 허락요청서를 해당 저자에게 보냈습니다. 일단 승인이 나고 번역에 사용할 원서 3부가 우리 출판사로 배송되었는데, 그 후 시간이 많이 지났는데도 정식 계약서가 오지 않아 이를 재촉하는 과정만 45일 정도 걸렸습니다. 일반적으로 오퍼에 대한 승인이 난 경우 계약서가 없는 상태에서도 번역작업은 진행해 왔기 때문에 우리는 계약서를 기다리는 사이 번역작업을 다 끝내 놓았습니다. 그런데 그제야 일본 저자가 다른 출판사와 다른 번역자의 이름으로 책을 내고 싶다는 뜻을 전해왔습니다. 그러면서 우리 출판사더러 모든 작업을 중지하라고 합니다. 일본인 원작자는 반드시 자기가 지정하는 번역자가 번역을 해야 한다고 주장합니다. (사실상 핵심은 이 점이지요. 일본인 원작자는 만약의 경우 출판사는 바꿀 수 있지만 번역자만큼은 절대로 바꿀 수 없다고 하거든요.) 이럴 경우, 저희가 이미 작업해 놓은 번역원고에 대한 저작권은 어떻게 되는 것일까요? 그리고 우리가 법적으로 대응했을 때 승산은 있는 건가요?

❧

저작자에게는 자기 저작물을 원저작물로 하는 2차적저작물 또는 자기 저작물을 구성부분으로 하는 편집저작물을 작성하여 이용할 수 있는 권리가 있으며, 이를 저작권법에서는 저작재산권 중 '2차적저작물작성권'으로 규정하고 있습니다. 물론 2차적저작물 또는 편집저작물을 작성한 사람에게도 그에 따르는 별도의 권리가 주어지지만, 그것의 원저작물 또는 구성부분이 되는 저작물의 저작자로부터 정당한 방법으로 허락을 얻어야 하며, 그렇지 않을 경우에는 그에 따르는 책임을 져야 합니다. 또한 2차적저작물을 작성함에 있어서 원저작물의 변경이 불가피하므로 동일성유지권 침해의 문제가 제기될 수 있지만 그것이 내용상의 본질적인 변경이 아니고 영어를 국어로 번역하거나 다장조 음계를 가장조로 편곡하는 등 단순한 표현형식의 변경이라면 저작인격권으로서의 동일성유지권을 침해한 것으로 보지는 않습니다.

한편, "작성하여 이용할 권리"라는 말에 유의할 필요가 있습니다. 이는 작성할 권리와 이용할 권리의 이중적인 의미로 해석할 수 있기 때문인데요. 즉, 저작자는 자기 저작물을 토대로 해서 직접 2차적저작물 또는 편집저작물을 작성할 수 있을 뿐만 아니라, 그렇게 작성한 별도의 저작물을 경제적인 대가를 받고 이용하게 할 수 있다는 뜻입니다.

결국 어떤 형태로든 원저작권자의 이용허락을 받지 못했다면 번역한 원고는 이용할 수 없겠습니다. 만일 무단으로 이용하게 되면 원저작권자의 저작권을 침해한 것으로서 그에 따르는 법적 책임을 질 수밖에 없기 때문입니다.

117. 번역도서의 개정판과 번역자의 권리

몇 년 전에 한 출판사의 의뢰로 외국 도서를 번역한 적이 있습니다. 당시 번역료는 이른바 '매절'로 계산했습니다. 그 후 그 책은 스테디셀러가 되어 지금까지도 꾸준히 팔리고 있습니다. 그런데 저도 모르는 사이에 작년에 개정판이 나왔더군요. 제목과 번역자의 이름은 그대로이고, 표지와 내용이 바뀌었습니다. 정확히 말하면, 내용은 많이 바뀐 게 아니라 보강된 정도입니다. 번역자에게 아무 통고 없이 개정판을 그냥 출간해도 되는 걸까요? 번역자의 이름은 그대로인데 내용이 바뀌었다니 기분이 좀 묘하더군요. 참고로, 번역 당시 별도의 계약서는 쓰지 않았습니다. 대형 출판사이지만 예전부터 잘 알고 지낸 터라 그냥 구두계약을 했었습니다. 하지만 그때 담당 직원은 직장을 옮긴 상태입니다. 제가 어떻게 할 수 있을까요?

∾

번역물도 엄연히 별도의 저작물로서 보호됩니다. 곧 번역자에게도 해당 번역물에 대해 원저작권자의 저작권과 동등한 수준의 저작권이 부여되는 것이지요. 따라서 번역자는 자신의 권리에 입각하여 이용자에게 권리를 나누어 줄 수 있습니다. 대표적인 것이 출판계약을 통해 책을 내는 것이지요. 그런데 출판계약을 통해 번역에 대한 대가로서의 저작권사용료(인세)를 지급받는 것이 아니라 한목에 그 대가를 모두 받는 형태(매절)로 계약을 했을 경우 문제가 발생합니다. 현행 저작권법에서는 '매절계약'을 인정하지 않고 계약 당시의 정황에 따라 당시 상당히 고액의 번역료가 지급되었다면 '저작재산권양도계약'으로, 그렇지 않다면 일반적인 인세계약으로 봐야 한다는 판례가 있기 때문이지요.

어쨌든 저작재산권양도계약이라고 하더라도 이때 양도되는 것은 저작재산권일 뿐 저작인격권은 아니므로 저작인격권으로서의 동일성유지권과 성명표시권은 여전히 번역자에게 남아 있습니다. 따라서 번역자와 상의 없이 이름을 바꾸거나 삭제했다면, 그리고 책의 내용을 일부라도 임의로 개정했다면 이는 엄연히 저작인격권을 침해한 것입니다.

질문의 경우 역시 저작인격권으로서의 '동일성유지권'을 침해한 것이므로 귀하는 당연히 인격적 침해에 따른 위자료 청구 및 원상회복을 청구할 수 있겠습니다.

118. 해외 번역본에 대한 원작자의 권리

자기 작품을 출판한 작가가 만약 영문판으로도 책을 내고 싶은데 기존 출판사가 원하지 않으면 다른 출판사와 영문판 계약만 따로 해도 되는 건가요? 번역본을 국내 출판사가 아닌 외국 출판사에 의뢰해 계약한다면 이중계약이 아닌지 걱정스럽습니다. 또 번역을 의뢰해 출판한다면 저작권사용료는 누구(작가 또는 번역가)에게 돌아가는 건가요? 외국 소설이 국내 출판사에서 출간되는 것은 외국 작가가 국내 출판사와도 이중으로 계약을 하는 건가요?

~

저작재산권 중에 '2차적저작물작성권'이란 게 있습니다. 즉, 저작자에게는 자기 저작물을 원저작물로 하는 2차적저작물을 작성하여 이용할 수 있는 권리가 주어집니다. 물론 2차적저작물을 작성한 사람에게도 그에 따르는 별도의 권리가 주어지지만, 그것의 원저작물의 저작자로부터 정당한 방법으로 허락을 얻어야 하며, 그렇지 않을 경우에는 그에 따르는 책임을 져야 합니다.

결론적으로 요약하면,

1) 국내 출판사와 2차적저작물의 이용허락에 관해 별도의 약정을 하지 않았다면, 외국어로 출판하는 것은 저자가 마음대로 진행해도 무방합니다.

2) 따라서 기존 출판계약에서 별도의 약정이 없었다면 외국 출판사와 번역 출판계약을 체결하는 것은 이중계약이 아닙니다. 수십 개 또는 수백 개 국가와 별도의 출판계약을 체결할 수 있습니다.

3) 직접 번역할 수 없어 제3자에게 번역을 의뢰해 출판한다면 인지세는 원저자와 번역자가 적당한 비율로 받게 됩니다. 통상 우리의 경우 책값의 10퍼센트 이내에서 원저작자와 번역자의 몫을 나누고 있습니다.

4) 만일 일시불로 번역료를 번역자에게 주고 번역을 하는 경우에는 반드시

번역물에 대해 '저작재산권양도계약서'를 작성해야 하며, 그렇게 되면 번역에 대한 저작재산권이 귀하에게 귀속되므로 이후 발생하는 모든 저작권사용료는 귀하의 몫이 됩니다.

　5) 마찬가지로, 외국 소설들이 국내 출판사에서 출간되는 것은 해당 외국 작가가 국내 출판사와 이중으로 계약을 한 것이 아니라 적법하게 2차적저작물 작성권을 행사한 것입니다.

119. 번역서의 계약기간 만료 후 재고도서 처리문제

일반적으로 계약기간 내에 인쇄된 도서는 설정대가를 치렀다면 남아 있는 재고도서를 배포할 수 있는 것으로 압니다. 그렇다면 번역서의 경우도 같을 것이라고 생각되는데요. 그런데 저희의 경우, 계약기간은 5년이며 그 안에 팔리지 않은 도서는 폐기해야 한다는 에이전시의 말을 들었습니다. 학술서적의 경우 이미 로열티(선불금)를 지불하고도 첫 쇄를 5년 안에 모두 판매하기는 어려운 것이 현실인데, 계약서 내용으로는 특별한 언급이 없어 번역서의 경우 통상적인 관례를 알고 싶습니다.

❧

현행 저작권법에서는 '출판권 소멸 후의 출판물의 배포'에 대해 다음과 같이 규정하고 있습니다.

※ 저작권법 : 출판권 소멸 후의 출판물의 배포

출판권이 그 존속기간의 만료 또는 그 밖의 사유로 소멸된 경우에는 그 출판권을 가지고 있던 자는 다음 각 호의 어느 하나에 해당하는 경우를 제외하고는 그 출판권의 존속기간 중 만들어진 출판물을 배포할 수 없다.

1. 출판권 설정행위에 특약이 있는 경우
2. 출판권의 존속기간 중 복제권자에게 그 저작물의 출판에 따른 대가를 지급하고 그 대가에 상응하는 부수의 출판물을 배포하는 경우

이를 다시 살펴보면 우선, 출판권 설정행위에 특약이 있는 경우에는 출판권이 소멸되었더라도 남은 출판물을 판매에 의한 방법이든 아니든 계속해서 배포할 수 있습니다. 여기서 말하는 특약이란, "출판권자는 출판권이 소멸된 이후라도 이전에 만들어진 출판물의 재고를 계속해서 판매에 의한 방법으로 배

포할 수 있다."라는 식으로 약정하는 것을 말합니다. 따라서 출판권설정계약을 하는 당시에 복제권자와 출판권자가 이와 같은 내용으로 합의했다면 출판권 소멸 이후의 배포가 가능합니다.

또, 출판권의 존속기간 중에 복제권자에게 그 저작물의 출판에 따른 대가를 지급한 후에 그에 상응하는 부수의 출판물을 배포하는 것도 가능합니다. 즉, 출판권이 소멸하기 이전에 출판권자가 그 저작물의 복제물을 3,000부 제작하기로 하고 그에 따른 인세 또는 사용료를 복제권자에게 지급하였을 경우에 출판권이 소멸한 뒤로도 그 중의 1,500부가 남았다면 그것은 계속해서 배포할 수 있다는 것이며, 만일 그 이상을 더 제작해서 배포한다면 복제권자의 복제권은 물론 배포권까지도 침해하는 것이 됩니다.

결론적으로, 귀사에서 지불한 로열티 범위 내에서 출판한 부수가 계약기간 이후에까지도 남아 있다면 그것은 모두 소진할 때까지 판매할 수 있습니다.

120. 원고 마감 기일을 지키지 않는 번역자에 대처하는 방법

유학 시절 감명 깊게 읽은 책이라고 하면서 자기가 번역을 맡을 테니 외국 책을 국내에서 출판하자고 제안한 사람이 있었습니다. 그래서 원서를 나름대로 검토하고 에이전시를 통해 그 책을 계약하고 계약에 필요한 제반 비용까지 모두 지불했습니다. 소개해 준 사람과도 번역출판계약서를 쓰고 계약금을 지불했지요. 외국 출판사와 계약일로부터 18개월 안에 책을 낸다는 조건으로 계약을 했고, 번역자와도 그 안에 완성원고를 인도하는 내용으로 계약을 했습니다. 그런데 번역자가 원고를 주지 않는 바람에 약속 기한인 18개월이 지났고, 에이전시에 문의해 한 번 더 연장을 하고 여러 차례 그 사실을 알려 주고 번역자에게 원고를 독촉하였습니다. 그러나 연장한 출판 기일이 지나도록 번역자는 연락조차 없습니다. 다시 에이전시에 연장을 부탁했더니 올해 안으로 책을 내면 된다고 하면서 그것이 지켜지지 않으면 재계약을 하고 비용을 다시 지불해야 한다고 합니다.

결국 책은 기일 내에 나오지 못할 듯한데 불성실하고 계약을 지키지 않는 번역자로 인한 출판사의 경제적 손실은 어떻게 보상받을 수 있는지요?

✧

계약이란 당사자 쌍방이 모두 만족하는 경우에 성립되는 것이고, 그렇지 않다면 해제 또는 해지될 수 있습니다. 일반적으로 출판계약서에 보면 저작권자(갑)는 지정된 시일 안에 완전원고를 출판권자(을)에게 인도하기로 한다는 전제 아래 계약을 체결합니다. 여기서 '완전원고'란 출판을 통한 공표행위에 합당하도록 작성된, 즉 공표해도 될 정도로 흠결이 없는 상태를 말하는 것으로 해석할 수 있습니다. 따라서 약정 기일을 훨씬 초과한 시점에도 여전히 원고를 인도하지 않았다면 정상적인 출판은 불가능한 것으로 볼 수밖에 없겠지요.

앞으로 해 볼 수 있는 방법이란, 애초에 지급한 계약금 및 그동안 번역출판

기일을 연장함으로써 발생한 손해 등을 감안해서 손해배상을 요구한 후 다른 번역자를 구해 작업을 계속 진행하거나, 손해배상만 받고 번역출판을 포기하는 수밖에는 없는 것으로 보입니다. 이러한 뜻으로 내용증명 우편을 발송하고, 정해진 기일까지 확실한 답변이 없는 경우 가압류 조치를 취하는 게 좋겠습니다.

121. 번역원고의 저작권 침해 우려에 따른 출판사의 대응방안

번역자가 번역을 해 왔는데, 알고 보니 타사에서 나온 책을 거의 베껴 왔습니다. 문장 구조, 단어 선정 등이 90퍼센트 이상 비슷한데요. 다른 도서에 대한 저작권 침해 여부를 인정하는 기준이 어떤지 알고 싶습니다. 저작권법에 명시된 내용뿐만 아니라, 구체적인 사례나 판례가 있으면 도움이 많이 되겠습니다. 그리고 이번처럼 타사 책을 그대로 베낀 것을 번역자도 인정했을 경우, 배상에 대한 책임을 번역자에게 어느 선까지 요구할 수 있는지도 알고 싶습니다.

∾

번역서끼리의 저작권 침해문제는 쉽게 판별이 가능합니다. 번역은 그 자체가 제2의 창작이라고 할 수 있을 만큼 전문적인 능력을 요구하기 때문에 원작에는 있으나 번역본에는 없는 것, 원작에는 없으나 번역본에는 있는 것, 그 밖에 오역이나 누락 등이 반복되기 때문에 그런 부분만 가지고 대조해 보면 금세 표절 여부를 확인할 수 있습니다. 번역 관련 저작권 판례는 '꼬마철학자 사건'을 비롯해 여러 건이 있으므로 검색해 보기 바랍니다.

한편, 번역자가 스스로 저작권 침해를 인정했다면 그로 인한 모든 책임은 번역자에게 있습니다. 대개 출판계약을 맺을 때 내용에 대한 책임은 저자(번역자)가 지고, 제작 및 유통에 대한 책임은 출판권자가 지는 것이 관행입니다. 계약서 내용을 검토해 보고 손해배상 수준을 판단하기 바랍니다. 귀책사유가 누구에게 있는지 따져서 판단할 문제입니다.

122. 번역출판의 지연에 따른 저작권 문제

번역작가입니다. 모 출판사에서 외국 도서의 번역을 의뢰하여 계약을 체결하고 계약금까지 받았으나, 출간 일정이 2년 이상 지연되었고, 현재 해당 출판사에서는 출간 의지가 없어 보입니다. 계약서에는 출간 일정이 명시되지 않았고, 단지 언급되지 않은 사항은 관례를 따른다고 되어 있습니다. 그리하여 다음의 세 가지 의문 사항에 대해 답변 부탁드립니다.

1. 해당 출판사는 계약이 성사되었음에도 불구하고 계약서에 기간이 명기되어 있지 않다는 이유만으로 출간 일정을 무한정 연기할 수 있나요?
2. 해당 출판사가 현재 출간 의향이 없다면 해당 번역출판권을 제게 넘겨달라고 요구하는 것이 합법적인지요?
3. 그렇게 이양된 번역출판권을 제가 다시 다른 출판사로 넘겨주는 것이 가능할까요?

⌒

1. 현행 저작권법에 따르면 출판권자(저자나 번역자로부터 출판을 해도 좋다는 허락을 받은 사람이나 출판사)는 완전원고를 인도받은 날로부터 9개월 이내에 출판할 의무가 있습니다. 만일 9개월이 지났어도 출판을 하지 않는 경우 6개월의 기간을 정하여 출판할 것을 촉구하고, 6개월이 지났어도 출판을 하지 않았다면 출판권 소멸을 통고할 수 있습니다. 하지만 출판사에서 출판할 의지가 없다면 그것을 문서로 확인하는 즉시 출판권 소멸을 통고할 수 있습니다. 출판권 소멸 통고는 내용증명 우편을 통해 하면 되며, 상대방(출판권자)이 통고서를 수령하는 즉시 출판권은 소멸됩니다.
2. 특정 출판사와 맺은 원저작자와의 한국어 번역허락계약은 임의로 다른 사람이나 출판사에 양도할 수 없습니다. 번역출판을 중개한 에이전시와 협의해서 다시 계약하기 바랍니다.

3. 현재 애를 먹이고 있는 출판사의 출판권이 소멸됨과 동시에 번역한 저작물
(한국어 번역에 해당하는 부분)에 대한 권리는 당연히 번역자에게 귀속되므
로 다른 출판사를 물색하여 출판을 진행할 수 있습니다. 다만, 번역출판에
따른 원저작물 이용허락은 별도로 받아야 하므로 에이전시를 통해 계약이
완결된 출판사와 출판을 진행하고, 모든 의사표현은 반드시 문서로 교환하
기 바랍니다.

123. 번역물에 대한 저서 표기와 저작권 문제

1990년대 외국 서적 2권을 미국 출판사와 저자에게 계약권 없이 번역을 하여 한국에 있는 ○○출판사를 시켜 출판한 후 연구실적물로 저희 학교에 2005년도에 제출하였습니다. 물론 본인은 저자에게 구두로 허락받았다고 하였는데 확인해 보니 거짓이었습니다. 또한 연구실적란에는 '저서'라고 거짓으로 기재하기도 하였습니다. 이런 경우는 법적으로 학교에서 당사자에게 공문서위증이나 사기혐의로 형사고발할 수 있는지요? 아직 미국 출판사에는 통보하지 않았고 원저자에게만 질문하였더니 허락한 사실이 없고 더 자세한 것은 출판사에 의뢰하라고 합니다. 본인에게 여러 차례 종용했으나 듣지 않고 있어 법적으로 처리하려고 합니다. 어떠한 절차를 거쳐야 하는지요?

∾

1990년이라면 우리나라가 세계저작권협약(UCC)에만 가입했던 시기라서 1987년 10월 1일(UCC 효력 발생 시점) 이전에 외국에서 발행된 저작물은 보호받지 못하던 때입니다. (1995년 이후에는 모든 외국 저작물도 국내법에 따라 보호받기 시작했습니다.) 즉, 1990년이라면 1987년 10월 1일 이전 발행의 외국 도서는 저작권자 허락 없이 번역해도 무방하던 시절이며, 현행법에 따르더라도 저작권자의 허락 유무에 관계없이 번역, 각색, 편곡 등의 결과로 2차적저작물이 만들어지면 그에 따르는 별도의 저작권이 발생합니다. 번역자도 저작권자가 된다는 뜻입니다. 따라서 질의내용이 앞서 설명한 내용과 부합한다면 법적으로는 아무런 문제가 없는 셈입니다. 다만, '번역'이 아닌 '저서'라고 한 부분은 잘못된 것이지요. 나아가 형사고발 여부는 여기서 판단할 문제가 아니므로 해당 관청에 문의하기 바랍니다.

124. 다중 번역도서의 권리관계

이번에 우리 출판사에서 번역도서를 준비하고 있는데, 원저작물의 저작자는 티베트 사람입니다. 그리고 이것이 영어로 번역되어 있습니다. 아무래도 티베트어로 쓰인 책보다는 영역본을 번역하는 것이 훨씬 수월하기 때문에 영역본을 저본으로 삼아 번역하려고 합니다. 이런 경우 저작권은 티베트 저자에게 있는 건가요, 아니면 영어로 번역한 사람에게 있나요? 만일 티베트 도서를 기본으로 하고 영어 도서를 참조했다면 어떻게 되는 건가요?

❧

저작재산권 중에 '2차적저작물작성권'이란 게 있습니다. 대표적인 것이 번역을 통한 이용인데, 저작자(저작재산권자)는 자기 저작물을 토대로 2차적저작물을 작성하거나 다른 사람으로 하여금 이용하게 할 수 있는 권리를 가리키지요. 그리고 정당한 절차를 거쳐 2차적저작물을 작성한 사람에게는 별도의 저작권이 주어집니다. 그런데 실제로는 3차 이상의 저작물 작성이 이루어지기도 합니다. 질문내용의 경우가 바로 그런데, 티베트 원작이 1차 저작물이라면 영어 번역본은 2차 저작물이 되고, 이를 바탕으로 한국어 번역본이 나온다면 이는 3차 저작물이 되는 겁니다. 이처럼 다층적인 저작물 이용을 모두 포괄해서 '2차적저작물 작성'이라고 하며, 이 경우에는 앞의 저본에 해당하는 모든 저작권자들의 권리가 미치게 됩니다.

결론적으로, 티베트 원작을 영어로 번역한 것을 한국어로 다시 번역하든, 아니면 티베트 원작을 바탕으로 번역하되 영어 번역본을 참조하든 원저작자 및 영어 번역자 모두에게 허락을 받아야 한다는 사실입니다. 만일 티베트 원작을 바탕으로 직접 한국어 번역을 한다면 영어 번역자로부터의 허락은 필요 없겠습니다.

125. 번역 의뢰에 따른 주의사항

이번에 처음으로 외국 도서를 번역해서 출간하려는 출판사입니다. 우리 출판사 소속 직원으로서의 번역자가 아닌 외주 번역을 통해 원고를 만들려고 하는데요, 계약서를 어떻게 꾸며야 할지 모르겠습니다. 일단 원고료 지급방식으로 할 생각인데, 그 밖에 주의해야 할 점에 대해 조언해 주시기 바랍니다.

∾

먼저, 번역이란 2차적저작물 작성행위로서 원저작자의 권리와는 별도로 생성되는 또 다른 저작권을 파생시킵니다. 외국의 원저작자와 계약하는 것과는 별도로 번역자와도 계약을 해야 하는 것이지요. 따라서 번역자가 외주 번역업체의 소속 직원인지 아니면 별도의 개인 번역작가인지에 따라 계약 주체가 달라질 것으로 보입니다. 즉, 번역업체 직원이라면 업체와 계약하는 것이 좋겠고, 개인이라면 그 번역작가와 직접 계약하는 것이 좋겠습니다.

또, 원고료 지급방식이라는 것이 '매절'을 뜻한다면 이는 저작권법으로 인정되지 않으므로 '저작재산권양도계약'이나 '저작권사용료(인세) 지급' 방식의 계약으로 분명하게 처리하시는 게 좋겠습니다. 설령 저작재산권양도계약이라고 하더라도 저작인격권은 여전히 번역하는 사람에게 있으므로 성명표시권, 동일성유지권에 유의해서 출판물에 번역자(또는 번역업체)의 이름을 생략하는 일이 없도록 하고, 번역원고를 인수한 이후 내용을 고치는 일에 대해서도 합의하에 진행하는 것이 좋겠습니다.

그 밖에 자세한 계약서 내용은 당사자 사이의 합의내용을 바탕으로 작성하면 되는데, 표준계약서가 필요하다면 대한출판문화협회나 저작권위원회 홈페이지 자료실을 통해 찾아보기 바랍니다.

126. 번역도서끼리의 저작권 침해 여부를 판단하는 기준

번역작가입니다. 서점에 가보면 과거 외국 저작권을 보호하지 않았던 시절에 경쟁적으로 펴낸 중복 출판물들이 여전히 많이 있는 것을 보곤 합니다. 그런데 그 내용을 보면 아무리 원작이 같다고 해도 어쩌면 번역까지 이렇게 비슷하게 했을까 싶은 책들이 적지 않은데요. 이런 경우 저작권 침해에 대한 판단을 하는 기준은 무엇인가요?

～

얼마 전 대형 베스트셀러가 된 어느 번역도서의 대리번역 파문과 함께 유사도서 발행의 문제가 출판업계의 쟁점으로 부상한 적이 있습니다. 물론 오래지 않은 과거만 보더라도 아예 제목과 내용까지 똑같은 번역물이 번역자와 출판사만 달리해서 버젓이 팔리곤 했지요. 원저작물에 대한 저작권 침해문제는 논외로 하더라도 번역상의 오류는 물론 교정상 오류부분까지 똑같은 것으로 보아 번역자가 원저작물을 놓고 새로이 번역했다는 사실을 믿기 어려운 번역물이 당당히 서점을 점령했던 것입니다. 이처럼 파렴치한 행위에 대해 이의를 제기하면 해당 출판사는 "그 표현에 있어서 동일 또는 비슷한 부분이 있다고 하더라도 이는 동일한 원작을 번역하는 과정에서 생긴 우연의 일치"라고 항변하거나 "그 같은 모방은 출판계의 오랜 관행"이라고 해명하는 것이 당시의 익숙한 풍경이었습니다. 그러나 이미 비슷한 사건에 대해 내린 법원의 판단(서울민사지방법원 합의제16부 1988.3.18. 87카53920판결, 일명 "꼬마철학자" 사건)을 보더라도 전체적인 문맥의 연결 및 문학성을 고려하여 원문 자체를 상당히 의역함에 따라 원문에는 없는 부분이 첨가되거나 원문의 내용이 삭제된 것, 즉 의역 및 창작 또는 오류부분까지도 수백 군데에 걸쳐 동일 또는 유사하게 나타난 것은 엄연한 '표절' 곧 '저작권 침해'라고 할 수밖에 없을 것입니다. 이런 점에 입각해서 살펴보면 해답이 나올 것으로 판단됩니다.

127. 회복저작물의 개념과 의미

요즘 어린이 명작선 리스트를 보면 헤밍웨이의 『노인과 바다』나 바스콘셀로스의 『라임오렌지 나무』 같은 작품이 여러 출판사에서 출간되고 있습니다. 저작권이 죽은 건가요? 사후 50년은 아직 안 지난 것 같은데요. 어찌된 이유인지 좀 알려주십시오.

∾

비슷한 예를 하나 들어보겠습니다.

'갑'이라는 출판사에서 2004년도에 저명한 미국 학자의 저서를 번역출판하기 위해 해당 저작권자와 독점적인 번역출판계약을 맺고 한국에서 번역도서를 출판했는데, 얼마 지나지 않아 이미 1993년도부터 '을'이라는 출판사에서 같은 도서를 번역출판해서 시판 중인 사실을 알게 되었습니다. 원저작권자에 의하면 예전에 한국 내 어느 출판사와도 번역출판계약을 체결한 사실이 없다고 합니다. 그래서 갑이 을에게 해당 도서의 출판 중지를 요청했으나 을은 1993년도부터 출판했기 때문에 법률상 아무런 잘못도 없다고 합니다. 어떻게 된 일일까요?

먼저, '회복저작물'에 대해 이해할 필요가 있습니다. 우리나라는 1995년도에 WTO/TRIPs협정에 가입한 바 있는데요. 이에 따르면 WTO(세계무역기구) 회원국은 베른협약 제1조부터 제21조까지 준수할 것을 규정하고 있습니다. 이 협정에 따라 우리는 1995년 12월 6일 저작권법을 개정하여 1996년 7월 1일부터 외국 저작물을 소급해서 보호하게 되었으며, 그 결과 개정법 시행 이전의 외국 저작물까지 국내에서 보호받게 되었는데, 그러한 저작물을 '회복저작물'이라고 부르게 된 것이지요. 이처럼 회복저작물까지 소급해서 보호하게 되자 국내 이용자들에게 부담이 커질 수밖에 없다 보니 이를 완화하기 위해 개정 저작권법 부칙에서 몇 가지 특례규정을 두고 있습니다.

예컨대, 부칙 제4조에서는 '회복저작물 등의 이용에 관한 경과조치'를 규정하면서 "회복저작물 등을 원저작물로 하는 2차적저작물로서 1995년 1월 1일 이전에 작성된 것은 이 법 시행 후에도 이를 계속하여 이용할 수 있다. 다만, 그 원저작물의 권리자는 1999년 12월 31일 이후의 이용에 대하여 상당한 보상을 청구할 수 있다."라고 명시하고 있습니다. 여기서 '1995년 1월 1일 이전에 작성된 것'이란 1995년 1월 1일 이전에 번역물 등 2차적저작물을 작성 완료해서 발행한 것은 물론 그 이전에 2차적저작물의 작성을 완료하여 원고를 보관하고 있다가 그 이후에 발행(출판)한 것도 포함됩니다. 이에 따라 어느 시점에서 번역원고(2차적저작물)의 작성을 완료했느냐 하는 점, 그리고 그것을 어떻게 입증하느냐 하는 점이 매우 중요합니다.

앞의 예에서 을이 1993년도에 번역도서를 발행했다는 것은 이미 번역원고의 작성을 그 이전에 완료했다는 것을 의미합니다. 따라서 '을' 출판사의 번역본은 1995년 1월 1일 이전에 작성된 것이 분명하므로 개정법 부칙 제4조에서 말하는 회복저작물에 해당합니다. 결국 을은 비록 원저작물의 저작권자로부터 이용허락을 얻은 사실은 없지만 그의 번역출판은 정당하며 계속 출판할 수 있습니다. 그러나 2000년도 이후의 이용에 대해서는 원저작물의 저작권자가 청구하게 되면 을은 그에게 상당한 보상금을 지급해야 합니다.

'갑' 출판사는 원저작물의 저작권자가 아니므로 '을' 출판사를 상대로 보상청구권을 행사할 수는 없지만 저작권자의 권리를 위임받아 2000년도 이후의 보상금에 대해 청구권을 행사하는 방법은 있습니다. 그러나 그 보상금으로 번역출판계약을 맺으면서 원저작권자에게 이미 지급한 저작권사용료를 만회한다거나 손해를 충당하기에는 어려울 것으로 판단됩니다. 보상금은 어디까지나 원저작권자의 몫이기 때문이지요.

128. 회복저작물의 저작권

회복저작물에 관한 질문입니다. 저희가 1995년 1월에 발행했던 외국 그림책을 최근에 국내의 다른 출판사가 계약을 했습니다. 그런데 저희가 발행한 책이 회복저작물에 해당되어 외국 출판사에 2000년 1월 1일 이후 판매한 부수에 대한 보상금을 지불하고 외국 출판사 측에서 이후 앞으로 4년 동안 더 판매할 부수에 대한 선인세를 요구해와 그 금액 역시 지불했습니다.

그런데 기존의 책을 내면서 그림이 훼손된 상태로 발행했었고 그 사실을 외국 출판사에 고지를 하지 않았습니다. 외국 출판사 측에서 보내온 계약서에는 글과 그림을 원본 (original work)에 맞게 하고 또한 독점(exclusive)이라는 조항이 있었습니다. 그래서 계약서에 있는 대로 그림을 원본에 맞게 회복시키고 독점계약이라는 내용과 개정판이라는 내용을 판권에 명시했습니다. 하지만 그 책을 먼저 계약한 국내 출판사에서 '독점'이라는 용어는 자기들도 계약한 책이니 사용해선 안 되고 또한 '개정판'이라는 용어도 사용해서는 안 된다며 이의를 제기하는데 어떻게 처리를 해야 하는지요? 그리고 이후 외국 출판사를 포함한 국내 출판사와의 상호간 법적 분쟁의 소지는 없는지요?

　　　　　　　　　　　　　　　∾

여기서는 회복저작물의 법리에 대해 자세한 설명은 생략하겠습니다. 다만, 회복저작물에 있어 원저작권자에게 주어진 보상청구권을 인정하고 보상했더라도 1995년 이전에 출판한 그대로 출판하지 않으면, 즉 개정판을 내게 되면 안 됩니다. 그런데 보상청구권과 관련해서 외국 출판사로부터 '독점' 이용을 허락한다는 내용이 들어 있었다는 점을 납득하기 어렵습니다. 그렇다면 작년에 계약한 출판사와 이중으로 계약을 해 주었다는 말이 되는데, 외국 출판사와 체결한 계약서 내용을 확인해 보고 언제까지 독점적 이용을 허락한다는 뜻인지 살펴볼 필요가 있습니다.

만일 이중계약이 확실하다면 달리 독점계약을 맺은 국내 출판사와 연대하여 외국 출판사를 상대로 손해배상을 청구할 수 있으며, 독점허락계약이 아닌 것을 오해했다면 다른 국내 출판사의 이의 제기가 타당하므로 예전 출판본대로 원상회복하고 독점이용이라는 표현을 사용해서는 안 됩니다. 나아가 그림 등을 원본대로 인쇄했더라도 내용 자체에 변화가 없다면 개정판이란 표현을 사용할 필요는 없지 않을까 생각합니다.

129. 저작재산권 소멸 후의 저작물과 회복저작물의 이용방법

1. 〈로미오와 줄리엣〉, 〈목걸이〉(모파상), 〈장발장〉, 〈어린왕자〉, 〈걸리버 여행기〉, 〈플란다스의 개〉 등의 고전작품들은 여러 출판사에서 중복출판되고 있으며, 내용에도 큰 차이가 없는 것을 흔히 볼 수 있습니다. 이런 경우 서로 저작권 침해문제는 없는 것인지요? 만약 이들 고전작품을 어린이들이 읽기 쉽게 바꾸는 등 개작한다면 어떻게 될까요?

2. 저자 사후 50년이 지나지 않은 작품 중에도 여러 출판사에서 출판되고 있는 것이 있습니다. 그런데 책의 어디를 살펴보아도 저작권 표시가 없습니다. 단지 원작자가 누구인지, 번역자가 누구인지 밝히고 있을 뿐이지요. 이런 경우, 저작재산권자 확인은 어떻게 하고, 저작권사용료는 어떻게 지불하나요?

～

1. 저작자 사후 50년이 지난 저작물은 자유이용 상태에 놓이므로 누구든지 저작권사용료 지불 없이 이용할 수 있습니다. 다만, 명예를 훼손하는 방법으로 저작인격권을 침해하는 행위(저작자 표시를 하지 않는 행위, 원작의 심한 훼손이나 변형)는 금지됩니다. 그러므로 원저작물을 토대 삼아 원작자 표시 후 어린이용으로 개작하는 정도는 그다지 문제가 되지 않습니다.

2. 질문에 해당하는 작품들은 오래전부터 우리 출판계에서 발행해 온 것으로 이른바 '회복저작물'에 해당하는 것으로 보입니다. 즉, 원저작물이 외국에서 1987년 10월 이전에 발행되었고, 우리나라에서 1995년 이전에 번역 발행된 책은 저작권자의 허락이 없어도 계속 출판할 수 있다는 규정에 따른 것인데, 이 경우 저작권자에게는 보상청구권이 부여되므로 저작권자가 직접 출판사를 상대로 보상을 청구하면 적정한 보상을 해 주게 됩니다. 따라서 이미 출판 중이라면 원작자 측으로부터 연락이 올 때까지 기다리면 되겠

습니다. 다만, 회복저작물에 해당하지 않는 경우, 즉 새로 번역도서를 출판하려면 반드시 저작재산권자를 찾아서 이용허락을 얻어야 한다는 점에 주의해야 합니다.

우리 저작권법에는 이른바 '법정허락'이란 제도가 규정되어 있지만 이는 국내 저작물(저작재산권자)에만 적용되므로 외국 저작물의 경우에는 이용자가 직접 저작재산권자를 찾아내서 이용허락을 받아야만 합니다.

실무 응용 사례

제3부

130. 도산한 잡지사의 저작권

몇 년 동안 발행된 월간지가 있는데 이번에 제가 그 잡지에 실렸던 사진자료를 인터넷 홈페이지에 사용할 필요가 있어 질문을 드립니다. 그 월간지를 발행하던 회사가 2년 전 도산하는 바람에 잡지 발행이 중단된 상태이며, 회사 자체가 없어진 상태에 있습니다. 그렇다 보니 저작권자와 연락을 취할 수 있는 방법이 없는데, 그렇더라도 무단으로 사진을 이용하게 되면 문제가 될까요? 예전에 그 잡지사에서 기자로 활동하던 사람들 중 몇몇은 다른 잡지사에서 근무하고 있는 걸로 알고 있는데, 혹시 이 사람들이 저작권을 주장할 수 있을까요?

우선 사진자료의 저작권 주체가 누구인지 판단하는 게 중요합니다. 즉, 잡지사 내부의 사진기자가 찍었고, 그리하여 내부 규약에 따라 업무상저작물로서 잡지사에 저작권이 있었는지, 아니면 개별 사진기자에게 저작권이 있는지 판단해야 하는 것이지요. 만일, 내부 사진기자가 아닌 외주에 의한 사진작업이었다면 외부업체나 사진작가에게 저작권이 있을 가능성이 높습니다. 하지만, 어떤 경로로도 저작권 주체를 파악할 수 없다면, 그리하여 저작권자나 그의 거소, 연락처 등을 도저히 알 수 없다면 저작권법에서 규정하고 있는 '법정허락' 제도를 활용해 볼 수 있겠습니다. 이 제도는 일정절차를 거쳐 '저작권위원회'에 법정허락을 신청하면 국가에서 정한 저작권사용료를 공탁한 후 저작물을 이용하는 제도입니다. 법정허락제도에 대한 자세한 내용은 '저작권위원회' 홈페이지(www.copyright.or.kr)를 통해 확인해 보기 바랍니다.

131. 공모한 체험수기의 저작권

우리 회사는 방문판매 사단법인으로 등록되어 있는 회사입니다. 이번에 사내에 한정된 이용을 목적으로 제품에 대한 〈체험사례집〉을 발간하려고 기획 중인데, 법적으로 문제가 없을까요? 저작권 등록을 해야 하나요? 〈체험수기〉를 받아 내용을 선정하고 '업무연락' 공문을 띄워, "각 체험 사례별로 유선을 통한 제출자의 게재 승낙 여부를 파악해야 하나, 업무효율을 위해 업무연락을 통해 협조를 요청하는 바입니다. 제출자 중 거부 의사를 표하지 않은 체험사례 건에 대해서는 발간에 동의한 것으로 간주하겠습니다. 체험사례의 게재를 원하지 않으면 연락 주시기 바랍니다. 편집 시 약간의 내용 수정이 있습니다. 접수된 서류는 일체 반환되지 않으며, 저작권은 회사에 있습니다."라고 공지했습니다. 어떤 문제가 있을까요?

༒

어떠한 저작물이든지 개인의 창작활동이 아니고서는 만들어질 수가 없겠지요. 그러나 경우에 따라서는 저작물을 작성한 개인이 아닌 그가 속한 법인이나 단체의 명의로 공표되는 저작물이 많은 것이 현실입니다. 따라서 현행 저작권법에서는 개인이 작성한 저작물이라고 할지라도 일정요건을 갖추었다면 그가 속한 법인이나 단체 또는 개인인 사용자(使用者)가 저작자로 될 수 있다고 규정하고 있습니다.

결론적으로, 질문내용을 살펴보면, '체험수기' 작성행위가 과연 업무상 행위에 해당하느냐 하는 문제(월급 등 보수에 따른 업무인가의 문제)와 각각의 체험수기에 대한 저작자의 표시를 어떻게 할 것인가, 그리고 개별 저작자 모두가 자신이 작성한 저작물이지만 업무상저작물로 귀속된다는 사실을 인지하고 있느냐 하는 문제 등이 관건이라고 하겠습니다. 만일, 뽑힌 체험수기에 대해 회사에서 일괄적으로 상금 형태의 저작권사용료를 지불한다면 이 경우에는 업무상저작물이 아닌 '저작재산권 양도'의 형태로 이해할 수밖에 없으며, 그렇다면 저작인격권은 여전히 저작자 개인에게 있으므로 회사에서는 임의로 저작물을 개변할 수 없습니다. 잘 따져서 판단하기 바랍니다.

132. 상품사진의 저작권

제가 알아본 바에 따르면 상품 판매를 목적으로 찍은 사진은 예술적 범위에 속하지 않기 때문에 저작권법으로 보호받을 수 없다고 들었습니다. 상품 판매용 사진의 저작권, 어떻게 받아들여야 할까요?

∾

일반적으로 소비제품을 생산하는 회사에서는 자사 제품을 많이 팔기 위해 여러 가지 광고 및 홍보, 그리고 판촉작업을 병행하게 됩니다. 이 경우 필수적인 것이 바로 제품을 사진으로 표현하는 일이며, 이렇게 표현된 사진은 각종 광고 및 홍보물에 유용하게 쓰이곤 합니다. 물론 자사 내에 홍보실 등 관련업무를 수행하는 부서가 있기는 하지만, 사진작가를 직원으로서 상시 채용하거나 자체 스튜디오를 갖추는 일은 현실적으로 어렵습니다. 따라서 제품을 널리 알릴 목적으로 만드는 각종 광고물 또는 안내책자 등의 제작은 광고대행업체에 의뢰하게 되고, 또한 광고대행업체 역시 고도의 기술을 요하는 제품사진의 경우 전문 스튜디오를 운영하는 사진작가에게 의뢰하게 됩니다.

의뢰받은 사진작가는 의뢰인들의 요구에 따라 다양한 방법으로 제품을 피사체 삼아 사진촬영에 임하게 되고, 작업이 끝나면 현상 및 인화를 통해 사진 상태를 확인한 후 원판필름과 함께 의뢰인에게 납품한 후 그 대가를 지급받는 것으로 계약관계가 종료되곤 합니다. 그런데 여기서 문제가 되는 것은 이런 경우 그 제품사진의 저작권 여부는 어떻게 되는가 하는 점입니다. 적당한 대가를 지급하고 사진의 원판필름을 납품받은 의뢰인 측에는 당연히 필름에 대한 소유권이 있는 것임에 분명하지만, 그렇다고 저작권까지 양도되었다고 볼 수 있는지 의문이 발생하는 것이지요.

이런 경우 가장 중요한 기준은 의뢰인과 사진작가 사이에 어떤 형태의 계약이 있었는가 하는 점이지만, 구체적인 내용을 다룬 계약서의 교환이 현실적으로 어려운 경우가 많기 때문에 광고사진을 둘러싼 크고 작은 분쟁은 앞으로도 많이 일어날 것으로 보입니다.

광고사진의 저작물성, 그리고 소유권과 저작권의 관계 및 손해배상의 범위 등에 대한 판례로서 주목할 만한 것은 '서울고등법원 제4민사부 1998. 7. 22. 판결, 96나39570 손해배상(기)' 사건을 들 수 있습니다. 이 사건은 약 1년 전 하급심에서 원고패소 판결을 내렸던 것을 뒤집고 항소인인 원고의 일부승소를 인정했다는 점에서 광고사진의 애매하고도 까다로운 법 적용의 예를 잘 보여준 것이라고 할 수 있습니다.

저작권법 제2조 정의규정에 의하면 저작물이란 "인간의 사상 또는 감정을 표현한 창작물"을 의미하고, 또 다른 조항에서는 사진 및 이와 유사한 제작방법으로 작성된 것을 포함하는 사진저작물도 저작물의 하나로 예시하고 있어 사진도 보호받는 저작물이 될 수 있음은 분명합니다. 그러나 저작물이 되기 위해서는 비록 고도의 창작성까지는 아니더라도 저작권법에 의한 저작물로서 보호될 만한 가치를 지닐 수 있는 창작에 의한 산물이어야 한다는 것 또한 주지의 사실입니다.

위 판례의 사건에서 문제된 사진 중 먼저 제품사진에 대해서 재판부는 피고 회사의 제품을 종류별로 제품과 대비될 물질을 깔아놓은 상자 속에 넣고 촬영한 것으로 비록 광고사진작가의 기술에 의해 이를 촬영했다 하더라도 그 목적은 그 피사체인 제품 자체만을 충실하게 표현하여 광고라는 실용적인 목적을 달성하기 위한 것이고, 다만 이때 그와 같은 목적에 부응하기 위해 그 분야의 고도의 기술을 가지고 있는 사진작가의 사진기술을 이용한 것에 불과하다고 판시하였습니다. 바로 그와 같은 광고사진의 기술을 이용하기 위해 광고대행업체에서는 촬영료를 지급하고 원고를 이용하여 촬영작업을 한 것으로 보아야 하므로 저작권법에 의해 보호할 만한 원고(사진작가)의 어떤 창작적 노력 내지 개성을 인정하기 어렵고, 제품사진에 있어서 중요한 것은 얼마나 그 피사체를 충실하게 표현하였나 하는 사진기술적인 문제라는 점에서 저작권이 주어지는 저작물이라고 보기 어렵다고 한 것이지요.

반면에 이미지사진의 경우에는 제품사진과는 달리 제품의 이미지를 부각시켜 광고의 효과를 극대화하기 위해 촬영된 것으로 단지 사진기술만을 이용해서 그 피사체만을 표현하려 한 것이라고는 볼 수 없고, 오히려 피고회사의 제품과 배경장식물 등을 독창적으로 조화롭게 배치해 놓고 이를 촬영한 것으로서 그 창작성이 있다고 볼 것이어서 사진저작물에 해당된다고 판시하였습니다. 따라서 그 촬영목적이 광고라는 것은 저작물을 인정하는 데에 아무런 문제가 되지 않는다는 것으로 해석하고 있습니다.

이와 같은 이미지사진의 저작권이 누구에게 귀속되는지 살펴보면, 그 저작권은 특별한 사정이 없는 한 이 사건 이미지사진을 촬영 제작한 원고에게 귀속된다는 것이 재판부의 판단이었습니다. 이미지사진은 광고물로서 그 촬영제작을 광고대행업체에서 의뢰했다는 사실이나 광고대행업체가 그 제작과정에서 촬영대상물의 거의 대부분을 준비하고 촬영시안을 미리 작성하는 등 주도적인 역할을 했다는 사실만으로는 그 저작권이 광고대행업체에 귀속한다고 보기 어렵다는 것이었지요. 즉, 이미지사진은 단지 원고의 사진기술을 이용해서 그 촬영대상을 복제하는 수준에 그치는 것이 아니라 위와 같은 광고대행업체의 준비를 적절히 이용하여 원고(사진작가)가 그의 사진기술과 창의성을 동원, 촬영에 이른 것이라고 보아야 한다는 설명이었습니다.

나아가 원고가 촬영된 이미지사진의 원판을 광고대행업체를 통해 피고회사에 양도했으므로 피고회사는 소유자로서 그 원판을 이용하는 결과로 이미지사진도 이를 이용할 수 있다는 취지의 피고 주장 및 위와 같은 경우 그 저작권도 함께 양도한 것으로 보아야 한다거나 그러한 관행이 있다는 광고대행업체의 주장에 있어서, 원래 저작물에 대한 소유권과 저작권은 별개의 개념으로 저작물의 소유자라 하여 그 저작권까지 이를 취득하는 것은 아니라고 판시하고 있습니다. 곧 저작물이 양도되었다 하여 그에 대한 저작권까지 양도된 것은 아니며, 이 사건의 경우에도 촬영의뢰계약의 내용으로 보아 원고가 광고대행업체를 통해 피고회사에 양도한 것은 이미지사진의 원판으로 저작물 자체가 양도된 것 또한 아니라는 것이지요. 따라서 피고회사의 경우 소유권을 취득한 것도 이미지사진의 원판이나 촬영의뢰계약에 의해 처음에 약정된 이용범위에 국한된 저작물인 이미지사진의 소유권만을 취득한 것으로 보아야 한다는 것이 재판부의 판단인 셈입니다.

이상에서 살핀 것처럼 광고물을 제작함에 있어 외부의 사진작가에 제품사진을 의뢰할 경우 정확한 계약에 근거해야 함을 알 수 있습니다. 아울러 당사자 사이에 특별한 약정이 없는 한 이미지사진에서처럼 사진작가의 창의성이 내재된 제품사진의 경우에는 저작권법으로 보호되는 사진저작물로서 저작재산권자의 각종 권리가 생겨나게 되어 그 이용자가 허락받은 이용범위를 벗어나서 이용할 경우 저작재산권 침해가 성립된다는 사실 또한 알 수 있습니다. 따라서 그동안 광고업계에 공공연히 만연되어 있던 '소유권은 곧 저작권'이라는 오해는 하루 빨리 불식되어야 하며, 정당한 권리의 획득을 위해 정확한 법적용과 저작권적 이해가 필요하다고 하겠습니다.

예컨대, 미술저작물의 경우만 보더라도 특정화가로부터 그림을 산 사람은 그 미술저작물에 대한 소유권만을 획득한 것이지 저작재산권까지 사들인 것은 아니라는 사실을 상기할 필요가 있습니다. 사진저작물 역시 마찬가지이므로 애초에 저작재산권양도계약에 입각해서 작업을 하든지, 아니면 이용범위를 확실하게 규정하여 저작권 침해로 인한 분쟁이 발생하지 않도록 세밀한 주의를 기울일 필요가 있는 것이지요.

　결론적으로, 문의한 내용처럼 판매목적으로 찍은 모든 사진에 저작권이 주어지지 않는다는 것은 잘못된 생각입니다. 광고목적을 기준 삼지 말고 그 사진에 창작성이 인정되는가, 그렇지 않은가 하는 점을 따져 본 후에 판단하기 바랍니다.

133. 제품사진의 허용범위

마케팅에 관한 책을 만들고 있는데 이해에 도움이 되도록 사례로 상품의 사진을 넣었으면 하거든요. 예를 들어 '설록차'라든가 '아침햇살' 뭐 이런 제품의 사진이요. 창작성을 띠는 경우에 저작권이 성립된다고 알고 있는데 이런 단순 제품사진도 저작권 보호대상이 되는 건가요? 만약 허락을 맡아야 한다면 해당 제품을 보유하고 있는 회사에 허락 요청을 해야 하는 건지요?

∞

판례에 의하면 제품사진이라도 사진작가의 창작성이 포함되어 있으면 저작권이 부여된다고 합니다. 예를 들어, 단순히 제품의 모습만 드러낸 사진(증명사진과 같은)에는 저작권이 인정되지 않지만, 이미지화한 사진 즉 제품과 각종 소품 및 배경 등을 활용해서 제품의 특장점을 부각시킨 사진이라면 저작권이 인정된다는 것이지요. 따라서 이용자가 제품을 그대로 찍은 것이라면 저작권이 문제가 되지 않겠지만, 피사체로서의 제품 자체에 표현되어 있는 사진에는 저작권이 인정될 가능성이 매우 높습니다. 해당 제품의 제조사로부터 이용허락을 얻는 동시에 제품 이미지 파일을 얻어 이용하는 것이 가장 안전하겠습니다만, 부득이하게 직접 찍어 이용해야 한다면 내용상 제품의 이미지를 훼손하는 것에 대한 증빙사진으로 이용되지 않도록 각별히 유념하기 바랍니다. 저작권과는 별도의 명예훼손 및 초상권(제품에 인물 모델의 사진이 들어 있을 경우)이 문제가 될 수 있으니까요.

134. 제품 카탈로그의 무단복제와 저작권

자동차 부품을 취급하는 업체인데 작년에 제품사진 위주의 카탈로그를 만들었습니다. 원활한 영업활동을 목적으로 당사에서 자체적으로 제작했으며, 제품 구입 및 촬영 등을 직접 수행하는 방식으로 두 달 이상 진행한 끝에 완성했습니다. 그런데 다른 경쟁업체에서 우리가 만든 카탈로그에 게재된 사진들을 복사하여 카탈로그를 만들어 사용하고 있다는 사실을 알게 되었습니다. 양해를 전혀 구하지 않고 도용하고 있는 것이 너무나 괘씸해서 어떻게 하면 우리 권리를 보호받을 수 있을까 고민하고 있습니다. 또한 이 카탈로그는 매년 발행되는 것인데 제대로 보호를 받으려면 어떻게 해야 하는 걸까요?

～

제품홍보 등 영리를 목적으로 찍은 모든 상품사진에 저작권이 주어지지 않는다는 것은 잘못된 생각입니다. 앞의 다른 질문에 대한 답변에서도 언급한 것처럼 광고목적을 기준 삼지 말고 그 사진에 창작성이 인정되는가, 그렇지 않은가 하는 점을 따져 본 후 판단할 문제이기 때문이지요.

또, 해당 카탈로그가 편집저작물에 해당한다면 별도의 저작권이 주어집니다. 저작권법에 따르면 편집저작물이란 "편집물로서 그 소재의 선택 또는 배열에 창작성이 있는 것"을 말하며, 편집저작물은 독자적인 저작물로서 보호되기 때문이지요. 이러한 편집물이 저작물로서 보호를 받으려면 일정한 방침 혹은 목적을 가지고 소재를 수집·분류·선택하고 이를 배열하여 편집물을 작성하는 행위에 창작성이 있어야 합니다. 그리고 그 창작성은 반드시 작품의 수준이 높아야 하는 것은 아니지만 저작권법에 의한 보호를 받을 가치가 있는 정도의 최소한의 창작성은 있어야 하고, 누가 작성하더라도 같거나 비슷할 수밖에 없는 성질의 것이라면 창작성이 있다고 볼 수 없습니다.

결국 편집저작물의 보호는 그 편집방법에 있어서 아이디어를 보호하는 것이 아니라 편집물에 구현된 편집방법을 보호하는 것입니다. 아울러 편집저작물의 구성부분이 되는 원저작물의 저작자로부터 허락을 얻지 않은 것이라도 그 자체는 저작권법의 보호를 받으며, 제3자의 침해에 대해 권리주장을 할 수 있습니다. 귀사에서 만든 카탈로그 사진의 창작성 내지는 카탈로그 전체의 편집저작물 성립 여부를 따져 본 후 대처하는 게 좋겠습니다.

135. 상담내용과 저작권

저는 현재 동호회 사이트를 운영 중이며, 그 사이트 내에서 특정사안에 대한 상담을 진행하고 있습니다. 그 상담내용을 묶어 책으로 출판하려면 질문을 올린 사람들과의 협의가 필요할까요? 상담내용 중 답변을 쓴 사람은 저이지만 질문을 올린 사람은 동호회 회원들인데, 책으로 출판하게 되면 질문과 답변이 호응을 이루어야 하기 때문입니다. 게다가 회원 가입을 하지 않고 글을 올린 사람이나 이미 탈퇴한 사람 등에 대해 전부 동의를 받기 어려운 실정입니다. 또한 현재 무료상담을 진행하고 있는데, 약관에 명시하지는 않았지만 운영규칙에 상담이 완료된 건에 대해서는 2차 복제나 출판 등의 목적으로 사용할 수 있다고 공지해 놓은 상태입니다. 어떻게 해야 할까요?

∾

기본적으로 저작권이 인정되려면 그 저작물에 창작성이 있어야 합니다. 현재 필자가 운영하는 저작권상담실 게시판을 통해 올라오고 있는 질문의 경우에도 그렇습니다만, 질문 그 자체에 창작성이 있다고, 즉 저작권의 보호를 받는 저작물이라고 보기에는 어려울 것으로 판단됩니다. 오히려 질문내용 중에 혹시 등장할지 모르는 해당 기업이나 개인의 영업비밀 또는 프라이버시 침해의 문제가 발생할 가능성이 더 높은 것으로 보입니다.

아울러 그 내용이 부정적인 경우 질문을 통해 질문자가 누구인지 알 수 있는 단서라도 들어 있다면 형사상 명예훼손의 가능성도 있습니다. 따라서 질의자가 단순히 질문에 근거해서 답변한 내용을 가지고 새로운 저작물을 만드는 것에는 저작권법상 큰 문제가 없습니다. 다만, 영업비밀이나 프라이버시 침해 또는 명예훼손의 우려를 감안해서 질문내용을 본질이 훼손되지 않는 범위 내에서 적절히 손질하여 질문자의 인적사항이 드러나지 않도록 윤색한다면 별 문제가 없겠습니다.

136. 전시 중인 작품을 배경으로 찍은 사진의 저작권

해외 미술관에 전시 중인 작품 가운데 사후 50년이 되지 않은 작가의 작품을 직접 사진으로 찍어 게재했을 경우 저작권 문제는 어떻게 되나요? 단, 이 경우 해당 작품은 사진 속에서 중심 피사체로 클로즈업된 것이 아니라 '전시장 내부'에 초점을 맞춘 것이어서 마치 배경의 일부처럼 나타냈습니다. 물론 캡션도 "***의 △△△" 이렇게 표기하는 것이 아니라, "***의 △△△이 전시된 ##미술관 전시실 내부", 이렇게 소개하려는데요. 과연 문제가 없을까요?

어문저작물의 경우에는 주로 인쇄의 방식, 즉 출판에 의해 복제가 되지만 사진저작물이나 미술저작물은 사진형태로 복제가 됩니다. 따라서 저작권자의 저작재산권 중 '복제권'이 미치는 저작물 이용방법이므로 저작권자의 허락이 없으면 사진으로 찍더라도 이를 공표의 방식으로 이용할 수 없습니다. 더구나 그것이 실물 그대로 찍힌 것이 아니라 배경의 일부로 찍혔다면 미술저작물 그 자체의 미감이나 화가(저작권자)의 작품성을 제대로 드러낼 수 없기 때문에 저작재산권 중 복제권 침해뿐만 아니라 저작인격권상의 '동일성유지권' 침해까지 성립될 수 있습니다. 따라서 귀하처럼 미술저작물을 사진의 배경으로 이용하는 것은 저작권자의 허락이 없는 한 매우 위험한 행위가 될 수 있습니다. 다만, 미술작품 위주로 찍은 사진이 아니라 전시실 내부를 묘사하기 위해 찍은 것으로서 미술작품들이 단순한 배경으로 보일 정도라면 저작권 침해문제가 생기지 않을 수도 있습니다. 따라서 배경으로 찍힌 그림들이 그 자체로 작품성을 인지할 정도라면 곤란할 것으로 판단됩니다.

137. 인터넷 카페 운영과 저작권

저는 인터넷 카페를 운영하는 사람입니다. 통상 카페지기라고 하지요. 저희 회원들이 도서를 소개할 수 있는 메뉴를 제안하여 준비 중에 있습니다. 준비를 하다 보니 도서 소개자료를 비교적 쉽게 얻을 수 있는 곳이 인터넷 서점이더군요. 인터넷 서점에 올라 있는 도서 이미지와 책 소개글, 출판사 서평 등을 저희 인터넷 카페에서 인용하여 도서를 소개하고자 하는데 해당 서점에서는 서평 등은 출판사의 저작물이기 때문에 허용 여부에 대해서는 출판사에 문의하라고 하더군요. 하지만 그 많은 출판사에 문의한다는 게 쉬운 일이 아니어서 고민이 커지고 있습니다.

질문을 정리하면, 인터넷상의 도서 이미지, 출판사 서평, 책 소개글 등을 복제하여 저희 인터넷 카페의 특정 메뉴에 올려 회원들에게 책을 소개해도 저작권 침해사유가 되는지요? 만약 침해사유가 된다면 침해에 해당하지 않는 수준은 어디까지인지도 궁금합니다.

～

저작권은 기본적으로 창작행위를 통해 저작물을 만든 사람(저작자)에게 있으며, 법에서 정한 사유(저작재산권의 제한규정에 해당하는) 이외의 용도로 저작권자의 허락 없이 이용하는 행위는 곧 불법입니다. 따라서 이용하고자 하는 저작물이 어떤 것이든 해당 저작권자의 이용허락을 받아야 합니다. 수많은 도서를 취급하는 인터넷 서점 역시 예외일 수는 없기 때문에 출판권자와 저작권자들의 허락이 없으면 홈페이지를 통한 소개활동을 할 수 없는 것이 현실입니다. 번거롭고 때로는 귀찮겠지만 소개하고자 하는 도서마다 해당 콘텐츠의 저작권자로부터 허락을 받아 이용하는 수밖에 다른 방법이 없음을 유념하기 바랍니다. 만일 이러한 점을 무시하고 임의로 도서정보를 올려서 카페를 운영한다면 저작권자의 인격권은 물론 저작재산권(복제권, 공중송신권 등)을 침해한 것으로서 법적 책임을 추궁당할 수 있습니다.

예컨대, 책의 내용에 대해서는 저자의 허락이 필요하며, 출판사에서 작성한 서평이나 도서 이미지에 대해서는 출판사의 허락이, 그리고 전문가(기자, 평론가 등)의 서평은 해당 전문가의 허락을 필요로 합니다. 아울러 귀하처럼 인터넷 카페를 운영하는 경우 법에서 정한 저작재산권 제한사유에 해당하지 않기 때문에 극히 일부라고 하더라도 이용할 수 있는 범위나 조건이 성립되지 않습니다. 아마도 가장 좋은 방법은 해당 출판사에 일일이 연락을 취해서 이용목적을 설명하고 해당 도서에 대한 보도자료용 파일을 받아서 게재하는 것이 아닐까 싶습니다.

138. 만화 대여점과 저작권

요즈음 저작권 보호가 강화되면서 여기저기서 난리들이잖아요. 그렇다 보니 음악도, 동영상도 예전보다 감시가 엄격해서 다운받기가 쉽지 않은 것 같습니다. 그런데 이상한 게 있습니다. 만화가게를 보면 버젓이 책을 빌려주고 돈을 받는데, 이런 건 저작권침해 아닌가요? 인터넷을 포함해서 어디서든지 함부로 저작권을 침해하면 안 된다고 하면서 왜 만화가게는 그냥 내버려두는 거죠? 소설이나 만화가 실린 책들은 그럼 저작권을 침해당해도 된다는 건지 도대체 알 수가 없네요.

∾

저작물의 원작품 또는 복제물이 저작재산권로서의 배포권자로부터 허락을 받아 판매의 방법으로 거래할 수 있게 되었다면 이후의 거래단계에서는 일일이 배포권자의 허락 없이도 배포할 수 있습니다. 즉, 미술저작물 등의 원작품 또는 인쇄의 방법으로 복제하여 출판한 저작물 등을 판매의 방법으로 거래해도 좋다는 내용의 계약이 저작재산권자와 이용자 사이에 성사되었다면 이용자는 그것을 판매함에 있어서 거래의 단계가 바뀔 때마다 저작재산권자로부터 배포의 허락을 얻지 않아도 된다는 취지이지요. 이는 흔히 어떤 소비재가 소비자들의 손에 닿기까지 여러 유통단계를 거치는 것처럼 저작물의 원작품이나 그 복제물도 최종의 구입자에게 이르기까지 여러 단계를 거칠 수 있음을 인정한 것으로 보입니다.

예컨대, 출판물의 유통단계를 보면, 최초의 저작물 이용자인 출판권자로부터 서적 도매상으로, 도매상에서 소매상인 일반서점으로, 일반서점에서 독자에 이르기까지 유통의 단계가 분화되는데, 그때마다 배포에 따른 허락을 받아야 한다면 본래의 이용목적에 비추어 보아 비합리적이라고 할 수 있지요. 따라서 처음에 배포권자의 허락을 받아 판매의 방법으로 거래에 제공된 저작물의 원작품이나 복제물에 대해서는 그 후의 재배포 행위에 배포권이 미치지 않는다는 점을 분명하게 밝힐 필요가 있습니다.

한편, 배포권자의 허락 아래 구매자들에게 팔 목적으로 거래에 제공되는 저작물의 원작품 또는 그 복제물은 이후로도 계속해서 배포할 수 있지만, 만일 원작품 또는 그 복제물을 판매하는 것이 아니라 일정의 대여료를 받고 빌려주는 사람이 있다면 그가 배포권자가 아닌 한 그러한 권리가 정당한 것인가 하는 점이 대두됩니다.

이에 현행 저작권법에서는 모든 저작물의 원작품 또는 그 복제물의 대여에 관한 허락을 문제 삼기는 어렵다고 보고 판매용 음반에 한해서 배포권자에게 허락을 얻은 다음에 영리를 목적으로 하는 대여를 할 수 있도록 이른바 음반에 대한 대여허락(rental license)을 규정하고 있습니다. 판매용 음반을 배포하되 판매에 의한 배포가 아닌 대여에 의한 방식으로 영리를 추구할 경우에는 판매용 음반의 판매율이 현저하게 떨어짐으로써 배포권자의 이익이 침해될 수 있다고 보고, 판매용 음반의 영리를 목적으로 하는 대여에는 배포권자의 대여권(rental right)이 작용함을 밝힌 것이지요. 즉, 영리를 추구할 목적으로 판매용 음반을 대여하는 사람은 저작재산권자로부터 대여에 대한 허락을 얻어야만 하며, 저작재산권자에게는 그러한 대여를 허락할 권리가 있습니다.

여기서 배포권과 대여권의 관계를 살펴볼 필요가 있습니다. 배포의 개념에는 대여가 포함되지만 배포권에는 대여권이 포함되지 않습니다. 외국의 입법례를 보더라도 배포권이 제한된 복제물의 대여업이 성행함으로써 저작재산권자의 경제적인 이익에 손실을 가져올 수 있으므로 이를 보상할 목적으로 대여권을 신설한 경우가 많았습니다. 따라서 대여권은 저작재산권자의 기본적 권리인 복제권·공연권·공중송신권·전시권·배포권 등과 같은 독립적인 권리라기보다는 거래의 안전을 위해 배포권을 제한함에 있어서 저작재산권자에게 예상하지 못한 손실을 끼칠 우려가 있으므로 배포권 제한의 예외로서 부수적으로 인정한 권리라고 할 수 있습니다. 다만, 2007년 전부개정법에서 판매용 음반에 대한 대여권을 독립적인 권리로 규정하고 있습니다.

이상과 같은 논의의 연장선상에서 도서 및 잡지 등에 대한 대여권 인정 논의가 계속되고 있지만 아직 이렇다 할 결과는 없는 형편입니다. 그런데 만화나 무협소설 등은 그 저자나 출판권자가 애초에 만화가게 같은 대여점 형태의 업소에서 이용될 것이라는 전제 아래 작업을 하고, 또 대여허락을 내용으로 하는 계약서를 주고받는 관계로 저작권 침해문제는 발생하지 않는 것으로 알고 있습니다. 즉, 만화가게에서 일방적으로 빌려주는 것이 아니라 이미 저자나 출판사와 합의한 상태에서 영업을 하고 있다는 말이지요.

139. 국제표준도서번호와 저작권

저작자 4명이 공동으로 책을 집필해서 국제표준도서번호(ISBN)가 등록되었는데, 그 중 한 명이 책 내용을 수정하지도 않은 채 단독 저서로 또 다른 ISBN을 등록했습니다. 이런 경우 법적으로 아무런 문제가 없는지요?

∽

국제표준도서번호(ISBN; International Standard Book Number)는 서지학에서 사용하는 10자리 숫자번호로서 모든 서적의 초판 및 개정·증보판의 발행에 앞서 정해진 기준에 따라 번호가 부여됩니다. ISBN은 각 작품의 국가별·지리적 분류 및 언어의 분류, 출판업자, 제목, 개정·증보판 발행판수, 권(卷)번호들을 나타냅니다. 이는 국제연합 후원단체인 국제표준화기구가 제정한 '국제표준서지표기(ISBD)'의 한 부분으로서, 1969년 대표자들에 의해 번호 매기기 방식이 채택되었습니다. ISBN은 단행본 및 총서 출판에서 서지내용의 배열기준을 제시하는데, 각각의 숫자들은 지정된 국립표준도서번호지정기관들로부터 부여받습니다.

예를 들면, 미국의 R.R. 보커, 영국의 표준도서번호지정회사, 브라질 국립도서관, 독일의 프로이센 주립도서관, 가나의 아프리카 정세연구도서관 등이 도서번호지정기관들이지요. 각각의 ISBN에 덧붙여, 앞서 말한 국가별 분류확인부호를 추가하면 원래 영국에서 고안된 표준도서번호와 일치합니다. 우리나라에서도 ISBN을 채택하고 있으며 번호의 부여·발급 업무는 국립중앙도서관이 관장하고 있습니다.

귀하의 질문내용에 따르면 4인 공동저자로 발행된 책을 공동저자 중 한 사람이 별도의 단행본으로 다시 발행했고 각각 다른 ISBN이 부여되었다는 것인데, 도덕적으로는 비난받아 마땅하지만 별도로 발행된 도서에 부여된 것이므로 ISBN 자체에는 법적 문제가 없는 것으로 보입니다. 다만, 공동저자 전원의 합의하에 이루어진 일이 아니라면 저작권법에 위반한 것이며, 그에 대한 문제는 다른 공동저자 3인이 제기할 수 있습니다. 공동저작물의 저작재산권은 공동저작자 전원의 합의에 의해서만 행사할 수 있기 때문이지요.

공동저작물의 저작재산권은 공동저작자 전원의 합의에 의해서만 행사할 수 있습니다.

140. 인형극의 저작권

이미 출판되어 있는 그림책을 인형극으로 만들려고 합니다. 저는 외국에 거주하며 인형극을 공연하는 사람인데, 우리나라 전통 이야기를 인형극으로 만들어 순회공연을 다니려고 합니다. 이런 경우 원저작물 저작자의 이용허락이 필요한 것으로 알고 있습니다. 구체적으로 어떻게 해야 하는지 알려 주세요.

～

공표된 저작물, 즉 책의 형태로 출판된 저작물을 원작 삼아 다른 언어로 번역하거나, 상연 또는 상영을 위해 각색한 것을 가리켜 '2차적저작물'이라고 하며, 2차적저작물을 작성한 사람에게는 별도의 저작권이 부여됩니다. 하지만 이러한 2차적저작물작성권은 매우 중요한 저작재산권의 일부로서 원저작권자가 소유한 기본적인 권리이기 때문에 원저작권자의 허락을 받아야만 2차적저작물을 작성할 수 있습니다.

먼저 원저작물(출판되어 있는 그림책)의 출판사에 2차적저작물로서의 인형극 제작에 관해 문의하기 바랍니다. 대개 출판계약 시 저작자는 출판사에 2차적저작물 이용에 관한 권리를 위임해 놓은 경우가 많기 때문입니다. 문의하게 되면 아마 출판사에서 원저작자와 협의해서 이용조건 등을 알려 주게 될 겁니다. 다만, 원저작물의 내용이 전설이나 민담, 설화 등을 바탕으로 하는 우리 전래의 동화라면 별도의 이용허락이 필요 없습니다. 내용을 살펴보아 새로 창작한 것일 경우에만 이용허락을 받으면 되겠습니다.

141. 영화 홍보용 사진의 이용에 따른 저작권 문제

잡지에 영화를 소개하는 코너가 있습니다. 영화내용과 간단한 감상을 함께 넣고 있는데요, 디자인상 영화사진을 이용하고 있습니다. 그 사진은 영화 관련 사이트에서 다운받아 사용합니다. (그 사이트도 주로 영화사에서 홍보용으로 내놓은 사진들을 올려놓는 것으로 알고 있습니다.) 이럴 경우에도 저작권 침해에 해당하나요? 그렇다면 어떻게 해야 하는지요?

～

허락을 받지 않고 무단으로 이용하게 되면 저작권 침해문제가 발생할 수 있습니다. 영화제작사에는 당연히 홍보팀이 활동하고 있을 겁니다. 그리고 보도자료를 포함하여 홍보용 영상이나 스틸 등이 별도로 마련되어 있을 겁니다. 잡지사 차원에서 정식으로 홍보자료를 요청하면 영화제작사에서는 질 좋은 자료를 제공해 주는 것으로 알고 있으니 영화제작사 홍보담당자에게 자료를 요청하기 바랍니다. 그리고 나중에 잡지에 실리는 사진의 설명문 말미에 〈사진 *** 제공〉 등의 형태로 출처를 명시한다면 별 문제가 없을 것으로 판단됩니다. 만일 무단으로 이용하는 경우에는 그것이 홍보용으로 공개된 것이라고 하더라도 문제가 될 수 있으므로 주의하기 바랍니다.

142. 링크 행위와 저작권

우리 회사는 기업체 사외보의 기획과 제작을 대행하는 출판대행사입니다.

우리는 종이로 발행하는 정기간행물 형태의 사외보에 대해 고객사와 출판계약을 맺고 일을 하고 있습니다. 그런데 최근에는 웹진이 활성화되면서 사외보를 발행하는 기업체에서는 별도의 비용을 들이지 않고 사외보의 콘텐츠를 그대로 가져와 웹진을 운영하는 추세입니다. 고객사에서도 사외보 콘텐츠를 그대로 웹진에 사용하기를 원하기 때문에 우리 회사는 별도의 비용을 요구하지 않고 웹진에 대한 자료를 제공하고 있습니다. 물론 고객사는 이에 대해 양해를 구했고, 우리 회사와 사진작가·디자이너도 동의를 했습니다. 그런데 고객사에서 자사 웹진의 콘텐츠를 다른 기업체(고객사의 제휴회사)의 웹진에서 링크시킬 수 있게 할 경우, 저작권이나 비용문제가 어떻게 되는지 문의해 왔습니다. 다시 말씀드리면, 우리 회사에서 만든 콘텐츠를 고객사가 아닌 다른 기업체의 웹진을 통해서도 보게 되는 것이지요.

1. 그 콘텐츠가 우리 고객사의 웹진임을 밝히고 웹진 주소를 링크시키는 것에 대해서는 우리 회사의 동의 여부만이 문제가 되나요?

2. 고객사의 웹진 전체를 링크시키는 것이 아니라 웹진 내용 중에서 특정 칼럼만을 링크시키는 경우에는 어떻게 되나요? 이런 경우, 그 특정 콘텐츠는 사람들에게 한 기업의 웹진으로 받아들여지기보다는 하나의 완성된 기획 칼럼으로 읽히게 됩니다. 따라서 그 칼럼에 참여한 사진작가와 스타일리스트의 저작권도 생각하지 않을 수 없게 됩니다. 그렇다면 그들에게 사용료를 지불하기 위해 고객사(또는 고객사에 웹진 일부를 요청한 제3의 기업체) 측에 적당한 비용을 요구할 수 있나요?

3. 그리고 저작권 문제는 링크 방법에 따라서 허용이 되고 안 되는 미묘한 차이가 있다고 들었습니다. 위와 같은 경우에도 링크 방법이 무엇인가 하는 점이 관건이 되는지요?

～

모든 분야에서 디지털화가 급속도로 진행되다 보니 미처 예상하지 못했던 저작권 문제가 발생합니다. 질문내용도 법조문만으로는 해결하기 힘든 미묘한 문제를 담뿍 담고 있어서 답변하기가 사실 조심스럽습니다.

먼저 복제의 개념에 대해 살펴볼 필요가 있습니다. 복제(reproduction)란, "인쇄·사진촬영·복사·녹음·녹화 그 밖의 방법에 의하여 유형물에 고정하거나 유형물로 다시 제작하는 것을 말하며, 건축물의 경우에는 그 건축을 위한 모형 또는 설계도서에 따라 이를 시공하는 것을, 각본·악보 그 밖의 이와 유사한 저작물의 경우에는 그 저작물의 공연·실연 또는 방송을 녹음하거나 녹화하는 것을 포함"하는 개념입니다. 따라서 복제는 저작재산권 중에서 가장 기본적인 권리이며, 저작물 이용에 있어서도 가장 기본적인 형태라고 할 수 있지요. 여기서 예시하고 있는 인쇄·사진촬영·복사·녹음·녹화 등은 우리가 일상적으로 저작물을 이용하는 방법들이기 때문입니다. 여기에다 디지털 기술의 발달 양상을 반영하여 2000년도 개정저작권법에서는 "유형물로 다시 제작하는 것" 이외에 "유형물에 고정하는 것"을 복제의 개념에 포함시켜 디지털 복제까지 확장시키고 있으며, 저작권자에게는 복제권이 부여됩니다.

다음으로 공중송신 중 전송에 대해 생각해 볼 필요가 있는데, 전송(傳送)이란 "공중이 개별적으로 선택한 시간과 장소에서 수신하거나 이용할 수 있도록 저작물을 무선 또는 유선통신의 방법에 의하여 송신하거나 이용에 제공하는 것"을 말합니다. 곧 국경에 관계없이 광범위하게 사용되고 있는 인터넷 등 온라인상의 저작물 송신을 고려한 새로운 개념이라고 할 수 있으며, 저작권자에게는 전송의 개념을 포함하는 공중송신권이 부여되지요.

그런데 여러 가지 디지털 기술 이용방법들을 살펴보면, 위에서 살펴본 복제나 공중송신 행위에 정확하게 들어맞는 것이 있는가 하면 애매한 경우도 많이 있습니다. 그 대표적인 경우가 바로 링크 행위가 아닌가 싶습니다.

1. 지금까지 연구된 바에 따르면 일단 자기 홈페이지에 무단전재한 것이 아닌 연결목적의 단순 링크의 경우에는 저작권 침해로 볼 수 없다고 판단됩니다.
2. 특정 콘텐츠를 링크시킴으로써 별도의 홈페이지에서 만든 별도의 기획물로 인지될 가능성이 높다면 이는 종이잡지나 도서에서의 재수록에 해당되는 것으로 보면 되겠습니다. 재수록의 경우 일반적으로 1차 수록 저작권사용료보다 저렴한 가격(절반 수준 이하)에 이용허락을 하므로 적당한 비율을 상호 협의하는 게 좋겠습니다.
3. 링크 방법에 대한 구체적인 기준은 아직 나와 있는 게 없는 것으로 알고 있습니다. 따라서 단순 링크의 예에서처럼 초기화면에 배너 형식으로 링크를 안내하고 이를 클릭하면 온라인서비스제공자가 다른 해당 홈페이지로 이동하는 형식이라면 별 문제가 없을 것이고, 온라인서비스제공자가 바뀌지 않는 상태에서 개별 콘텐츠로 이동하는 링크라면 재수록에 해당할 수 있으므로 자세히 따져 보기 바랍니다.

143. 예문 및 도안의 저작권

영어 관련 원고를 집필 중인데, 예문 사용에 관해서 질문을 드립니다.

원래 언어라는 것이 누구나 사용할 수 있는 이상 다른 책에 포함되어 있는 예문이라 하더라도 한두 문장쯤은 똑같이 사용해도 괜찮지 않을까 생각하는데, 내용설명방식이 아닌 단순예문만을 중복사용한 경우에도 저작권 침해가 될까요?

또, 평소에 흔히 볼 수 있는 어떤 문양—네모, 세모, 동그라미 등등—을 가지고서 영어 공부를 효과적으로 할 수 있는 도안을 만들었다고 할 때, 그 도안도 출판과 함께 생기는 저작권으로 보호를 받을 수 있을까요? 아니면 특허사무소를 통해 산업재산권으로 등록을 해놓아야 할까요? (특허, 실용신안, 디자인과 같은 것에 대한 정의가 궁금한 것은 아니고요, 도안이 출판물로서 저작권법의 보호를 받을 수 있는지, 아니면 그것만으로는 부족한지 알고 싶습니다.)

∾

저작권이란 저작물을 창작한 사람이 저작물을 통해 표현한 창작성을 인정해서 주어지는 권리입니다. 따라서 아이디어에 불과하거나, 누구든지 생각해 낼 수 있거나, 이미 관용화한 일상표현에까지 저작권을 부여하는 것은 아니지요. 질문에서처럼 내용 설명에 해당하는 구체적인 표현이 아닌 단순한 예문이라면 저작권 침해문제는 발생하지 않을 것으로 보입니다. 그 예문을 설명으로 표현하는 방식이 완전히 다르다면 그것에 대한 저작권은 귀하에게 있는 것이니까요. 다만, 한 줄 문장에 불과하더라도 시인이나 소설가의 독특한 예술성으로 만들어진 표현이라면 저작권이 미치므로 주의해야겠습니다.

또, 현행 저작권법에 따르면 응용미술저작물을 가리켜 "물품에 동일한 형상으로 복제될 수 있는 미술저작물로서 그 이용된 물품과 구분되어 독자성을 인정할 수 있는 것을 말하며, 디자인 등을 포함한다."고 정의하고 있습니다.

따라서 응용미술저작물에는 당연히 저작권이 부여됩니다. 저작권은 상표나 특허처럼 등록을 해야만 보호받는 것이 아니라 창작과 동시에 생기는 것이기 때문에 귀하의 이름으로 만들어진 책이 출판되는 것만으로도 관련 저작물 일체에 대한 권리를 주장할 수 있습니다. 아무쪼록 더욱 창작성을 발휘해서 훌륭한 저작권자로서 자신의 권리를 만끽하기 바랍니다.

144. 저작물의 줄거리와 저작권

학습지나 잡지 등에서 영화, 소설 등의 줄거리를 이용하는 경우 저작권 침해에 해당하는지 궁금합니다. 또 줄거리를 사용할 경우 저작물의 제목과 출판사 등의 정보를 주석으로 붙이는 경우에는 어찌되는지도 궁금합니다. 줄거리의 사용이 가능하다면 줄거리와 관련된 사진자료를 다른 형태로 변형하여 제시할 경우에는 어찌되는 걸까요?

❧

창작물의 내용을 요약할 권리는 원칙적으로 원저작자에게 있습니다. 저작자에게는 저작인격권으로서의 동일성유지권이 주어지기 때문에 제3자가 내용을 요약할 경우 저작자의 창작의도 또는 핵심내용과 멀어질 수 있다는 점에서 그렇게 해석됩니다. 따라서 가장 안전한 이용방법은 저작자가 요약해 놓은 것을 허락받아 이용하는 것입니다. 물론 이용목적에 따라, 예컨대 언론매체에 보도되는 경우 등에는 홍보효과 등을 고려하여 저작자가 이의를 제기하지 않는 것이 관례로 되어 있습니다만, 상업적인 이용에도 그러할지에 대해서는 알수 없습니다. 저작인격권 행사는 어디까지나 저작자 고유의 권한이며, 저작권 침해에 대한 형사상 처벌 역시 친고죄로 규정되어 있기 때문에 저작자의 생각을 알 수 없기 때문입니다.

단순히 제목이나 출판사 이름을 표시하는 것까지는 문제가 되지 않습니다만, 전체 줄거리를 제3자가 만들어 사용하는 경우에 문제가 될 수 있다는 뜻이며, 관련사진의 경우에도 사진을 찍은 사람에게 저작권이 있으므로 이를 임의로 변형하는 것 또한 줄거리 사용과 마찬가지로 저작인격권 및 저작재산권 침해문제가 발생할 수 있습니다.

결국 자신이 직접 창작하지 않은 것이라면 일일이 허락을 받아야만 한다는 원칙을 준용하는 게 좋겠습니다.

145. 교육용 동영상과 저작권

초·중등학생들의 재량활동시간에 활용하고자 교육 동영상을 제작하고자 합니다. 그런데 일반도서에 포함된 내용과 그와 관계된 내용들이 동영상의 주요내용으로 들어가게 됩니다. 이런 경우에도 저자 및 출판사로부터 이용허락을 받아야 하는지요?

～

저작권법에서는 저작물 이용에 따른 공익성을 감안해서 '저작재산권의 제한'에 대해 규정하고 있습니다. 즉, 특정 이용목적에 해당하는 경우 저작재산권자의 허락을 얻지 않더라도 이용할 수 있도록 강제규정을 두고 있는 것이지요. 그 중 하나가 바로 '학교교육목적 등에의 이용'입니다. 즉, "고등학교 및 이에 준하는 학교 이하의 학교의 교육목적상 필요한 교과용도서에는 공표된 저작물을 게재할 수 있다.", "특별법에 의하여 설립되었거나 초·중등교육법 또는 고등교육법에 의한 교육기관 또는 국가나 지방자치단체가 운영하는 교육기관은 그 교육목적상 필요하다고 인정되는 경우에는 공표된 저작물을 공연 또는 방송하거나 복제할 수 있다."는 규정이 여기에 해당합니다. 물론 허락을 받지 않고 쓸 수는 있지만 교과서에 실린 저작물과 초·중·고등학교를 제외한 그 밖의 교육기관에서 교육목적상 필요에 따라 저작물을 이용한 경우에 대해서는 사후에 소정의 저작권사용료를 지불해야만 합니다.

그런데 여기서 주의해야 할 점은, 주 교재로서의 교과용도서(교과서)만 여기에 해당하고 영리목적의 자습서, 참고서, 평가문제집 등은 전혀 관계가 없다는 사실입니다. 영리목적 출판물에 특정 저작물을 이용하고자 할 경우에는 허락에서부터 저작권사용료 지불 등 모든 절차를 거쳐야 가능합니다. 또, 교육목적상 필요에 의해 공표된 저작물을 공연 또는 방송하거나 복제하는 경우에도 그 주체가 학교 당국(선생님들)이어야지 부교재를 만들어 제공하는 사업자는 이에 해당하지 않는다는 점에 주의해야 합니다.

결국 "초·중등학생들의 재량활동시간에 활용하고자 교육 동영상을 제작하고자" 하는 귀하가 학교 당국자라면 저작권자의 허락 없이 사용할 수 있지만, 대가를 받고 이를 제공하는 사업자라면 모든 저작물의 저작권자로부터 이용 허락을 얻어야만 합니다.

146. 교육목적의 발간물과 저작권

학교에서 사용할 교재를 만들면서 몇몇 선생님들의 글을 모아서 책을 내고자 합니다. 그리고 물론 학생들이 편안히 볼 수 있도록 삽화도 넣으려고 하구요. 이럴 경우 출판사와는 출판권설정계약서만 작성하고, 삽화를 그릴 사람은 따로 섭외해서 저작자와 계약만 하면 되는 건지, 아니면 출판사와 같이 삽화가와 별도의 계약을 해야 하는 것인지요?

∾

현행 저작권법에서는 공익목적에 부합하는 일정이용에 대해 저작재산권 행사를 제한해서 저작권자의 허락이 없더라도 이용자가 임의대로 이용할 수 있는 규정을 만들어 놓고 있습니다. 귀하의 질문내용을 보건대, "특별법에 의하여 설립되었거나 초·중등교육법 또는 고등교육법에 의한 교육기관 또는 국가나 지방자치단체가 운영하는 교육기관은 그 교육목적상 필요하다고 인정되는 경우에는 공표된 저작물을 공연 또는 방송하거나 복제할 수 있다."는 규정을 생각해 볼 수 있습니다. 즉, 이미 시중에 나와 있는 여러 가지 책 중에서 일부의 저작물을 발췌해서 학교수업에 활용하는 것 자체는 저작권자의 허락이 미치지 않으므로 선생님들이 적절히 복제해서 쓰면 된다는 것이지요.

하지만 저작물들을 그대로 복사하는 것이 아니라 여기저기서 모아 아예 편집저작물의 형태로 본격적인 교재를 만들려면 이용 저작물이 들어 있는 책의 출판사(출판권자)에 문의해서 재수록 가능 여부를 타진한 후 재수록 방법에 의한 허락 권한이 저자에게 있는지, 아니면 출판사에 있는지 확인하는 게 좋겠습니다. 책 전체가 아닌 일부만을 재수록하는 경우 출처명시를 조건으로 매우 저렴한 사용료(사용료 없이 허락해 주는 경우가 더 많을 것으로 예상합니다만)로 이용할 수 있을 겁니다. 또, 삽화의 경우에는 별도 저작물이므로 삽화를 담당하는 사람과 별개의 계약을 체결하면 되겠습니다.

　만일 학교에서 사용할 교재이긴 하지만 소속학교 학생들뿐만 아니라 다른 학교 학생들도 구입이 가능한 책이라면, 즉 판매용 교재로 시판할 목적으로 만드는 책이라면 정식으로 삽화가를 섭외해서 동등하게 출판계약을 해야 합니다. 이 경우 글의 저작자와 삽화가는 공동저작물의 저작자가 되는 셈이지요.

147. 유명 캐릭터의 저작권

만화책 작업을 하고 있습니다. 옛날이야기를 내용으로 하는 만화인데, 재미를 목적으로 '숨은그림찾기'를 부록으로 넣었습니다. 그 숨은그림찾기의 그림이 문제인데, 만화가 이어지는 가운데 익숙한 캐릭터가 숨어 있습니다. 로봇 찌빠나 키티, 마시마로, 아톰 등인데 만화작가가 재미로 그려 넣은 거라서 원본과는 거리가 멉니다. 전체적인 만화책에서 비중이 큰 것은 아니지만 저작권상 문제가 될까요? 문제가 되어 해결하려면 어떤 방법을 모색해야 할까요?

캐릭터와 같이 단일한 소재를 그림으로 나타낸 것도 엄연히 미술저작물 또는 응용미술저작물로서 보호받아 마땅한 저작물입니다. 전체 내용과 관계없이 부수적으로 사용된다 해도 원캐릭터 저작자의 저작권에는 변함이 없습니다. 나아가 이용한 방법 또는 완성된 숨은그림찾기가 행여 유명 캐릭터 저작자의 인격권 또는 명예를 훼손한 것이라는 심증까지 준다면 저작권 침해를 넘어 골치 아픈 문제가 생길 수 있으므로 캐릭터 사용에 있어 신중하게 생각해 볼 필요가 있습니다.

결국 질문내용에 대한 답변은 두 가지입니다. 하나는 사용하지 말라는 것. 두 번째는 일일이 허락을 받고 사용하라는 것. 그럴 수 없다면 새로운 캐릭터를 창조해서 그림을 그린 다음 사용하기 바랍니다.

148. 과제물과 강의내용을 합친 저작물의 저작권

대학에서 강의 중 과제로 내준 학생들의 과제물을 사용하여 출판에 이용할 경우 그 지적재산권이 어떻게 되는지 궁금합니다. 강의내용은, 교수 자신의 독특한 연구에 해당하는 것이고, 그것을 학생들에게 적용한 수업입니다. 예컨대, 교수가 개발한 것으로, 기본 동그라미 하나를 주고 거기를 어떻게 채워 넣는가에 관한 심리학 강의를 했다고 할 때, 학생들이 한 달간 매일 그 동그라미를 가지고 일기 쓰듯이 교수의 강의내용을 기반으로 동그라미의 내용을 채우고 글로 써서 과제를 제출했는데 매우 재미있고 잘 해 와서, 교수가 이걸 이용해서 판매용 출판물의 자료로 쓰고자 할 때, 어떻게 해야 될까요? 물론 학교 이름이 아닌 교수 개인의 이름으로 출판하고 판매할 예정입니다. 한 명이 아닌 다수의 학생들이 만든 것이고, 거기에다 교수의 독특한 이론적 배경이 함께 녹아들어가는 저작물입니다. 이런 경우 저작권자는 누가 되는 것인지, 과제물 내용을 출판물에 맞게 조금씩 변경하는 것이 불가피한데 이런 경우 어떤 문제가 생길 수 있는지 귀한 답변 부탁합니다.

∾

매우 반가운 질문입니다. 저도 대학에 몸을 담고 있는 사람으로서 저작권 침해에 관한 한 가장 취약한 곳이 바로 상아탑임을 자처하는 대학이 아닌가 생각하고 있으니까요. 물론 학생들이 선생님의 저작권을 침해하는 경우도 있지만 대개는 교수들이 제자들의 저작권을 무시하는 경우가 더 많은 것 같습니다. 먼저, 저작권이 부여되는 저작자에 대해 살펴보겠습니다.

저작자(著作者, author)란 "저작물을 창작한 자"를 말합니다. 곧 사실상의 저작행위를 함으로써 "저작물을 창작해 낸 사람(creator of a work)"이 저작자가 되는 것이지요. 그러므로 숨겨져 있던 다른 사람의 저작물을 발견했거나 발굴해 낸 사람, 저작물의 작성을 의뢰한 사람, 저작에 관한 아이디어나 조언을 한 사람, 저작을 하는 동안 옆에서 도와주었거나 자료를 제공한 사람 등은 저작자가 될 수 없습니다. 그리고 저작물의 내용이나 수준은 문제가 되지 않으므로 직업적인 문인이나 학자, 또는 예술가가 아니라도 저작행위만 있으면 누구든지 저작자가 될 수 있습니다. 따라서 법률상 무능력자로 취급되는 미성년자나 정신이상자라 할지라도 저작행위를 하였으면 저작자가 되는 것은 물론이므로 과제물을 제출한 학생들 역시 저작자가 되기에 충분합니다.

또한 저작자에는 자연인인 개인뿐만 아니라 단체 또는 법인이 있을 수도 있습니다. 그리고 저작물에는 1차적저작물뿐만 아니라 2차적저작물과 편집저작물도 포함되어 있으므로 2차적저작물 또는 편집저작물의 작성자 또한 저작자가 된다는 점에 주의해야 합니다. 만일 귀하께서 학생들의 과제를 모아 책을 낼 경우 편집저작물의 작성자가 될 수 있습니다.

아울러 저작자와 저작재산권자는 다를 수 있다는 점에도 주의해야 합니다. 즉, 저작권법 규정에 따라 저작인격권은 저작자 일신에 전속되지만 저작재산권은 전체 또는 부분적인 권리를 제3자에게 양도할 수도 있으므로 그럴 경우에는 일정권리를 양도받은 사람이 저작재산권자가 될 수 있습니다. 또, 저작물의 저작자는 1인에 한정되지 않으며 2인 이상의 사상이나 감정이 하나가 되어 구체화된 공동저작물의 경우에는 공동으로 창작한 사람 모두가 저작자가 됩니다. 만일 교수님이 특정과목을 수강하는 학생들의 과제물 또는 작품을 모아 나름대로의 해설을 곁들여 책을 낼 경우 편집저작물의 작성자인 동시에 학생들과 공동저작물의 저작자가 될 수도 있습니다.

그리고 저작자의 요건으로서는 저작행위가 요구되기 때문에 다음과 같은 사람은 저작자가 될 수 없습니다.

① 다른 사람에게 저작행위를 위촉하는 자 : 위촉자가 수탁자에게 아이디어나 자

료를 제공한 경우라 할지라도 위촉에 의한 저작물의 저작자는 수탁자가 됩니다. 다만, 대작(代作)의 경우에 대작자는 위촉자의 수족으로서 창작을 한 것으로 해석하는 것이 가능한 경우도 있어 위촉자가 저작자로서 통용되는 예가 많이 있지요.

② 다른 사람의 지시에 따라서 그 저작행위를 보조하는 자. 예컨대, 타인의 구술, 즉 말하는 것을 그대로 받아 적는 자는 저작권자가 될 수 없습니다.

③ 감수자나 교열자에 대해서는 창작에의 기여 정도에 따라 저작자가 되는 경우도 있고, 저작 명의를 갖는 사람과 공동저작자의 지위에 서는 것도 생각할 수 있습니다.

④ 민요 등의 채보자(採譜者) : 채보란 아직 고정되지 않은 민요 등을 악보로 수록하는 행위를 말하며, 이 경우 채보자는 기존의 선율을 악보로 작성하는 사람에 불과하므로 저작자가 될 수 없습니다.

결국, 기획 중인 전체 출판물에서 학생들의 과제물이 차지하는 비중과 교수가 직접 작성한 저작물의 비중, 그리고 그것들의 주종관계 등을 따져보아야 할 문제이긴 합니다만, 일단 학생들의 과제물 그 자체는 별도의 저작물로서 저작권이 인정되는 것으로 파악됩니다. 비록 선생님의 강의내용을 바탕으로 자신들의 생각을 채워 넣었을망정 선생님의 강의는 아이디어를 제공한 것에 불과하고 그것을 창작적으로 해석한 것은 학생들이기 때문이지요. 그러나 우리 출판 관행상 학생들 모두를 공동저작자로 명기하는 것은 매우 낯설 듯합니다.

적극적으로는 과제물이 채택된 학생들 모두에게서 저작재산권 일체에 대한 양도와 함께 저작인격권상의 동일성유지권을 일부 제한해서 편집과정 중 출간 목표에 맞게 고칠 수 있음을 주지시키는 내용의 문서를 받아 낸 후에 각각의 과제물이 삽입되는 부분마다 저작자 표시를 해 주고, 책 서두 또는 말미에

전원의 성명을 표기해 주는 것이 좋겠습니다. 소극적으로는, 머리말 혹은 서문에 출간 경위와 관련하여 학생들의 과제물을 사용하게 된 배경을 일일이 설명해 주고, 최소한 각각의 과제물이 삽입되는 부분마다 학생들의 이름을 표시해 주는 방법을 쓰는 건 어떨까 합니다. 물론 공개적으로 학생들에게 기획의도를 설명하는 과정을 거치는 건 반드시 필요하지 않을까 싶습니다.

149. 강의내용과 저작권

학원에서 강사가 강의한 내용을 부분 발췌해서 사용하는 것도 저작권에 위배가 되나요? 또한 그 강의내용을 그대로 본떠서 다른 강의에 이용하는 경우에도 저작권 침해에 해당하는지요?

〜

글로 쓰는 것뿐만 아니라 말로 하는 것에도 저작권이 부여될 수 있습니다. 저작물의 유형 중에 '어문저작물'에 해당하기 때문입니다. 따라서 남의 강의내용(저작물)을 비슷한 강의형식으로 이용하는 것도 저작권 침해사유가 됩니다. 특히, 저작권법에서 정하고 있는 저작재산권의 갈래 중에는 공연권이 있는데, 여러 사람 앞에서 말이나 행동으로 저작물을 표현하는 것은 곧 공연행위에 해당되어 저작권자의 공연권 침해가 성립될 수 있습니다.

특히 이러한 행위가 영리목적과 결부된다면 더욱 큰 문제로 발전할 수 있으므로 신중하게 판단하기 바랍니다. 모든 저작물에 대해서는 저작권자의 허락이 필요하다는 기본적인 사실만큼은 변하지 않습니다.

150. 강의 테이프 무단판매와 저작권

몇 달 전 어느 세미나에서 강의를 한 적이 있습니다. 행사 주최 측에서 제 강의를 녹음하겠다고 해서 기록용으로 이해하고 허락했습니다. 이후 강의 녹음테이프와 관련해서 아무런 이야기가 없었기에 그냥 잊고 있었는데, 최근에 와서야 그때 녹음한 것을 제 의사와 상관없이 제작하여 판매하고 있음을 알게 되었습니다. 이와 관련하여 저에게는 아무런 권한이 없는 것인가요?

∾

저작권법상 저작물의 분류규정에 따르면 '어문저작물'이란 것이 있습니다. 이는 곧 '말' 또는 '글'로 이루어진 저작물을 말하는 것이므로, 말로써 이루어지는 강의나 강연, 연설 등도 내용상 창작성만 인정된다면 저작권이 주어지는 저작물로서 법의 보호를 받는 것은 당연합니다. 따라서 문의한 것처럼 세미나 주최 측에서 녹음한 강의내용을 귀하(저작권자)의 허락이나 양해 없이 출판했거나 녹음테이프를 복제해서 배포했다면 이는 명백한 저작권 침해행위에 해당합니다. 그러므로 저작권 침해를 입증할 수 있는 자료를 갖춘 후 이를 증거로 손해배상을 요구하는 민사소송이나 형사상 처벌을 원하는 고소 등 모든 법적 수단을 활용할 수 있겠습니다.

151. 제3자의 저작물을 활용한 강의내용에 대한 저작권 문제

일단 신분을 다 밝힐 수 없음을 용서하십시오. 최근에 저는 프리랜서 강사 활동을 시작했습니다. 당연히 일거리가 많지 않아 전전긍긍하던 차에 모 방송국에서 방송강의 요청이 왔습니다. 좋은 기회를 놓칠 수가 없어서 하겠다고 하고 자료를 준비해 녹화를 했습니다. 총 10회 방송분 중 7회를 녹화했고 2회는 방송에 나갔습니다. 문제는 강의 내용입니다. 책을 몇 권 사서 읽고 강의자료를 준비했지만 내용이 특정도서들 내용을 그대로 옮기는 식이 되어 버렸습니다. 조금 내용을 바꿀 수도 있었지만 급하게 준비해야만 하는 상황에서 책에 써 있는 내용보다 더 좋게 바꿀 수 없었고 그럴 만한 시간적 여유도 없었습니다. 이제 마무리 강의를 준비하면서 갑자기 저작권에 문제가 있지 않을까 하는 걱정을 하게 되면서 이렇게 여쭙게 되었습니다. 저작권에 문제가 될지요? 더 이상 같은 방법으로 강의하는 것은 문제가 될까요? 만약 문제가 된다면 이미 방송 나간 것은 어떻게 해야 하는지요?

∾

결론부터 말씀드리면 귀하의 행위는 분명 저작권 침해에 해당합니다. 다만, 강의자료로 활용한 도서가 저작물(창작물)로서의 가치가 현저히 떨어진다거나 해당 저자가 이의를 제기하지 않는다면 문제가 되지 않을 수도 있지요. 만일 이미 해당 도서를 읽은 독자가 귀하의 방송강의를 시청하게 된다면 과연 무슨 생각을 하게 될까요? 저자로서 직접 강의한 것이 아니라면 분명 문제가 될 것입니다. 지금이라도 해당 저작권자를 찾아서 협의하는 게 좋겠습니다. 아울러 출처로서의 해당 도서에 대한 정보를 강의화면에 적절히 표시해 주는 것도 충분히 고려해야 할 사항입니다. 그 밖의 이용방법에 대해서는 전적으로 해당 저작권자와 협의할 내용이라는 점에 유의하기 바랍니다.

152. 공공도서관에서의 딸림자료의 복제

저는 공공도서관에서 근무하는 사서입니다. 도서관 자료의 딸림자료 중 테이프는 잦은 이용으로 인한 훼손을 막기 위하여 공테이프에 복제하고 복제한 테이프를 이용자에게 대출해 주려고 합니다. 이러한 경우에도 저작권 침해에 해당하는지요?

∽

현행 저작권법에 따르면 "도서관및독서진흥법에 의한 도서관과 도서·문서·기록 그 밖의 자료를 공중의 이용에 제공하는 시설 중 대통령령이 정하는 시설"은 법에서 정한 경우에는 그 도서관 등에 보관된 도서 등을 사용하여 저작물을 복제할 수 있습니다. 여기서 말하는 '도서관및독서진흥법에 의한 도서관'과 '대통령령이 정하는 시설'에 대해서는 저작권법 시행령에서 두 가지로 나누어 규정하고 있는데요.

첫째, 도서관 및 독서진흥법에 의한 국립중앙도서관·공공도서관, 학교도서관 그리고 영리를 목적으로 하는 법인 또는 단체에서 설립한 것을 제외한 특수도서관

둘째, 국가, 지방자치단체, 영리를 목적으로 하지 아니하는 법인 또는 단체에서 도서나 문서, 또는 기록 그 밖의 자료를 보존·대출하거나 기타 공중의 이용에 제공하기 위하여 설치한 시설

그러므로 영리를 목적으로 하지 않는다고 해도 개인이 설립한 도서관 시설은 이에 해당하지 않습니다.

한편, 위와 같은 시설들에서 저작물을 복제할 수 있는 경우도 모두 세 가지로 규정하고 있습니다. 이때 복제의 원본이 되는 저작물은 도서관 등의 시설에 보관된 자료여야 하므로 시설의 바깥에서 임의로 구해서 복제하는 것은 허

용되지 않는다는 점에 주의해야 합니다.

첫째, 조사 또는 연구를 목적으로 하는 이용자의 요구에 따라 공표된 도서의 일부분을 복제하여 1인 1부에 한하여 제공할 수 있습니다. 따라서 용도가 조사나 연구가 아닌 감상용 혹은 독서용이라면 원칙적으로 복제를 해 주어서는 안 되며, 도서의 일부분이 아닌 한 권 분량 전체를 복제해 주거나 한 사람에게 같은 복제물을 여러 부 복제해 주어도 안 됩니다. 이 경우 복제할 수 있는 것은 그 도서관에서 보관하고 있는 도서뿐만 아니라 다른 도서관으로부터 열람목적으로 복제·전송받은 도서 등도 포함됩니다. 다만, 디지털 복제는 허용되지 않습니다.

둘째, 도서관 등이 자료의 자체 보존을 위하여 필요한 경우에는 저작물을 복제할 수 있습니다. 이는 시간이 오래 지남에 따라 자료로서의 저작물이 멸실되는 것을 막기 위해 필요하다고 판단되는 경우에 복제를 해서 오래도록 보관할 수 있도록 하자는 취지여서 복제의 방법은 복사뿐만 아니라 사진 또는 영상물로의 복제나 마이크로필름에 의한 복제, 그리고 디지털 복제도 허용됩니다. 하지만 그 도서 등이 이미 디지털 형태로 판매되고 있는 경우에는 도서관 등이 이를 디지털화할 수 없습니다. 이는 전자도서관 구축의 일환으로 도서관 등이 보관하고 있는 도서 등을 디지털화하는 경우에 이미 그 도서 등이 디지털 형태로 판매되고 있다면 도서관 등이 이를 직접 디지털화하기보다는 판매되고 있는 도서 등의 이용을 허락받아 활용하도록 함으로써 전자도서관 사업의 추진으로 인해 민간부문의 전자출판이나 온라인 데이터베이스 사업에 부정적인 영향을 끼치지 않도록 하려는 뜻으로 해석됩니다.

셋째, 다른 도서관의 요구에 따라 보관용으로 복제물을 제공할 수 있습니다. 그런데 이 경우에는 해당 복제물이 절판 또는 그 밖의 사유로 인하여 도저히 구할 수 없는 상황일 때 그 복제물을 보관하고 있는 도서관에 의해 복제가 가능하다는 것이므로, 시중에서 구할 수 있다거나, 혹은 구입하는 데 많은 비용이 필요하다거나 하는 사유는 이에 해당하지 않습니다. 따라서 도저히 구할 수 없는 상황이란 저작물 또는 저작물이 수록되어 있는 매체가 절판되었거나 그 매체를 발행한 곳이 이미 문을 닫아 더 이상 시중에서 유통되지 않는 상황 등을 말하는 것입니다. 이 경우에도 디지털 복제는 허용되지 않습니다.

또한, 도서관 등은 저작권자의 허락이 없어도 그 도서관 내에서의 열람을 위해 보관된 도서 등을 복제·전송할 수 있습니다. 다만, 동시 열람자 수는 그 도서관이 보관하고 있거나 저작권자로부터 이용을 허락받은 도서의 부수를 초과할 수 없고, 이는 저작권자의 권익 보호를 위한 최소한의 제한이라고 할 수 있습니다.

다음으로, 도서관 등은 보관하고 있는 도서 등을 다른 도서관 내에서의 열람을 위해 복제 또는 전송할 수 있습니다. 하지만 다른 도서관 내에서의 열람을 위한 복제·전송은 그 다른 도서관에서의 그 도서 등에 대한 구매 수요를 대체할 수 있기 때문에 자칫 저작권자나 출판권자의 이익을 부당하게 침해할 가능성이 있습니다. 이런 점을 보완하기 위해 저작권법에서는 그 전부 또는 일부가 판매용으로 발행된 지 5년이 경과하지 않은 도서 등의 경우에는 복제·전송할 수 없게 하였으며, 또 그러한 복제·전송에 대해 문화관광부장관이 정해서 고시하는 보상금을 지급하도록 규정하고 있습니다.

결론적으로, 법정 도서관에 해당하는 경우 질문내용대로라면 "도서관 등이 자료의 자체 보존을 위하여 필요한 경우에는 저작물을 복제할 수 있다."는 규정에 해당되는 것으로 보이며, 따라서 테이프를 새로 복제해서 원본은 도서관에 보관하고, 복사본은 열람하게 한다면 문제가 없을 것입니다. 다만, 도서관 내에서 열람하는 것과 도서관 바깥으로 유출되는 것에는 큰 차이가 있으므로 관외 열람에 대해서는 주의하는 게 좋겠습니다.

153. 회사 내에서의 무단복제 및 배포

회사 내에서 회사 일에 도움이 될 만한 책이 있어 복사하여 전 직원에게 배포하였습니다. 이럴 경우에도 저작권법에 저촉이 되는 건가요? 저촉이 된다면 벌금은 어느 정도인가요?

❧

귀하의 경우 해당 도서 저작권자의 저작재산권 중 복제권과 배포권을 침해했습니다. 따라서 만일 해당 저작권자가 형사상 고소를 하게 되면 처벌이 불가피한데, 구체적인 형량은 재판부에서 결정할 사안이며 이 경우 최고 형량은 5년 이하의 징역 또는 5천만 원 이하의 벌금형에 처하거나 이를 병과(倂科)할 수 있습니다. 그 밖에 저작권자가 손해의 배상을 청구하는 소송을 제기하게 되면 민사상 손해배상도 각오해야 합니다. 정품 도서를 필요한 만큼 구입해서 이용하는 것이 여러 모로 합리적이라는 사실을 잊지 말기 바랍니다.

154. 학원에서의 출판물 복사행위와 저작권 침해 유무

보습학원을 운영하고 있는 사람입니다. 여러 출판사에서 우리 학원에 초등학생용 학습문제집을 종류별로 한 권씩 보내주었습니다. 그 중에서 한 권을 선택해 아이들이 구입, 학습하도록 하였습니다. 그 밖에 채택하지 않은 문제집의 일부를 복사해서 아이들에게 보충자료로 학습하도록 할 경우 저작권 침해에 해당하는지 궁금합니다. 만일 제가 서점에 가서 문제집을 유료로 구입한 후 그 일부를 보충학습용으로 복사하는 것은 괜찮은지도 궁금합니다. 또한 일반서점으로 유통되지 않고 비매품으로 출간되는 교사용 문제집의 경우에도 그 일부를 복사해서 사용할 수 있을까요?

∾

여러 출판사에서 학원에 문제집을 보내준 것은 교재 채택을 바라는 홍보전략 때문이겠지요. 그런데 교재로 채택해서 문제집을 구입, 이용하게 하는 것이 아니라 (저작권자의 허락 없이) 문제집의 일부를 복사해서 학습용으로 제공하는 것은 저작권자의 저작재산권 중 복제권과 출판권자의 권리를 동시에 침해하는 행위가 됩니다. 정당한 복제물로서 제공되는 출판물(문제집)을 구입해서 이용하지 않는 한 저작권 침해에 따른 책임을 질 수도 있으니 유념하기 바랍니다.

또한 서점에서 판매하는 책은 모두 인쇄방식에 의한 복제물입니다. 그리고 그것을 구입한 독자에게는 책에 대한 소유권이 생기게 되지요. 하지만 이 경우의 소유권이란 책이라는 물질에 대한 소유권일 뿐 형태가 보이지 않는 무체재산으로서의 저작권과는 근본적으로 다른 개념입니다. 곧 책의 내용에 대한 권리는 소유권이 아닌 저작권이므로 그것을 이용하려면 저작권자의 허락이 필요합니다. 귀하가 구입한 문제집은 어디까지나 귀하 혼자 이용할 수 있을 뿐, 그것을 복사해서 다른 사람에게 제공하게 되면 저작권을 침해하는 일이 된다는 뜻입니다. 따라서 문제집의 내용을 보고 학습에 이용하려면 학습자가 모두 개별적으로 문제집을 구입해야 합니다.

비매품으로 제공되는 교사용 문제집도 마찬가지입니다. 사설학원에서 강사 개인이 자신의 학습용으로 특정 문제집을 이용하는 것은 괜찮지만 그것을 복사해서 학생들에게 제공하는 행위는 저작권 침해에 해당합니다. 다만, 정규학교(초·중등교육법 및 고등교육법에 의해 설립된 교육기관)에서 공표된 저작물을 교육용으로 복제하는 것은 저작권 침해에 해당하지 않습니다.

155. 공공 디자인의 이용 및 모사에 따른 저작권

KS 마크, 품 마크, 안전보건 표지, 친환경농산물 마크 등에도 저작권이 주어지나요? 이용허락 없이 사용하면 안 되는지요? 그리고 삽화나 어떤 물체를 그대로 복사하는 게 아니라 직접 그려서 사용하는 경우에는 저작권 침해가 아니라고 하는데 맞는 말인지요?

∾

저작권법에 따르면 "국가 또는 지방자치단체의 고시, 공고, 훈령 그 밖의 이와 유사한 것"은 보호받지 못하는 저작물입니다. 따라서 국가나 지방자치단체가 널리 알릴 목적으로 작성한 모든 저작물은 사실상의 보호받지 못하는 저작물이 된다고 하겠습니다. 그러므로 "KS 마크, 품 마크, 안전보건 표지, 친환경농산물 마크" 등에는 저작권이 인정되지 않는 것으로 판단됩니다.

그리고 "삽화나 어떤 물체를 그대로 복사하는 게 아니라 직접 그려서 사용하는 경우에는 저작권 침해가 아니다."는 말은 크게 잘못된 것입니다. 만일 모델이 된 원저작물에 저작권이 있다면 그것을 그대로 모사하는 것은 저작권 침해가 분명하기 때문입니다. 예컨대, 그림으로 그려져 있는 것을 똑같은 그림으로 다시 그리는 것은 당연히 저작권 침해에 해당하고, 그림(평면형식)을 조각의 형태(입체형식)로 나타내거나 조각을 그림으로 그리는 것은 곧 '변형'으로서 저작권자의 2차적저작물작성권을 침해하는 동시에 저작인격권상의 동일성유지권까지 침해한 것으로 볼 수 있으므로 매우 위험한 이용방법입니다.

결국 질문내용에 등장하는 모든 경우에 있어 저작권자의 허락을 얻은 후에 이용하는 게 좋겠습니다.

156. 시각장애인을 위한 점자책에 이용하는 저작물의 저작권

시각장애인은 점자도서로 책을 읽는데, 점자도서는 내용(text)을 점자로 찍어서 만듭니다. 출판사에서 출판된 책의 텍스트를 점자도서관에 파일 형태로 제공한다면 저작권 침해가 되는지요? 용도는 오로지 점자책을 찍어 내는 것입니다.

～

공공성을 실현하기 위해 마련된 '저작재산권 제한규정'에 따라 공표된 저작물은 시각장애인 등을 위해 점자로 복제·배포할 수 있습니다. 또, 시각장애인 등의 복리증진을 목적으로 하는 시설 중 대통령령이 정하는 시설에서는 영리를 목적으로 하지 않고 시각장애인 등의 이용에 제공하기 위해 공표된 어문저작물을 녹음하거나 시각장애인 등 전용기록방식으로 복제·배포 또는 전송할 수 있습니다.

점자(點字)란, 앞을 못 보는 사람들이 문자를 활용하는 수단으로서 사실상 경제성이 별로 없으며, 신체장애자들을 위한 복리증진이라는 측면에서도 저작재산권자의 이익을 제한해도 큰 문제가 없을 겁니다. 따라서 공표된 저작물을 앞을 못 보는 사람을 위해 점자로 복제 및 배포할 때에는 저작재산권자의 허락이 필요 없습니다. 특별한 단서가 없으므로 점자에 의한 복제에는 공표된 저작물이라면 모두 이용할 수 있는데, 점자에 의한 복제의 기술적인 제약 때문에 어문저작물과 음악저작물에만 한정될 것으로 보입니다. 여기서 "시각장애인 등의 복리증진을 목적으로 하는 시설 중 대통령령이 정하는 시설"이란 다음과 같습니다.

첫째, 장애인복지법에 의한 장애인복지시설 중 다음에 해당하는 시설 : 시각장애인 등 생활시설, 점자도서관, 장애인생활시설·장애인지역사회재활시설 및

장애인직업재활시설 중 시각장애인 등을 보호하고 있는 시설

둘째, 초·중등교육법 및 특수교육진흥법에 의한 특수학교와 시각장애인 등을 위
하여 특수학급을 둔 각급 학교

셋째, 국가·지방자치단체, 영리를 목적으로 하지 않는 법인 또는 단체에서 시각장
애인 등의 교육·학술 또는 복리증진을 목적으로 설치·운영하는 시설

이상과 같은 시설에서는 영리를 목적으로 하지 않고 시각장애인 등의 이용
에 제공하기 위해서라면 공표된 어문저작물을 녹음하거나 시각장애인 등 전
용기록방식으로 복제·배포 또는 전송할 수 있습니다. 이 경우 저작물을 번역
해서 이용할 수 있으며, 출처를 명시해야만 합니다. 따라서 점자책을 위해 출
판사에서 파일을 넘겨주는 것은 저작권 침해가 아닙니다.

157. 번역물 파일의 시각장애인 시설에 대한 제공과 저작권

시각장애인을 위한 점자책을 만드는 데에 텍스트 파일을 제공하는 것은 저작권법에 위배되지 않는다고 알고 있습니다. 그런데 번역서를 출판하기로 한 출판사에서 대통령령이 정한 시설에 점자로 책을 만들기 위한 텍스트를 제공하는 것은 국내 저작권법에 위촉되지는 않을지언정, 과연 이것이 국제협약에도 어긋나지 않는 것인지요?

∾

현행 우리 저작권법에 따르면 "공표된 저작물은 시각장애인 등을 위해 점자로 복제 및 배포할 수 있다."고 규정하고 있습니다. 또 시각장애인 등의 복리증진을 목적으로 하는 시설 중 대통령령이 정하는 시설에서는 영리를 목적으로 하지 않고 시각장애인 등의 이용에 제공하기 위해 공표된 어문저작물을 녹음하거나 시각장애인 등의 전용기록방식으로 복제 및 배포 또는 전송할 수 있습니다. 이 경우 저작물을 번역해서 이용할 수 있으며, 다만 출처를 반드시 명시해야 합니다.

한편, 일반적인 점자 복제 및 배포에 있어 번역물을 이용할 수 있는가 하는 점에 있어서는 당연히 그럴 수 있다고 봅니다. 번역물에는 원저작자의 권리 및 번역자의 권리가 포함되어 있지만, 우리 저작권법에 따르면 시각장애인을 위한 점자 복제에서 특별히 번역물이나 외국인의 저작물이 배제되어 있지 않기 때문에 국제법과 상관없이 이용이 가능합니다. 다만, 국제적인 관행에 따라 이른바 '상호주의 원칙'이 적용되는 사례이므로 외국에서 우리 저작물이 똑같은 처분을 받아도 이의를 제기할 수 없을 뿐입니다.

158. 스타들의 일대기를 다룬 책의 저작권, 그 밖의 권리

우리 출판사에서 스타들의 일대기를 다룬 단행본을 기획하고 있습니다. 콘텐츠는 주로 잡지에 게재된 내용을 중심으로 새롭게 엮어서 편집하려고 하는데요. 글을 쓴 기자와는 협의를 끝낸 상태입니다. 다만 그 스타가 소속되어 있는 매니지먼트사와 추가적으로 사용계약을 맺어야 하는지 알고 싶습니다. 만약 허락을 받지 않고 스타 일대기를 다뤘을 때 법적으로 문제가 생기는지요? 또 취재를 위해 찍은 사진을 단행본에 게재하는 것도 문제의 소지가 있는지 알고 싶습니다.

∞

저작권은 기본적으로 저작물을 창작한 사람에게 부여되는 권리입니다. 그런데 인간의 기본권에는 저작권뿐만 아니라 다양한 권리가 있기 때문에 이것들이 서로 충돌하지 않았을 때 완벽한 권리가 생겨나게 됩니다. 질문내용처럼 기자가 스타들의 일대기를 취재하고, 그 내용을 바탕으로 단행본 원고를 만든다면, 당연히 집필한 기자에게 저작권이 생깁니다. 하지만 저작권 이전에 그 원고에 등장하는 스타들의 또 다른 권리가 문제될 수 있습니다.

그 중 대표적인 것이 자신의 성명이나 유명세를 상업적으로 이용할 수 있는 권리로서의 퍼블리시티권(right of publicity) 그리고 초상권 등이 있습니다. 어차피 스타들의 사생활이 들어갈 수밖에 없다면 매니지먼트사와 상의한 후 합의된 적절한 절차를 거친 다음 집필에 들어가는 것이 이후 광고 및 홍보 등의 문제를 생각할 때 유리할 것으로 보입니다. 자세한 내용이나 구체적인 조건, 비용 등에 대해서는 해당 스타들의 매니지먼트사와 상의해 보기 바랍니다.

아울러 취재를 위해 찍은 사진 역시 해당 사진기자나 작가의 저작권이 미치는 저작물이므로 이용허락을 얻어야만 합니다.

159. 외국 삽화의 저작권을 침해한 경우 손해배상의 범위

우리 출판사에서 일본 소설의 번역판 표지작업을 하면서 저작권이 별도로 없는 삽화인 것으로 판단하고 이용허락 없이 일본인 홈페이지에서 두 컷을 가져다가 사용한 적이 있습니다. 최근에 이 삽화의 저작권자라는 사람에게서 무단도용에 항의하는 내용과 함께 적절한 대처를 바란다는 내용이 담긴 편지를 받았습니다. 이에 우리 출판사에서는 사과 편지와 함께 지금이라도 삽화에 대한 이용허락계약을 체결하겠다는 내용의 답변을 보냈습니다.

그런데 중간에 이야기 전달이 잘못되었는지—계약조건을 그쪽 대리인이 구두로 제시한 컷당 1만 엔 지불조건에 우리가 합의하였는데, 담당자는 그러한 제안을 한 적이 없다는 식으로 이야기하며, 그간 판매된 것에 대해서도 지불되어야 한다거나 우리 쪽의 대처방식이 매우 안일하다는 등의 이유로 현재로서는 합의가 어려운 상황입니다—그쪽에서는 공식적인 방법으로 문제를 해결하겠다고 하는데, 이런 경우 우리 출판사에 어떠한 불이익이 있을 수 있는지 궁금합니다.

∾

일반적으로 권리의 침해란 "정당한 권리자의 승낙이나 동의 또는 권리의 양도 없이 그 권리의 목적물을 이용함으로써 권리자의 권익을 해치는 행위"라고 정의할 수 있습니다. 따라서 저작권의 침해 역시 저작물을 이용함에 있어 이와 같은 사유에 해당하는 것을 뜻하며, 저작권법에서는 그러한 침해사유가 발생했을 경우 대응할 수 있는 방법으로 민사상의 구제와 형사상의 처벌을 규정하고 있지요.

질문내용의 경우 이의를 제기한 사람이 해당 삽화의 권리자(저작권자)가 분명하다면(그 여부는 귀사에서 반드시 확인할 필요가 있습니다), 그리고 귀사에서 무단으로 이용한 것이 확실하다면 해당 저작권자는 법적 절차를 통해 민사상 손해배상의 청구 및 형사상 처벌을 요구할 수 있습니다. 그러나 침해행위로 인한 저작권 침해의 정도 및 사회적 파장을 감안했을 때 형사상 처벌은 쉽게 받지 않을 것으로 판단됩니다. 그렇다면 손해배상을 생각해 봐야 하는데, 저작권자가 손해배상 금액을 산정할 수 있는 기준은 침해행위에 의한 이익을 기준으로 한 청구, 통상 받을 수 있는 금액을 기준으로 한 청구 등 여러 가지 방법이 있으나, 그것의 입증책임은 손해배상을 주장하는 쪽(저작권자)에 있습니다. 입증이 어려운 경우에는 '손해액의 인정'이라고 하여 "법원은 손해가 발생한 사실은 인정되나 그 손해액을 산정하기 어려운 때에는 변론의 취지 및 증거조사의 결과를 참작하여 상당한 손해액을 인정할 수 있다."는 저작권법의 규정을 따르게 됩니다.

결국 저작권자의 입증 여부에 따라 손해배상의 수준이 결정되는 만큼 귀사에서는 차분히 기다리면 될 듯합니다. 귀사에서 굳이 적극적인 협상 노력을 기울이지 않더라도 저작권자의 책임이 있는 만큼 곧 만나게 될 것이기 때문이지요. 다만, 귀사에서 제시할 수 있는 책임한도 및 손해배상 기준을 정확하게 적시하여 저작권자라고 주장하는 사람에게 내용증명 우편을 보내줄 필요가 있겠습니다.

160. 사보에 시를 게재하는 경우의 저작권 문제

회사 사보(사내보)에 매달 시 한 편씩을 싣고 있는데요. 윤동주, 김소월같이 오래전에 돌아가신 분들의 시는 누구에게 저작권이 있는지 알고 싶습니다. 사보는 판매되는 것이 아니고 사내 직원용으로 만들어지고 있으며, 상업적 이익을 목적으로 하고 있지는 않습니다. 이런 경우 현존해 있는 작가들의 시를 써도 저작권이나 판권에 대한 문제는 없는지, 사용료를 지불해야 하는 것인지, 출처만 명시해도 되는지……. 같은 시가 여러 출판사에서 발행되는 경우가 많아 어디에 문의를 해야 하는지 모르겠습니다. 그렇다고 시를 실을 때마다 시인에게 연락을 하고 허락을 받는다는 것도 어려운 일인데, 좋은 방법이 없을까요?

෨

현행 저작권법상 저작재산권 보호기간은 저작자 사망 후 50년까지입니다. 따라서 저자의 유명도에 관계없이 사망 후 50년이 지났다면 저작권이 소멸되었으므로 윤동주 님, 김소월 님 등의 작품은 누구든지 마음대로 이용할 수 있겠습니다. (저작인격권은 여전히 저자의 명예와 관련하여 살아 있게 되므로 저자의 성명은 반드시 표시해야 합니다.)

또, 사보를 비영리적인 매체라고 했는데 비록 무가지 형태로 발간되더라도 해당 회사의 홍보를 목적으로 발행되는 것이므로 영리성을 띠고 있는 것으로 봐야 합니다. 따라서 어떤 경우든지 사보에 저작권이 있는 저작물을 게재하려면 저작권자의 허락을 받아야 합니다. 다만, 한 편의 시나 수필처럼 일일이 허락을 얻기가 번거로운 경우에는 저작권신탁관리단체를 통해 사용료를 지불하고 이용할 수 있겠습니다. 대표적인 곳으로 한국문예학술저작권협회가 있으므로 홈페이지를 찾아본 후 상담해 보기 바랍니다.

161. 성인용 도서를 아동용 버전으로 바꾸는 경우의 저작권

성인용 도서를 아동용으로 만들고 싶습니다. 이때 어떤 절차를 거쳐야 하는지요? 원저자와 계약을 해야 하는지요? 아니면 그 도서를 출판한 출판사와도 협의를 해야 하는지요? 전자의 경우 아동용 도서의 작가가 글을 새로 쓸 경우 인세를 어떻게 배분해야 하는지요? 후자의 경우 그 책을 출판한 출판사가 어디까지 권한을 가지고 있는지요? 아동용 도서라고 해도 어차피 같은 내용일 텐데, 원저자와 출판사의 계약 상황에 따라 달라지는 문제인지요?

෴

성인용 도서를 어린이용으로 각색하는 것은 곧 2차적저작물을 작성하는 행위로서 저작재산권으로서의 '2차적저작물작성권'을 가진 저작자의 허락이 필요한 일입니다. 따라서 당연히 1차적으로 원저자(저작권자)와 협의해야 하며, 만일 성인용 도서를 낸 출판사와 계약함에 있어 2차적저작물 등으로 새로이 이용허락을 하는 경우에 저자와 출판사가 협의해서 결정해야 한다고 약정했다면 서로 협의과정을 거쳐야 하겠지요.

결국 원저자와의 협의가 중요하지만, 만일 유사한 도서를 다른 출판사로 하여금 출판하게 해서는 안 된다는 계약내용에 입각해서 기존 성인용 도서 출판사가 반대를 하게 되면 어려워질 수도 있습니다. 또, 아동용으로 각색한 경우 글을 쓴 사람이 원저자와 다르다면 원저자에게는 원작사용료를 지불해야 하며, 글을 쓴 사람에게는 저작권사용료(인세)를 지불해야 하겠지요. 하지만 그 금액의 정도 또는 인세율 등은 당사자끼리 협의해서 결정할 문제입니다.

162. '이수일과 심순애'의 저작권 유무

저는 외국에서 광고 분야에 종사하고 있습니다. 현재 '이수일과 심순애'의 줄거리를 패러디한 TV CF를 제작하려고 합니다. 내용은 아주 간단합니다. "사랑을 선택할 것인가? 다이아몬드를 선택할 것인가 이것이 문제로다."입니다. 문제는 이러한 문구를 광고에 사용했을 경우 저작권을 침해한 것인지, 만일 저작권 침해라면 누가 저작권자인지 알고 싶습니다.

～

'이수일'과 '심순애'는 우리나라 근대기 '조중환'이란 작가가 발표한 신소설 〈장한몽(長恨夢)〉의 남녀 주인공 이름입니다. 이 작품은 1913년 5월 13일에서 동년 10월 1일까지 매일신보(每日申報)에 연재되었던 작품으로 일본 작가 '오자키 고요(尾崎紅葉)'가 쓴 〈금색야차(金色夜叉)〉를 번안한 연애소설로 알려져 있지요. 이를 계기로 주인공인 이수일(李守一)과 심순애(沈順愛)는 매우 유명해져서 당시 여러 사람의 입에 자주 오르내려 사랑에 대한 새로운 풍조를 불러일으켰던 작품입니다. 이와 같은 큰 인기에 힘입어 영화로 만들어지거나, 혹은 가요로 만들어지기도 했으며, 1915년에는 그 속편이 매일신보에 다시 연재되기도 했습니다. 한편, 작가 '조중환'은 1863에 서울에서 태어나 1944년에 세상을 떠난 것으로 알려져 있습니다. 따라서 저작자 사후 50년이 훨씬 지났으므로 〈장한몽〉을 비롯한 작가의 작품들에 대한 저작권은 소멸되었습니다. 즉, 누구든지 자유롭게 사용할 수 있게 된 것이지요. 광고작업에 활용하시는데 아무런 문제가 없는 것으로 판단됩니다.

163. 중국 작가 임어당의 저작권

집필 중인 작가입니다. 여러 책을 읽다 보니 중국 작가 임어당의 책 중에 괜찮은 문구들이 있어서 문의합니다. 마음에 드는 구절들을 제 글 속에 그냥 가져다 쓴다면 저작권 침해에 해당하는지요? 임어당의 책을 내려는 게 아니라, 그의 글 중에 좋은 부분들이 많아서 많은 부분을 제 글 중에 삽입해서 쓰려고 하는데요. 이런 경우 어떤 문제가 있는지 알고 싶습니다.

∾

남의 글을 허락 없이 가져다 쓰려면 그만큼 타당한 이유가 있어야 합니다. 공표된 저작물의 인용에 해당하여 정당한 범위 안에서 공정한 관행에 합치되게, 즉 출처를 정확히 밝히고 인용하는 것은 저작권 침해가 아닙니다. 그러나 마치 자기가 쓴 글인 것처럼 표현하면서 남의 글을 슬그머니 끌어다 쓰는 것은 엄연한 저작권 침해입니다. 하지만 창작활동이 무조건 새로운 것의 창작을 의미하는 것은 아닙니다. 비록 남의 창작일지라도 완전히 소화시켜서 나름대로 새로운 해석이 가능할 정도로 응용하거나 새로운 창작활동을 위해 불가피하게 다른 사람의 결과물이 스며들 수밖에 없는 일이니까요.

대표작 '생활의 발견'으로 유명한 중국의 문필가 린위탕, 즉 임어당(林語堂, 1895~1976)은 1976년에 사망했으므로 그의 모든 저작물에 대한 저작권은 현재 엄연한 보호대상이며, 중국과 우리나라 모두 베른협약 가입국이므로 국내에서도 임어당의 저작권은 보호되고 있습니다. 따라서 이용허락을 받는 등 정당한 방법이 아닌 한 저작재산권 침해가 될 수 있습니다. 나아가 본질적인 내용을 상관하지 않고 귀하의 글 속에 이리저리 섞어 놓는다면 명예를 훼손하는 방법으로 저작인격권 중 '동일성유지권'을 침해한 것이 될 수도 있으니 주의해야 합니다. 디만, 귀하의 창작활동에 있어 불가피한 인용이거나 임어당의 문학세계를 재해석한 결과로서 새로운 창작물이 될 수 있다면 가져다 써도 되겠습니다. 아울러 출처를 정확히 밝혀주어야 한다는 점도 절대 잊지 말아야 합니다.

 공표된 저작물의 인용에 해당하여 정당한 범위 안에서 공정한 관행에 합치되게, 즉 출처를 정확히 밝히고 인용하는 것은 저작권 침해가 아닙니다.
그러나 마치 자기가 쓴 글인 것처럼 표현하면서 남의 글을 슬그머니 끌어다 쓰는 것은 엄연한 저작권 침해입니다.

164. 딸림자료의 저작권사용료

일반적인 학습용(대입수능용) 영어교재를 출판하려고 합니다. 이 경우 저작자와 출판사가 출판계약을 함에 있어서 책에 대한 인세계약 외에 듣기용 오디오 테이프를 별도로 판매할 때에는 테이프 판매분에 대한 인세계약을 어떻게 해야 할까요?

∽

누군가의 저작권에 기반한 저작물을 이용하는 사람이라면 그에 상응하는 저작권사용료(인세)를 지불해야 할 의무가 있습니다. 그 기준이 발행부수에 의한 것인지 아니면 판매부수에 의한 것인지, 또 그 정가 대비 비율은 몇 퍼센트로 할 것인지 등등의 저작물 이용조건이 담겨 있는 문건을 가리켜 계약서라고 하는 것이지요. 아울러 이용방법에 따라 저작재산권양도계약서가 될 수도 있고, 출판권설정계약서가 될 수도 있으며, 단순한 출판계약서나 공중송신권이용계약서 등이 될 수도 있습니다.

그런데 그러한 이용조건 및 방법, 범위 등에 대해서는 법적으로 규정되어 있는 바가 없습니다. 곧 계약 당사자들끼리 협의해서 정하면 된다는 뜻입니다. 따라서 제3자의 입장에서 저작권사용료로 적당한 금액이 얼마인지 조언해 줄 수는 없습니다. 저작물의 가치와 판매의 추세 등을 예견하여 협상하는 게 저작권자 또는 이용자의 기본적인 임무이므로 당사자끼리 협의해서 합리적인 저작권사용료를 책정해 보기 바랍니다.

165. 외주작업의 결과물에 대한 소유권과 저작권

최근 책을 출간하면서 A편집회사에 편집을 맡겼습니다. 물론, 그에 대한 비용은 모두 지불했지요. 하지만 일을 진행하면서 여러 가지로 애를 먹었고 품질도 매우 좋지 않았습니다. 이에 다른 곳으로 편집회사를 옮기려고 편집한 원본을 돌려달라고 하니, 본인들이 디자인하고 편집한 것에 대해 저작권을 갖고 있으므로 돌려줄 수 없으니 그냥 계속 자기들하고 일을 하자고 합니다. 이러지도 못하고 저러지도 못하고 답답할 따름입니다. 나중에 알고 보니, 비용도 다른 곳보다 두 배 이상 많이 받았고 납기도 1개월 이상이나 지체되었습니다. 제가 알기로는 출판권과 저작권을 우리가 모두 갖고 있고 비용까지 모두 지불했는데, 편집한 원본의 소유권도 우리에게 있는 것이 아닐까요?

∾

귀사의 촉탁에 의해 편집을 담당한 편집회사의 업무는 우리가 일반적으로 증명사진을 찍기 위해 동네 사진관을 이용하는 것과 같은 경우에 해당합니다. 현행 저작권법에 따르면 '판면권' 즉 편집 결과물에 대한 저작권은 인정되지 않습니다. 편집된 내용(콘텐츠)에 대한 저작권이 인정될 뿐이지요. 과거에 우리가 증명사진을 찍고 나서 모든 비용을 지불했음에도 불구하고 원판필름을 주지 않았던 사진관의 횡포를 기억할 겁니다. 하지만 지금은 그것이 부당한 행위임이 널리 알려져서 어느 사진관에서든 원판필름을 주게 되어 있습니다. 마찬가지로 귀사에서 모든 비용을 부담하고 일을 맡겼다면 편집회사에서는 일이 끝난 후 모든 결과물(파일 또는 필름 등)을 귀사에 인도하는 것이 당연한 일입니다. 편집 결과물에 대한 모든 소유권이 귀사에 있기 때문이지요.

저작권과는 상관없이 소유권이 비용을 지불한 측에 있음을 근거로 해서 다시 한 번 반환을 촉구해 보고, 그래도 반응이 없으면 근거자료를 바탕으로 부당이득 반환 및 손해배상 요구 등 법적 조치를 강구하기 바랍니다.

166. 연구 프로젝트와 관련한 다양한 저작권 문제

저는 대학원 석사과정에서 철학을 전공하고 있는 사람입니다. 현재 정부 부처에서 주관하는 프로젝트의 조교 업무를 수행하고 있습니다. 최근 일본의 독도 영유권 주장 문제가 불거지자, 독도 교수학습자료를 제작하여 전국에 있는 초·중등학교에 배포할 계획으로 프로젝트를 추진하게 되었습니다. 연구 개발은 현직 교수 및 교사들을 중심으로 거의 개발이 끝난 상태이며 곧 제작에 들어갈 예정입니다. 다만 제작에 들어가기에 앞서 저작권 문제를 해결해야 하는데, 이것이 보통 골치 아픈 문제가 아닙니다.

1. 우선 연구원들이 필요로 하는 자료의 70퍼센트 이상이 인터넷에서 다운받은 자료입니다. 출처가 분명한 것은 제가 연락을 취하여 저작권 문제를 알아보고 있으나, 많은 자료들이 서로서로 다운받아 홈페이지가 구축되어 있어 원출처가 분명치 않은 경우가 많습니다. 이때, 저작권 문제는 어떻게 처리해야 하는지요?

2. 홈페이지뿐만 아니라 개인 블로그에서 가져온 자료도 있는데, 문제는 그 블로그 개설자가 그 자료의 저작권 보유자가 아니라는 것입니다. 이런 경우는 또 어떻게 해야 합니까?

3. 동영상 자료나 방송자료 같은 경우 비교적 출처가 분명하기 때문에, 방송국이나 해당 제작자에게 연락을 취하고 있습니다. 그러나 신문에 있는 자료는 어떠한지요? 예를 들어, 연합뉴스 며칠 자 어느 기사에 실린 사진이 필요하다고 할 경우 일일이 사진기자를 알아봐야 하는지요? 아니면 연합뉴스 측과 일괄협상이 가능한 문제인지요? 신문기사는 어떻습니까? 저작권료를 지불하고 사용하되, 출처를 또 따로 명기해야 하는지요? 아니면 저작권료를 지불했으면 출처를 명기할 필요가 따로 없는지요?

4. 인터넷 포털 사이트에 실린 사진자료의 경우, 해당 포털 사이트에 문의하면 되는지요? 아니면 다시 원제작자를 추적해야만 하는지요?

결론부터 말씀드리자면 출처가 확인되지 않았거나 저작권자와 연락이 닿지 않은 저작물은 사용하지 않는 것이 상책입니다. 정부 부처의 프로젝트에 의한 결과물은 여러 경로를 통해 노출될 수 있어서 공표 후에 저작권자들의 눈에 띌 가능성이 매우 높기 때문이지요.

1. 네티즌들이 개인적으로 구축한 다양한 사이트에 무단으로 복제해서 게시한 저작물이 적지 않습니다. 어쨌든 저작권 침해에 대한 책임은 그것을 무단으로 게시한 사람뿐만 아니라 또 다시 무단으로 퍼다가 이용한 사람에게도 같은 비중으로 부과됩니다. 출처 불명의 저작물은 손대지 말기 바랍니다.

2. 블로그 역시 마찬가지입니다. 개인 블로그에 올라 있는 수많은 불법 복제물들은 어디에 있는지 모르는 '지뢰'와 같습니다. 언제 어디서 터질지 모르는 위험한 것들이므로 근처에 가지 않는 것이 좋습니다. 저작권 침해죄는 '친고죄'로 규정되어 있기 때문에 저작권자가 죄를 묻지 않으면 아무런 문제가 되지 않습니다. 개인 자격으로 저작권을 침해했을 경우와 공공기관에 의한 연구 프로젝트의 결과물이 저작권을 침해했을 경우가 다르므로 주의해야 하겠지요.

3. 신문에 실린 기사라 하더라도 그것이 단순한 사실의 보도에 불과한 스트레이트 기사가 아니라면, 즉 해설이나 비판 또는 논설에 해당하는 기사 또는 사진으로서 신문사 소속의 기자가 작성한 것이라면 해당 신문사에 저작권이 있습니다. 신문사마다 저작권 관련 부서가 있으므로 그쪽에 연락을 취해서 일괄계약을 맺는 것이 좋겠습니다. 다만, 신문에 실린 글이나 사진이라 하더라도 신문사 소속 종업원이 아닌 외부필자가 작성한 것이라면 신문사와 상관없이 해당 필자에게 연락을 취해서 허락을 받아야 합니다. 또, 정당

한 저작권료를 지불했다 하더라도 출처 표시는 정확하게 해 주어야 합니다. 저작권자에게는 재산권뿐만 아니라 성명표시 및 동일성유지에 대한 인격권을 갖고 있기 때문입니다.

4. 인터넷 포털 사이트의 운영자는 단순한 '온라인서비스제공자'일 뿐 콘텐츠 제작자는 아니기 때문에 특정 포털 사이트에 실린 자료라고 하더라도 그것을 직접 작성한 저작권자를 찾아내야 합니다. 온라인서비스제공자에게는 포털에 게시된 저작물이 불법일 경우 그것을 삭제할 의무만 있을 뿐 저작권 침해에 대한 직접적인 책임은 없기 때문입니다.

167. 대학부설연구소가 펴낸 책의 저작권 문제

저는 국립대학 부설연구소 직원입니다. 참고로 우리 연구소는 자체적으로 회계를 할 수 없습니다. 학교를 통해서만 할 수 있습니다. 우리 연구소에서는 학교예산으로 일본인이 1903년에 저술한 책을 번역한 적이 있습니다. 번역은 대학교 연구원 1인과 외부 번역자가 공동으로 맡았습니다. 대학교 연구원은 규정상 별도로 연구비를 받을 수 없게 되어 있고, 외부인은 연구비를 받아 진행되었습니다. 그런데 애초에 비매품으로 만든 이 책을 앞으로는 판매품으로 출판하고자 합니다. 우리 학교에는 따로 출판부가 없다 보니 외부 출판사와 계약을 해야 하는데, 학교에서는 계약 자체가 불가능하다고 합니다. 국립대학이기 때문에 비영리법인이므로 수익사업을 할 수 없다는 것이지요. 출판을 하게 되면 출판사로부터 인세 10퍼센트를 받아야 하는데, 이를 수익으로 잡을 수 있는 근거가 없다는 겁니다. 다른 방법이 없을까요? 또 이렇게 학교에서 연구비가 지원된 경우에 그 출판권은 학교에 있는 건가요? 아니면 번역자들에게 있는 건가요?

∽

이른바 '업무상저작물' 이라는 것이 있습니다. 즉, 어느 단체에서 기획을 하고 단체 소속 종업원이 업무상저작물을 작성한 후 단체의 명의로 공표된 경우에 그 저작물을 업무상저작물이라고 하고 모든 저작권은 해당 단체에 귀속됩니다. 그러나 질문의 경우에는 우선 외부인이 번역작업에 참여했고, 공표될 당시 번역자를 단체가 아닌 실제 번역자들로 표시한 듯합니다. 그리고 그 밖에 별도의 계약에 따라 모든 저작권을 단체에 귀속시킨다는 합의가 없었다면 그 저작물은 단체(학교)에 저작권이 있는 것이 아니라 번역한 사람들에게 있습니다. 따라서 다른 출판사와 유가 출판을 하는 경우 학교가 아닌 번역자를 계약 주체로 삼아 출판을 진행해도 아무런 문제가 없겠습니다. 다만, 원저작물의 저작권이 존재하는 경우 한국어판 출판을 위한 허락을 얻었는가 하는 점은 별개입니다. 만일 정식계약이 없는 상태에서 번역을 했다면 그 부분(원저작권자의 저작권 침해)에 대해서는 별도로 책임을 져야 합니다.

또한, 만일 현재 해당 도서의 한국어 출판에 관한 권리(출판권)가 대학에 있다면, 즉 원저작권자와의 계약에 따라서든 아니면 원저작권자(일본 저작자)의 저작권이 이미 소멸되었기 때문에 번역자의 권리만 있는 상태에서 번역자와의 계약에 따랐든지 출판권을 대학에서 갖고 있다면 당연히 대학의 뜻이 중요합니다만, 그 내용은 달라집니다. 먼저 원저작권자와의 계약에 따라 출판된 것이라면 대학에서 임의로 다른 출판사에 출판권을 양도할 수 없습니다. 이전의 계약을 해지하고 새로운 출판사와 원저작권자가 다시 계약을 체결해야 출판이 가능하다는 뜻입니다. 원저작권이 소멸된 상태에서 번역자와의 계약만으로 출판이 되었더라도 번역자들이 모든 권리를 대학연구소 측에 양도한다는 뜻으로 저작재산권양도계약을 맺지 않은 한 번역에 따른 저작권은 엄연히 번역자들에게 있습니다.

따라서 번역자들이 새로운 출판사와 계약을 다시 해도 문제가 되지 않습니다. 다만, 대학 측에 언제까지 출판권을 인정한다는 뜻의 계약이 있었다면 그 이전에 이루어지는 새로운 출판에 대해 대학의 양해를 구하면 되겠지요. 똑같은 저작물이 여러 군데의 출판사에서 발간된다면 독자들에게 혼란을 줄 수 있지만, 계약내용에 따라 그렇게 될 수도 있는 일입니다. 번역출판 당시 번역자와 대학연구소 사이에 이루어진 계약내용을 다시 한 번 살펴보기 바랍니다.

168. 정부출연연구소에서 발행한 연구보고서의 저작권

우리 기관은 정부출연연구소로서, 연구원들이 발간한 연구보고서에 대해 저작권 보호를 받을 수 있는 방법을 알고 싶습니다. 우리 기관의 연구보고서를 다른 사람들이 인용하거나 여러 방법으로 사용하고자 할 때, 우리 기관에서 저작권을 주장할 수 있을까요?

∾

저작권법에 따르면, 원칙적으로 국가기관이나 각 지방자치단체가 일반 국민 또는 지방 거주민에게 널리 알릴 목적으로 작성한 문서들은 보호받지 못하는 저작물입니다. 여기서 말하는 문서란 고시, 공고, 훈령 등을 포함해서 넓은 의미에서의 공문서를 가리킵니다. 따라서 국가나 지방자치단체가 널리 알릴 목적으로 작성한 모든 저작물은 사실상의 보호받지 못하는 저작물이 된다고 하겠습니다. 그러나 국가 내지 지방자치단체가 작성한 공문서라고 할지라도 그것이 공중에게 알리는 것을 목적으로 하지 않는 계획서이거나 학술적 가치가 있는 연감이나 교육백서 또는 국정교과서, 문화적·예술적 가치가 있는 그림엽서 등이라면 당연히 보호받는 저작물이 됩니다.

따라서 정부출연연구소에서 연구원들이 작성한 연구보고서는 그 내용이 창의적이라면 당연히 보호받는 저작물이며 저작권을 주장할 수 있겠지요. 다만, 그 주체가 연구소인가, 아니면 그 상위기관인가, 그도 아니라면 개별 연구원들이 개인적으로 저작권자가 되는가 하는 점은 서로의 약정이나 업무의 성격 등에 따라 구분되어야 할 것으로 보입니다. 아울러 저작권의 기본적인 보호에 관해서는 별도의 등록절차가 필요 없이 공표행위만으로 사후 또는 공표 후 50년 동안 효력이 발생합니다만, 향후 분쟁의 소지를 미연에 방지하고자 한다면 저작권 등록제도를 활용하는 것도 좋은 방법이 될 것입니다.

169. 화가 이중섭의 그림에 대한 저작권 문제

우리 출판사에서 출판 예정인 도서의 표지에 이중섭 선생의 그림 '봄의 아이들' 중 일부분을 사용하려고 합니다. 혹시 화가 사망 후 50년이 아직 지나지 않았다고 하더라도 이중섭의 그림은 일종의 공공의 자산처럼 생각되므로 그냥 사용해도 될 것 같은데, 어떤가요?

❧

이중섭 선생은 1956년 9월에 타계한 것으로 알려져 있습니다. 그것이 사실이라면 현재 이중섭 선생의 저작권은 국내법에 따라 소멸되었으므로 누구든지 자유롭게 이용할 수 있습니다. 다만, 명예를 훼손하는 방법으로 작품을 이용하면 형사상 명예훼손죄 내지 저작인격권 침해에 해당되어 그에 따르는 책임을 져야 합니다.

한편, "이중섭 그림은 일종의 공공의 자산처럼 생각되어 사용해도 될 것 같은데"라고 한 부분은 잘못입니다. 그것이 저작권 소멸에 해당하거나 '저작재산권의 제한'에 해당하지 않는 한 단순히 유명인의 작품이라고 해서, 또는 저작자가 공인에 해당한다고 해서 누구든지 마음대로 이용할 수 있는 것은 아닙니다. 저작권은 어디까지나 '사권(私權)'에 해당하기 때문입니다.

170. 조상의 문집에 대한 저작권

1969년에 조상의 문집을 한글로 번역하여 발간했는데 내용이 미진하고 잘못된 부분이 있어 후손들이 뜻을 모아 이번에 개정판을 비매품으로 발간했습니다. 그런데 번역을 했던 분도 아니고 편집을 했던 사람의 자손이라는 사람이 나타나 저작권 운운하는데 이런 경우에도 저작권법이 적용되는지요?

저작물 중에는 '편집저작물'이란 것이 있습니다. "소재의 선택과 배열에 창작성이 있는 저작물"을 가리키는데, 문집도 여기에 해당됩니다. 이때 편집저작물의 '엮은이'에게는 별도의 저작권이 부여됩니다. 애초에 문집을 발간할 때 만일 누군가가 조상님들의 글을 가려 뽑거나 모아서 배열하는 작업을 했고, 그 사람을 엮은이로 해서 문집이 발간되었다면 그 엮은이는 문집 전체에 대한 저작권자가 됩니다.

　물론 한문으로 된 글을 한글로 번역한 분들에게도 번역에 따른 별도의 저작권이 주어집니다. 편집저작물로서의 문집을 예전 형식 그대로 둔 채 개정판을 발간했다면 당연히 엮은이의 저작권이 미치므로 그 부분을 다시 한 번 살펴보기 바랍니다.

171. 월간지 게재 기사의 저작권

월간잡지에 게재된 사설, 칼럼, 탐방기 등에 대해서 질문 드리겠습니다.

첫째, 기자 개인이 아닌 에디터 기획회의를 통해 나온 아이템을 나눠서 작성한 기사입니다.

둘째, 기사를 작성한 기자는 고용관계에 있는 종업원입니다.

셋째, 기자가 업무상 작성한 기사입니다.

넷째, 회사와 기자와의 계약이나 근무규칙 등에 있어서 기사의 저작권은 기자가 갖는다거나 일정기간이 경과하면 기자에게 저작권이 귀속된다고 하는 특약이 없습니다.

다만, 개별 기사에는 작성한 기자 이름이 적혀 있습니다. 이럴 경우, 기자가 기사의 저작권 소유를 주장할 수 있는 걸까요? 회사가 이런 기사들을 묶어 단행본으로 만들 경우, 기자에게 별도의 저작권 허락을 구하고 출판권 설정대가를 지불해야 하는 건가요?

❧

우리 저작권법에서는 자연인으로서의 개인뿐만 아니라 법인 등의 단체도 저작권자가 될 수 있도록 규정하고 있으며, 이런 경우의 저작물을 가리켜 '업무상저작물'이라고 합니다. 미국 저작권법에서는 '직무상저작물'이라고 해서 문의한 경우의 저작물은 당연히 잡지사 소유로 보입니다. 곧 질문의 경우를 살펴보면, 업무상저작물로서의 요건을 갖춘 걸로 보이며, 따라서 잡지사 명의로 단행본을 출간해도 별 문제가 없겠습니다. 다만, 저작권사용료로서의 금전적인 대가를 지불할 필요는 없지만 저작권의 차원이 아니라 기사의 신빙성과 신뢰도를 감안해서 기자들의 이름(취재담당자로서)을 넣어주는 것은 인간적인 배려이자 도리가 아닌가 싶습니다.

172. 현존 인물을 주인공으로 하는 소설의 권리문제

현재 현역으로 활동 중인 인물을 다큐멘터리 형식의 소설로 가공해서 출판하려고 합니다. 물론 저자는 따로 있고요. 내용도 언론에 보도된 것들을 기초자료로 삼아 보완해서 완성했는데, 문제는 주인공이 출판에 대한 대가를 요구해 현재 합의점을 찾지 못하고 있습니다. 이 경우 주인공의 허락 없이 출판해도 되는지, 주인공의 허락을 얻어야 한다면 주인공에게 어떤 권리가 있고 어느 정도의 대가를 치러야 하는지(저자와 비교해서) 알맞은 조언을 주시기 바랍니다.

❧

물론 저작권은 저작물을 창작한 사람에게 우선적으로 주어집니다. 하지만 그 창작이 순수하게 저작자의 머리에서 나온 것이 아니라면 창작과정의 기여도에 따라 공동저작자가 될 수도 있고, 아니면 2차적 저작에 따른 원작자와의 관계가 될 수도 있습니다.

질문의 경우처럼 현존 인물에 대한 자료를 바탕으로 다큐멘터리 소설을 만든다면 현존 인물은 공동저작자가 될 수도 있고, 귀하의 소설작품에 대한 원작자가 될 수도 있을 것으로 보입니다. 언론에 보도된 것들 역시 해당 인물이 제공한 인터뷰나 기타 자료를 바탕으로 이루어졌을 것이기 때문이지요. 그리고 요사이 국제적인 추세에 따르면 연예 및 스포츠 스타나 정치인 등 이른바 '공인'에 해당하는 사람들에게도 자신의 초상을 영리목적으로 이용할 수 있는 '퍼블리시티권'을 인정하고 있으므로, 자신의 생애를 바탕으로 하는 저작물에 대해 어떤 식으로든 권리를 주장할 수 있다고 봅니다.

결론적으로, 통상 도서정가 대비 10퍼센트의 저작권사용료를 책정하는 출판계 관행에 비추어 그 한도가 넘지 않는 정도에서(번역의 경우 원작자와 번역자에게 주어지는 저작권사용료를 참조하면 좋을 듯함) 결정하면 어떨까 싶네요.

173. 족보의 저작권

어떤 성씨의 대종회에서 족보를 편찬했는데, 나중에 이 성씨의 중앙회라는 곳에서(결국 종중이 둘로 나뉘어 대립하고 있다는 의미입니다만) 이제부터 족보를 자기들이 편찬하겠다고 하는데요. 이 경우 족보에 대한 저작권이 인정되는지요? 인정된다면 누구에게 저작권이 주어지는 걸까요? 만약 족보의 저작권이 원래 편찬했던 대종회에게 있다면 어떤 방법으로 중앙회의 행위에 대해 대응해야 하는지 조언해 주시기 바랍니다.

∽

족보나 전화번호부처럼 소재들을 선택하고 이를 창의적으로 배열한 저작물을 가리켜 '편집저작물'이라고 하며, 편집저작물을 작성한 사람은 '엮은이'라고 불리는 동시에 해당 편집저작물의 저작권자가 됩니다. 따라서 이미 만들어진 족보가 있다면 그것을 실제로 편찬한 사람이나 단체가 편집저작물로서의 저작권자가 되며, 이와 유사한 편집저작물을 작성하거나 이용하고자 하는 사람은 편집저작권자의 허락을 받아야만 저작권 침해가 되지 않습니다.

결론적으로, 질문의 경우에는 기존 족보의 편찬 단체가 저작권자가 되며, 만일 다른 단체가 이를 바탕으로 족보를 편찬한다면 저작재산권 침해에 따른 형사상 처벌을 위한 고소와 함께 민사상 손해배상을 청구할 수 있을 것입니다. 손해배상의 범위는 편찬작업에 소요된 비용을 포함한 입증 가능한 범위 내에서의 금액이 될 수 있으며, 자세한 법적 절차에 대해서는 법률전문가(변호사)와 상담하기 바랍니다.

174. 유사한 디자인의 사진화보집에 대한 저작권 침해문제

저는 정부기관에서 근무하는 공무원입니다. 최근 우리 부서의 자료를 이용하여 약 250쪽 분량의 비매품 사진화보집을 만들었습니다. 외부의 편집회사에 의뢰해서 완성했으며, 편집회사와 계약 당시 완성된 화보집에 대한 모든 저작권은 발주자인 우리 기관에 있다는 내용을 계약서에 분명히 명시했습니다. 그런데 우리 기관이 발주한 화보집을 출판하고 난 후에 그 편집회사가 이번에는 다른 기관의 사진집 용역을 맡았습니다. 그리고 우리 화보집의 전체적인 기획 및 편집의 틀을 그대로 본떠서 사진집을 출간했습니다. 예를 들면, 제목 디자인의 모방(글씨체의 배치 등)과 책의 크기, 본문 속의 사진 위치, 편집디자인 등에 있어 매우 유사합니다. 책의 전체적인 흐름과 사진 배치 등 디자인이 비슷해서 누가 봐도 우리 부서에서 만든 화보집과 비슷하다는 것을 한눈에 알아볼 수 있을 정도입니다. 그리고 이 책은 판매를 목적으로 만들어진 서점용(15,000원 상당) 책이었습니다. 하지만 우리 화보집에 실린 사진을 가져다 쓴 것은 아닙니다. 이런 경우에는 저작권 침해가 아닌지 궁금합니다.

∾

아쉽게도 현행 저작권법에서는 '구체적인 표현'의 창의성에만 저작권을 부여할 뿐 아이디어 차원의 추상적인 측면에 대해서는 저작권을 인정하지 않습니다. 즉, 내용이 같거나 비슷하다면 모를까 레이아웃이 비슷하다고 해서 저작권 침해를 인정하지는 않는다는 것이지요. 그렇지만 내용은 그만두더라도 요즘 서점에 가보면 표지만 봐서는 전혀 차별화되지 않는 비슷한 외형의 책들을 많이 보게 됩니다. 이렇다 보니 저작권법상 '판면권(版面權)' 신설 문제를 제기하는 것은 어쩌면 당연한 일인지도 모르겠습니다. 즉, 저작물의 저작자가 출판물에 대하여 갖는 저작권과는 별도로 출판물의 '판(edition)'에 대하여 출판자 또는 편집자에게 독립된 권리를 인정해야 한다는 것이지요. 실제에 있어서 출판물의 판면은 누군가의 창의와 비용에 의해 구성되는 것입니다. 원고의 정리, 활자·그림·사진 등의 선택과 배열, 판면의 크기와 레이아웃 등을 포함한 판면의 구성에 창의력과 인력 및 비용의 투입 등 많은 노력을 기울입니다.

하지만 '판면권' 신설에 있어 보다 본질적인 문제는 이 같은 판면구성에 대한 편집행위의 창의성을 어떻게 증명하느냐에 달려 있습니다. 저작권법에서 규정하고 있는 "인간의 사상 혹은 감정을 표현한 창작물"이라는 요건을 충족시킬 만한 판면이 얼마나 존재하는가 하는 것과 함께 모방의 한계를 어디까지 둘 것인가 하는 현실적인 문제에 부딪치게 되면 '판면권'의 획득요건은 매우 미묘해질 수 있기 때문이지요. 게다가 독자의 눈에 처음 띄는 책의 얼굴이나 다름없는 표지의 디자인, 그리고 원고내용의 적절한 전달에 걸맞는 본문편집에 있어 독창성보다는 유행이나 경쟁제품에 대한 모방으로만 일관하는 것이 현실이라면 판면권에 관한 논의는 공허한 메아리일 뿐입니다.

어쨌든 지금 당장에는 판면이 비슷하다는 이유만으로 저작권 침해를 주장할 수는 없겠습니다. 출판의 본질을 이해하고 진정 좋은 책 만들기와 독자 중심의 편집관을 갖춘 유능한 편집인들이 철저한 자기검증을 통해 훌륭한 출판인의 후원 아래 창의성을 발휘할 때 판면권은 문화 창달의 또 다른 기본권리로서 자리 잡을 것으로 기대해 봅니다.

175. 수업시간에 학생들이 만든 작품의 저작권

대학에서 강의를 하고 있는 사람입니다. 학생들이 수업시간에 직접 제작한 작품들을 교수가 사진으로 찍어 자신의 저서에 이용하는 경우 어떤 문제가 생길 수 있을까요? 만약 학생들의 저작권 침해문제가 제기된다면 사전에 학생들의 저작권을 교수에게 귀속시킬 수 있는 방법은 없을까요? 이런 방법으로 현재 시중에 나와 있는 책들은 어떤 절차를 거쳐 출판되었는지도 궁금합니다.

∿

어떤 작품인지는 구체적으로 모르겠습니다만, 그것이 창작성을 내포한 저작물(저작권이 부여될 만한 가치가 있는)임에 틀림없다면 그것의 복제물에 대한 권리 또한 창작자(저작권자)에게 있습니다. 따라서 학생들의 동의 없이 교수 임의로 사진을 찍어 출판하게 된다면 저작권을 침해하는 행위가 됩니다. 합법적으로 학생들의 저작권을 존중하면서 출판하려면 사진을 찍기 전에 학생들로부터 이용조건 및 범위에 대한 동의(이용허락)를 받거나 아예 저작재산권 자체를 양도받는 방법을 취해야 합니다. 이 경우 이용허락 및 양도 등은 반드시 문서로써 이루어져야 하며, 이용허락의 경우에는 구체적인 이용방법 및 조건이 함께 기재되어야 합니다.

현재 시중에 나와 있는 이와 유사한 도서들의 출판 경위는 잘 모르겠습니다만, 이 같은 과정을 거치지 않았다면 문제가 발생할 소지를 안고 있는 셈이 되겠지요. 교육자들도 이제는 학생들에게 저작권이 엄연히 존재할 수 있다는 생각을 가질 필요가 있다고 생각합니다.

176. 고등학교 수업 보조교재의 제작 및 활용에 따른 저작권

저는 고등학교 교사로서 수업에 필요한 보조교재(학습지도서)를 만들어 사용하고자 합니다. 수업에 필요한 것들을 여러 참고도서나 인터넷 사이트에서 발췌하여 편집(짜깁기)한 다음 이것을 학교 근처의 복사집에서 제본하여 학생들과 함께 수업시간에만 참고자료로 사용하고자 합니다. 또 이것을 학생들에게는 판매하는 것이 아니라 무료로 나누어줄 예정입니다. 물론 학교에서 수업시간에만 사용하고 수업이 끝난 후에는 다시 걷을 예정입니다. 이런 경우에도 저작권 침해가 되는지 알고 싶습니다.

∽

현행 저작권법에 따르면 "초·중등교육법 또는 고등교육법에 의한 교육기관은 그 교육목적상 필요하다고 인정되는 경우에는 공표된 저작물을 공연 또는 방송하거나 복제할 수 있다."고 규정하고 있습니다. 따라서 선생님이 "수업에 필요한 것들을 여러 참고도서나 인터넷 사이트에서 발췌하여 편집(짜깁기)"하는 것 자체는 문제가 없겠습니다. 다만, 여기서는 복제만 인정하고 배포에 대한 언급은 없으므로 가르치는 사람이나 배우는 사람이 자신의 필요에 따라 복제물을 이용하는 것은 허용되지만 한 사람이 많은 복제물을 만들어 다른 사람에게 배포하는 것은 허용되지 않는다는 점에 주의해야 합니다. 아울러 이렇게 저작물을 이용할 때에는 그 출처를 반드시 명시해야 합니다.

결국 "복사집에서 제본하여 학생들과 함께 수업시간에만 참고자료로만 사용하"는 것에 있어 복사집의 영리목적에는 저작권 침해 소지가 있는데, 만일 그 복사집이 한국복사전송권협회 등 권리자 단체와 협약을 맺은 업체라면, 그리고 "학교에서 수업시간에만 사용하고 수업이 끝난 후에는 다시 걷을 예정"이라고 했으니 반드시 그렇게만 한다면 큰 문제는 없을 것으로 보입니다. 밖으로 유출되지 않도록 학생들에게도 다짐을 받아 두는 게 좋겠습니다.

177. 역사 관련 저작물들의 이용과 저작권 문제

자비출판 형식으로 역사 관련도서를 준비하고 있는 필자입니다. 저작권과 관련하여 다음과 같은 사항이 궁금합니다.

1. 방송(EBS, KBS) 동영상을 캡처해서 그 영상을 회화형식(그림)으로 표현할 경우에도 저작권을 침해한 것인지요?

2. 다른 역사책들을 보면 지도가 있는데 그 지도를 보고 그대로 다시 그리는 경우에도 저작권을 침해한 것인지요?

3. 역사적 인물들의 사진을 인터넷이나 서적에서 스캐닝 또는 캡처해서 사용할 경우에는 어떠한지요?

4. 역사적 유물과 전쟁 사진들을 사용할 경우(국내 역사물에 대한 것은 박물관 등에 요청하면 되는데, 국외의 역사 관련자료들은 어떻게 해야 할지 몰라 매우 힘든 상황임)에는 어떠한지요?

5. 사진작가가 찍어 놓은 사진을 그림으로 그리는 경우에도 문제가 될까요?

6. 유명한 명화나 벽화를 쓸 경우 또, 명화나 벽화를 보고 그릴 경우에는 어떠한지요?

∽

창작성이 인정되는 저작물로서 저작자(실제 창작한 사람)가 사망한 지 50년이 지나지 않았거나 저작권법상 저작재산권의 제한규정에 해당하지 않는다면 일단 저작재산권자의 이용허락을 받아야만 정당한 저작물 이용행위가 되겠지요. 따라서 먼저 질문내용에 언급된 원저작물들이 저작권 보호대상인지 확인해 보는 것이 좋겠습니다.

1. 방송(EBS, KBS) 동영상을 캡처해서 그 영상을 회화로 표현할 경우에 그것이 특정방송의 동영상임을 확인할 수 있는 정도가 아니라면, 일반적인 장면

으로서의 회화적 표현이라면 저작권 침해에 해당하지 않습니다. 하지만 동영상으로서의 특징이 강렬해서 방송 카메라가 아니면 표현할 수 없는 장면의 표현이라면 이용허락을 받는 게 좋습니다.

2. 지도는 일종의 미술저작물로서 그것을 그린 사람 혹은 출판사에 저작권이 있는 경우가 대부분입니다. 반드시 이용허락을 받아야 합니다.

3. 역사적 인물들의 사진을 인터넷이나 서적에서 스캐닝 또는 캡처해서 사용할 경우에는 해당 인물이 유명인으로서 이미 널리 알려진 초상이라면 사용해도 무방합니다.

4. 역사적 유물의 경우 그 자체에 저작권이 존재하지 않으며, 그것을 사진으로 찍었다 해도 유물 자체의 모습만 담긴 것이라면(작품성이 없다면) 저작권 보호의 대상이 아니므로 그냥 써도 무방합니다. 전쟁 사진의 경우에는 그것을 찍은 사람이 누구인가, 언제 찍었는가 하는 점이 중요한데, 언론사 소유의 사진이라면 이용허락(슬라이드 또는 이미지 대여의 방법으로)을 얻는 것이 좋겠습니다.

5. 문학작품을 베껴 쓴다고 해서 저작권 침해가 아니라고 할 수 없는 것처럼 작품사진을 그림으로 그리는 것 또한 저작권 침해에 해당합니다. 따라서 사진저작물의 저작권이 유효한 경우에는 반드시 이용허락을 얻어야 합니다.

6. 명화나 벽화의 저작권 유무가 중요합니다. 저작권이 소멸되었다면 관계없지만 그렇지 않다면 저작재산권자의 이용허락이 필요합니다.

178. 공모전 수상작에 대한 저작권 귀속문제

어떤 사진공모전에서 수상작은 물론 출품작 모두에 대해 저작권과 소유권이 주최 측에 귀속된다고 공고했는데, 이것이 정당한 것인지 궁금합니다. 기간도 명시되어 있지 않은데 그렇다면 영구히 사진에 대한 저작권이 넘어가는 건가요? 만일 사진작가가 나중에 해당 사진을 전시나 출판물 등에 쓰려면 공모전 주최 측의 동의를 구해야 할 것 같기도 한데, 만일 그쪽에서 거절한다면 달리 아무런 대응수단이 없는 것인지요?

∽

공모전을 주최하는 측에서 보면 공익목적이 아닌 경우 대개 공모작을 가지고 일종의 사업화를 염두에 둔 경우가 많습니다. 따라서 상금을 내걸고 공모전을 여는 것이겠지요. 그렇다면 수상작에 있어 상금은 저작재산권 양도에 따른 대가라고 볼 수 있겠습니다. 여기서 주의해야 할 사항은 수상작에 선정되었다고 하더라도 이때의 상금이 저작재산권 양도에 따른 대가로 보기에 부족하다고 판단한다면(당연히 작가 스스로 판단해야 할 문제입니다만) 수상을 거부하면 됩니다. 거부의사 없이 수상을 받아들였다면 주최 측이 제시한 조건, 즉 수상작에 대한 저작재산권은 주최 측에 귀속된다는 조건을 수락한 것으로 해석되기 때문이지요. 이렇게 해서 저작재산권이 양도되었다고 하더라도 저작인격권은 여전히 작가에게 남아 있는 것이므로 주최 측이 허락 없이 작품을 변형하거나(동일성유지권 침해) 작가의 성명을 훼손한다면(성명표시권 침해) 이에 대한 책임은 별도로 주최 측에 물을 수 있습니다.

그런데 질문내용을 보면 수상작에 대한 권리뿐만 아니라 "출품작 모두의 저작권"이 주최 측에 귀속된다고 했는데, 이는 법적 근거가 전혀 없는 것으로 보입니다. 출품하는 것 자체만으로 저작권이 주최 측에 귀속된다는 것은 곧 불공정계약에 해당하므로 무효에 해당될 가능성이 매우 높기 때문이지요. 그렇더라도 일단 출품하고 나면 향후 이 조항 때문에 법적 공방을 벌여야 하는 등 주최 측과의 마찰이 예상되므로 이런 터무니없는 공모전에는 아예 출품하지 않는 것이 상책이겠습니다. 현명하게 판단하기 바랍니다.

저작재산권이 양도되었다고 하더라도 저작인격권은 여전히 작가에게 남아 있는 것이므로 주최 측이 허락 없이 작품을 변형하거나 작가의 성명을 훼손한다면 이에 대한 책임은 별도로 주최 측에 물을 수 있습니다.

179. 원저작자 불명 저작물과 기출문제 이용에 따른 저작권

1. 우리 출판사에서는 한국사에 관한 책을 준비 중에 있습니다. 그런데 저자가 그림 이미지 몇 장을 인터넷에서 다운받아 보내왔습니다. 확인해 보니 그림 중에 개인 블로그에서 다운받은 것이 있었는데, 블로그를 운영하는 사람 또한 정체불명의 사이트에서 다운받은 것이라서 그림의 원저작자를 찾지 못하는 상황이 되고 말았습니다. 이런 경우 이용허락 없이 사용해도 무방한지요?

2. 논술 관련도서를 만들면서 다른 출판사에서 출간한 책의 내용을 그대로 사용하는 것이 아니라 요약하여 줄거리만 사용하는 경우에도 출판사와 원저작자의 동의를 얻어야 하는지요? 물론 출처는 분명히 밝히고 있습니다. 그리고 부록형식으로 특정기관에서 개발한 학년별 논술문제(기출문제)를 그대로 게재하려고 합니다. 이럴 경우에도 해당 기관의 동의를 얻어야 하는지 궁금합니다.

❧

1. 영리목적의 도서를 출판하는 경우에는 어떠한 사정이 있더라도 저작권자의 이용허락을 얻어야 합니다. 그리고 이용하고자 하는 저작물의 저작권자를 찾아내는 것은 이용자의 당연한 의무입니다. 만일 불가피한 사정이 있어 원작자를 찾을 수 없다면 저작권위원회에 '법정허락'을 신청해서 국가에 저작권사용료를 공탁하고 나서 이용해야 합니다.

2. 다른 출판사 간행 도서의 내용을 요약해서 쓰는 경우 역시 출처명시와는 별도로 저작자의 이용허락이 필요합니다. 요약 자체가 저작물을 변형하는 것이므로 저자의 저작인격권(동일성유지권)이 미치기 때문입니다. 기출문제를 사용하는 것 역시 해당 출제기관에 문의해서 이용허락 여부를 알아보기 바랍니다.

180. 대학논술고사 기출문제 이용과 저작권 문제

우리 출판사에서는 이번에 초등 논술책을 준비하고 있습니다. 책 내용 중에 'ㅇㅇ대학교 모의논술고사'를 싣고 있습니다. 논술책이 그렇듯, 대부분 타 출판사의 시나 소설 등을 간략하게 한 단락 정도씩 인용하여 제시해 놓았습니다. 제가 여쭙고 싶은 것은 우리 출판사에서 'ㅇㅇ시험기관'이 주관하는 모의고사를 실을 경우 해당 시험기관에만 동의를 얻으면 되는 것인지 궁금합니다. ㅇㅇ시험기관뿐만 아니라 제시문에서 싣고 있는 출판사나 저작자의 동의를 아울러 얻어야 하는 것인지 알고 싶습니다.

～

공익목적의 시험문제에는 공표된 저작물을 복제할 수 있으며 이는 저작재산권 침해가 아닙니다. 따라서 학교의 입학시험을 비롯해서 학력평가시험, 각종 자격시험, 기업체 입사시험 등에서는 저작권자의 동의 없이 저작물을 이용할 수 있습니다. 하지만 일선 출판사에서 판매를 목적으로, 즉 영리목적의 시험문제집을 펴내는 경우에는 이러한 면책조항이 적용되지 않습니다. 곧 문제를 출제한 기관의 이용허락과 함께 제시문으로 쓰인 저작물의 해당 저작권자에게도 모두 이용허락을 얻어야 합니다. 비록 특정 저작물의 일부분을 이용하는 경우라고 하더라도 이용에 따른 허락을 얻지 않으면 저작권 침해가 되므로 주의하기 바랍니다. 아울러 이용료 수준에 대해서는 '한국문예학술저작권협회' 등 저작권단체에 문의해 보기 바랍니다.

181. 의뢰해서 받은 그림의 다른 용도 사용문제

삽화가와 계약을 하고 특정도서에 그림을 실었는데, 이 그림을 다른 도서나 용도로 사용해도 문제가 없는지요? 계약서에는 이용방법이나 범위와 관련해서 아무런 언급이 없으며, 다만 5년 동안 출판권이 유효한 것으로 되어 있습니다.

〜

일단 저작재산권 양도를 목적으로 하는 계약이 아닌 한 애초 계약 당시 기획했던 도서 이외에 이용하는 것은 허용되지 않는 것으로 판단됩니다. 다만 포괄적으로 출판권 유효기간이 정해져 있다면 해당 기간 동안 출판의 방식으로 이용하는 것은 무방합니다. 그러므로 계약서를 작성하는 단계에서 저작물의 이용범위와 조건에 대해서 구체적이고도 상세하게 적시하는 것이 매우 중요합니다.

182. 등장인물(캐릭터)의 무단사용에 따른 저작권 침해문제

이미 출판된 책의 설정 및 이름에 대한 저작권 문의입니다. A라는 작가가 쓴 시리즈 (연작) 형식으로 제작된 3종의 판타지 소설이 있습니다. 약 1년 전부터 출판되기 시작 하여 그사이 1부와 2부가 각각 다섯 권의 책으로 완결되었고, 현재는 3부작의 마지막 신간이 나온 상태입니다. 그런데 이 연작소설의 국가이름, 개국공신이라 설정된 가문 의 이름 및 기타 캐릭터의 이름이 상당 부분 중복되는 소설이 B라는 작가의 이름으로 다른 출판사에서 출간되었습니다. 내용은 다르지만 책 소개에도 해당 국가이름과 같 은 이름의 설정, 겹치는 캐릭터명이 노출되어 있어 먼저 나온 책의 독자들은 새로 나 온 이 책이 작가의 다른 소설이라 착각하게 되고, 실제로도 그런 문의와 항의를 받고 있는 실정입니다. 이때 먼저 이러한 설정과 캐릭터명을 사용한 A작가에게는 어떤 권 리가 있는지 궁금합니다.

❧

저작권법에서는 아이디어를 보호하지 않습니다. 구체적인 표현으로서의 창작 을 보호하는 것이 근본취지입니다. 이에 따라 아무리 기발한 것이라도 책 제 목에는 저작권이 부여되지 않습니다. 곧 제목이나 등장인물의 이름이 같다 하 더라도 내용 자체가 다르다면 별개의 저작물로서 저작권 침해문제가 제기될 수 없는 것이지요. 다만, 워낙 유명한 작품(베스트셀러)으로 누구나 다 아는 도 서의 경우에는 저작권법이 아닌 부정경쟁방지법이 적용될 수 있습니다. 즉, 유명상품의 지명도를 등에 업고 그와 유사한 제품명이나 캐릭터를 활용해서 손쉽게 제품을 판매하려는 행위를 제재하는 법률이 바로 부정경쟁방지법입니 다. 좀 더 세밀하게 검토해 보기 바랍니다.

183. 학원 강의에 따른 도서 구입과 저작권 문제

몇 가지 질문을 드립니다.

1. A라는 어학교재를 선생님과 학생이 모두 구매하여 학원에서 직접 교육하는 것은 저작권법에 저촉되는지요?
2. A라는 어학교재를 선생님과 학생이 모두 구매하고 인스턴트 메신저 등을 이용해서 원격교육하는 것도 저작권법에 저촉되는지요?
3. A라는 어학교재를 선생님과 학생이 모두 구매하고 VPN 등의 사설망에 올려 열람(다운로드 불가)하고 교육하는 행위도 저작권법에 저촉되는지요?
4. 위의 행위가 영리목적인가 아닌가에 따라 저작권법 저촉 여부가 결정되는지요?

～

현행 저작권법에 따르면 저작권자의 이용허락이 없더라도 이용가능한 경우, 즉 '저작재산권의 제한' 규정이 있습니다. 그 중 질문과 관련 있는 조항은 "학교교육 목적 등에의 이용"과 "사적이용을 위한 복제", "시험문제로서의 복제" 등인 것으로 판단됩니다. 그러나 이러한 제한규정은 어디까지나 비영리적인 목적 및 공익을 위한 목적에만 해당합니다. "학교교육 목적 등에의 이용"에서 '학교'란 정규 교육법상의 학교를 말하므로 사설학원은 해당하지 않고, "사적이용을 위한 복제" 역시 개인에게만 해당되며, "시험문제로서의 복제" 또한 학교에서의 시험이나 각종 자격시험, 국가 차원의 능력시험 등에만 해당되기 때문입니다.

결론적으로 현재 저작권 보호가 진행 중인 저작물로서의 어학교재는 질문에서의 세 가지 경우에 있어 모두 허락 없이는 이용할 수 없는, 임의로 그렇게 한다면 저작권 침해에 해당하는 행위가 됩니다. 아무쪼록 저작권자 및 출판권자와 협의하여 정당하게 이용할 수 있도록 조치하기 바랍니다.

184. 출판물 편집과 유명인의 초상권 문제

1. 요즘 미국 대통령 '오바마' 열풍이 불어서 여기저기에 오바마 사진을 내걸고 나오는 책이 많은데요. 이런 경우에는 초상권 침해가 아닌 건가요?
2. 어린이 대상의 동화에 생존하는 사람의 이야기를 전기(傳記)처럼, 즉 본인이 아닌 다른 작가가 집필할 경우 보통 어떤 식으로 처리하는 것이 가장 합리적인 방법인지요?
3. 책 설명을 위해 공인의 사진이나 그림이 부득이하게 나갈 경우 사진이나 그림에 대한 비용을 사진작가 혹은 그림작가에게 지불한 경우에도 초상권 침해가 될까요? 물론 내용 중에 해당 유명인을 비난하는 내용은 없으며, 그저 사실에 대한 자료로 제공될 뿐입니다.

❧

1. 대체로 초상권보다는 영리목적의 퍼블리시티권을 침해한 것이 많은데, 다만 이는 친고죄에 해당하는 부분이기 때문에 오바마 측에서 문제 삼지 않을 가능성이 높을 뿐입니다. 나아가 오바마의 사진들에 대한 사진기자 또는 사진작가의 저작권이 더 큰 문제가 될 수 있습니다. 따라서 부득이 사용하고자 한다면 신문사 등에서 운영하는 '포토 에이전시'를 통해 정당하게 사진을 대여해서 이용하기 바랍니다.
2. 전기는 당연히 특정인물의 삶을 소재로 하는 것이므로 해당 인물의 사생활을 포함한 공적 기록물이 참조될 수밖에 없습니다. 그러므로 특정사실에 대한 취재를 병행하되 해당 인물과 더불어 해당 보도기사 또는 다른 기록을 작성한 저작권자의 협조를 받는 것이 가장 바람직합니다. 만일 해당 인물을 직접 인터뷰하거나 취재할 수 없다면 관련기사를 보도한 언론사의 이용허락을 얻어 그대로 인용하거나 전혀 다른 내용으로 각색하는 방법밖에는 없

는 것으로 보입니다. 그렇더라도 사실이 왜곡될 경우 '출판물에 의한 명예 훼손' 등의 문제가 발생할 수도 있습니다.

3. 초상권은 저작권과는 별개로 해당 초상권자에게만 부여된 인격권입니다. 따라서 공익을 위한 목적이 아닌 경우에는 초상권자의 권익을 침해한 것으로 해석될 가능성이 높습니다. 영리를 목적으로 하는 이상 초상자의 허락이 없는 경우에는 사진이든 그림이든 이용하지 않는 것이 가장 바람직합니다.

185. 평전 집필과 초상권의 문제

우리 출판사에서 영국의 어떤 인물에 대한 평전을 준비 중에 있습니다. 그 사람에 대한 사진이 필요해 저작권을 가진 곳에 연락했더니 저작권을 넘겨줄 수는 있지만 초상권은 자기들한테 없으니 그 사람에게 연락해서 초상권 계약을 별도로 하라고 하는군요. 이런 경우 다음과 같은 사항에 대해 알고 싶습니다.

1. 저작권 이용허락을 얻었더라도 반드시 초상권 계약을 따로 해야 하는가?
2. 초상권 이용에 따른 계약 없이 편집을 진행할 수는 없는가?
3. 초상권자가 소송을 제기할 경우 어느 나라의 법(영국법 혹은 국내법)에 따라야 하는가?
4. 초상권을 얻지 못할 경우 그림으로 그려 사용해도 문제가 없는가?

한편, "초상권을 얻고자 하는 사람 단독 사진이 아니라 한 장면에 그 사람을 포함해 3명 이상 있는 사진을 사용할 경우에는 특정인에게 초상권 사용허락을 받을 필요가 없다."는 말을 들었는데 맞는 것인지도 궁금합니다.

❦

초상권은 "자기의 초상에 대한 독점권"을 가리키며 동시에 인격권의 하나로, 자기의 초상이 승낙 없이 전시 또는 게재되었을 경우에는 손해배상을 청구할 수 있습니다. 다만 그 이용목적에 비추어 보아 공익적이거나 내용에 비추어 인격(명예)을 훼손하는 것이 아니라면 초상권 침해의 정도는 낮은 것으로 판단할 수 있습니다. 질문의 경우에는 특정인물에 대한 '평전'이다 보니 해당 인물의 초상을 이용할 수밖에 없는 상황이므로 일단 고의적인 초상권 침해에는 해당하지 않는 것으로 보입니다. 다만, 권리자인 해당 인물이 어떻게 생각하느냐가 관건이므로 직접 초상이용허락을 얻는 것이 가장 안심이 되는 경우라고 판단됩니다.

법적 소송은 '속지주의 원칙'에 따라 우리 법률에 따르는 것으로 볼 수 있고, 사진이 아닌 그림을 그려서 이용해도 특정인물임을 감지할 수 있다면 초상권은 미치는 것으로 해석되므로 주의하기 바랍니다. 아울러 초상권은 특정인물의 초상(얼굴 모습)에 대한 권리이므로 몇 명이 동시에 등장하느냐가 아니라 그 모습을 감지할 수 있느냐 없느냐 하는 점이 중요합니다. 아울러 그 내용이 해당 초상권자의 인격(명예)을 어떻게 표현하고 있느냐에 따라 판단될 문제이므로 신중하게 생각해 보기 바랍니다.

186. 어린이의 초상권과 출판사의 책임

미술교육 분야 중 심리치료 관련도서를 집필함에 있어 무심코 특정아동이 미술활동 중인 장면이 담긴 사진을 쓰게 되었습니다. 출판 이후 아동의 부모가 초상권 침해를 주장하며 배상을 요구하고 있는데, 출판사의 책임은 어디까지인가요? 내용은 부정적 인 것이 아닙니다.

❧

저작물의 내용에 대한 책임을 저자가 부담하기로 약정했다면 출판사로서는 책임이 없는 것으로 보입니다. '초상권' 침해의 경우 초상의 주인공이 누구인 가, 즉 명성이나 인물적 가치가 어느 정도인가, 그리고 내용상 명예훼손의 우려가 어느 정도인가 등을 기준으로 판단해야 합니다. 초상의 주인공이 아동이 라는 점, 그리고 내용상 부정적인 내용이 없다는 점으로 미루어 보아 큰 문제 는 없는 것으로 판단됩니다.

한편, 미성년자를 포함하여 법적으로 행위무능력자에 해당하는 사람의 권 리를 빌리고자 할 때에는 당사자뿐만 아니라 그 친권자(부모 등)의 동의가 반 드시 필요하다는 사실을 잊지 말아야 합니다.

187. 상표와 초상의 이용에 따른 문제

1. 국내외 유명상표의 로고를 책 표지에 넣을 경우 이용허락을 받아야 하는지요? 로고를 여러 개 넣을 생각인데 일일이 허락을 받아야 하는지 궁금합니다.
2. 유명인사들의 사진을 증명사진 크기로 책 표지에 실을 예정인데, 포토 에이전시를 통해 사진을 빌리려고 하니 초상권에 대해서는 책임을 질 수 없다고 하는군요. 대여료를 지불하고 사진을 이용했는데 문제가 발생할 경우 출판사만 책임을 져야 하는지 궁금합니다. 문제없이 진행하려면 저작권은 저작권대로 이용허락을 받고 초상권은 초상권대로 별도의 절차를 밟아야만 하는 걸까요?

～

1. 상표는 상표법에 따라 보호되는 지적재산인 동시에 그것의 형태(디자인)가 창의적이므로 미술저작물로서의 가치도 지니고 있습니다. 따라서 유사제품에 상표를 도용하는 것은 당연히 상표법 위반이 되고, 제품이 아닌 출판물에 사용하게 되면 저작권을 침해하는 것이 됩니다. 번거롭더라도 일일이 허락을 받아 이용하는 게 좋겠습니다.
2. 저작권과 초상권은 별개입니다. 따라서 인물사진을 이용하고자 하는 경우에는 사진을 찍은 사람(저작권자)으로부터는 저작물 사용에 대한 허락을 얻어야 하고, 사진 속의 인물(초상권자)로부터는 해당 초상을 이용해도 좋다는 허락을 얻어야 합니다. 특히 요즈음에는 초상을 상업적으로 이용하는 권리를 가리켜 '퍼블리시티권'이라고 해서 매우 중요하게 여기는 추세이므로 주의해야 합니다. 또한 해당 초상이 명예를 훼손하는 내용과 더불어 이용된다면 더욱 큰 문제를 불러일으킬 수 있습니다. 다만, 초상의 주인공이 이른바 '공인(公人)'에 해당하고 이용목적이 공익에 부합하는 경우(시사보도, 교육, 연구 등)에는 초상권이 제한될 수도 있습니다.

188. 문학작품의 내용과 사생활 침해문제

글을 쓰는 사람입니다. 저는 논픽션이라 해도 창작은 개인의 삶을 토대로 형성되며 그 근간에 살을 덧붙여 작품이 된다고 생각합니다. 최근 주변의 권유로 소설을 써 볼까 하는데, 물론 픽션의 형식으로 이야기를 만들겠지만 혹시라도 주변에서 이와 유사한 사실을 경험한 사람들이 자신의 사생활 침해나 명예훼손을 이유로 손해배상청구 등 법적 대응을 하게 된다면 작가의 책임은 과연 어디까지일까요? 출판의 자유가 헌법에 보장되어 있긴 하지만 간혹 작가가 쓴 글귀 하나 때문에 타인에게 불편한 심정의 상태를 유발하는 경우가 생기더라도 출판이 가능한 것인지 궁금합니다.

෴

최근 유명 여류소설가 모 씨의 신문연재소설에 대해 전 남편이 사생활 침해 등을 이유로 이를 연재하지 못하게 해 달라며 낸 가처분신청이 법원에 의해 기각된 바 있습니다. 담당 재판부에서는 "소설이 연재됨으로써 누군가의 프라이버시가 침해되거나 침해될 고도의 개연성이 있다고 보이지 않는 현 단계에서 소설에 대한 문학창작의 중단을 가져올 수 있는 가처분신청을 받아들일 수 없다."고 밝혔습니다. 재판부는 또 "소설이 특정인과의 혼인 중 있었던 일을 다루고 있는 점은 인정되나, 법원에 제출된 소설에는 특정인으로 추정되는 인물의 직업이 간략히 언급됐을 뿐 구체적으로 묘사되어 있지 않아 사생활이 소설에 드러났다고 볼 수 없다."고 덧붙였지요. 이어 재판부는 "약 6개월 동안 연재 예정인 이 소설은 현재 초반부 일부가 완성됐을 뿐 나머지 부분은 미완성인 상태에서 얼마든지 유동적으로 이야기 전개 등이 변경될 수 있다."며 "작가가 답변서를 통하여 앞으로 전개될 내용에서도 누군가의 프라이버시를 침해할 여지가 있는 사항을 포함시키지 않을 것임을 분명히 했다."고 설명했습니다.

이 사건에서 알 수 있는 것처럼 허구임에 분명한 소설 등 문학작품이라고 하더라도 "특정인을 감지할 수 있는 정도의 프라이버시 침해가 이루어진다면 이는 창작활동과는 별개의 사안"으로서, 예컨대 '출판물에 의한 명예훼손' 등으로 처벌 내지는 민사상 위자료 지불 등의 범죄행위가 될 수도 있다는 사실입니다. 결국 최종적인 판단은 개연성만 가지고는 안 되며, 작품이 완성되어 공표단계에 이르렀을 때 이루어질 수 있다고 봅니다.

189. 신문기사 링크의 저작권 문제

우리 회사와 관련이 있는 신문기사를 우리 회사 홈페이지에 게시하면서 기사 본문을 그대로 가져와 싣는 것이 아니라 제목만 나타내 주고 본문 기사는 링크 형식으로 처리해서 해당 신문사 사이트로 연결되도록 게재하는 경우에도 저작권 침해가 되는지 알고 싶습니다.

~

오늘날과 같은 디지털 환경에서는 디지털화에 따른 저작물의 이용과 네트워크를 통한 전송이 빈번하게 이루어지고 있습니다. 이러한 저작물 이용형태의 변화와 관련하여 기존의 '복제' 개념이 계속 유용한 것인지 검토할 필요가 있는데요. 가장 문제가 되는 것은 컴퓨터 기억장치로서의 램(RAM; Random Access Memory)과 같은 곳에 저작물이 일시적으로 저장되는 경우를 어떻게 취급할 것인가 하는 점입니다.

　멀티미디어로서의 전자매체를 이용하게 되면 이용자들 사이에는 그것이 파일의 형태든 아니면 컴퓨터프로그램이든 수많은 전자적 저작물이 전송장치를 통해 주고받게 됩니다. 그리고 전송과정에서 이용 저작물은 컴퓨터의 임시저장장치, 즉 램에 저장되게 마련이지요. 또한 컴퓨터 화면을 통해 보이는 저작물을 훑어보거나(browsing) 읽는 경우에도 그 저작물은 램에 저장될 수밖에 없습니다. 그 밖에 인터넷을 통해 저작물을 이용할 경우 파생되는 문제를 생각해 볼 수 있습니다. 특히 전자잡지 또는 전자신문을 웹상에서 열람할 때 링크(link) 과정을 거치게 되는데, 링크(또는 하이퍼링크)란 웹(web)에서 보통 밑줄 또는 청색으로 표시되어 있는 URL(Uniform Resource Locator)에 이용자가 마우스로 이를 클릭하면 다른 조작 없이도 표시된 URL에 직접 연결되는 시스템을 말합니다.

저작권과 관련하여 문제가 제기되는 경우는 이렇게 링크되는 웹사이트 자체가 개인의 독창성이 인정되는 저작물인 경우에 저작자 본인의 허락 없이 그 저작물을 임의로 이용하게 하는 데 있다고 할 수 있습니다. 하지만 인터넷의 특성상 타인의 웹사이트를 링크하는 모든 경우에 대하여 문제를 삼는다는 것은 인터넷의 기본개념에 배치되는 것이므로 일정한 범위에서 인터넷상의 보호범위를 정해야 할 것이라고 생각합니다.

이러한 문제점과 관련한 국제동향과 판례를 살펴보면 다음과 같습니다.

미국 저작권법 제101조에서는 복제물에 대하여 "현재 알려졌거나 또는 장래에 개발될 방법으로 저작물이 고정되는 음반 이외의 유체물로서, 그로부터 저작물이 직접 또는 기계나 장치를 통하여 지각, 복제, 또는 달리 전달될 수 있는 것"이라고 정의하고 있습니다. 이 규정에 따르면 복제물이란 저작물이 고정되는 유체물일 것을 요구하고 있기는 하지만 반드시 물리적인 매체이거나 가시적인 고정을 요하는 것은 아니라고 해석되며, 따라서 전자(電子) 혹은 자기(磁氣) 형태의 복제물도 인정되는 것으로 보입니다. 또한 "저작물을 디스크·디스켓·롬·램 등에 저장할 때, 텍스트·사진·영상저작물·녹음물 등을 디지털화한 때, 이용자가 디지털 파일을 업로딩(uploading)하거나 다운로딩(downloading)한 때, 이용자가 전자게시판 등에 있는 파일의 일부를 '불러 낸(display)' 때 등의 경우에 복제가 이루어진 것으로 보고 있습니다. 영국 저작권법 제17조에서는 복제권을 규정하면서 복제행위에 대해 "전자적인 방법으로 특정매체에 저장하는 행위"가 포함된다고 하며, 또한 저작물의 이용에 따라 만들어지는 일시적 또는 임시복제도 저작권법상의 복제개념에 포함시키고 있습니다.

유럽연합(EU)의 경우 역시 '컴퓨터프로그램의 보호에 관한 지침'에서는 컴퓨터프로그램의 로드, 현시, 실행, 송신, 저장 등을 할 때 일시적 복제가 수반

되는 경우 저작권자의 허락을 받아야 한다고 규정하고 있습니다. 또한 '데이터베이스의 보호에 관한 지침'에서는 데이터베이스의 제작자에게 "어떤 방식이나 형태로든 데이터베이스의 전부 또는 일부의 일시적 혹은 영구적 복제"를 허락할 배타적 권리를 부여하고 있습니다. 즉, 컴퓨터프로그램과 데이터베이스의 일시적 복제도 저작권자의 권리로 귀속시키고 있는 것이지요.

결국 저작권자의 생각이 어떠한가에 따라 저작권 침해 여부가 판가름 날 수밖에 없는 형편입니다. 코에 걸면 코걸이, 귀에 걸면 귀걸이인 상황이므로 현재로서는 해당 언론사의 허락을 받아 링크하는 것이 현명한 방법이라고 하겠습니다.

190. 인터넷에 떠도는 이야기의 저작권(1)

몇 년 전부터 인터넷에 떠돌아다니고 있는 짧은 유머들을 모아 책으로 만들어 볼까 합니다. 그런데 이 유머들이 대부분 원작자가 누군지 알 수가 없고 또 같은 이야기가 여러 가지 형태로 변형이 되어 떠돌기도 합니다. 곧 저작권자를 알 수 없는 것들이 대부분인데, 이런 것들을 모아 책을 만들어도 저작권 침해에 해당하는지요?

∾

저작자란 "저작물을 창작한 자"를 말합니다. 곧 사실상의 저작행위를 함으로써 "저작물을 창작해 낸 사람"이 저작자가 되는 것이지요. 그러므로 숨겨져 있던 다른 사람의 저작물을 발견했거나 발굴해 낸 사람, 저작물의 작성을 의뢰한 사람, 저작에 관한 아이디어나 조언을 한 사람, 저작을 하는 동안 옆에서 도와주었거나 자료를 제공한 사람 등은 저작자가 될 수 없습니다. 그리고 저작물의 내용이나 수준은 문제가 되지 않으므로 직업적인 문인이나 학자, 또는 예술가가 아니라도 저작행위만 있으면 누구든지 저작자가 될 수 있습니다. 따라서 법률상 무능력자로 취급되는 미성년자나 정신이상자라 할지라도 저작행위를 했다면 저작자가 되기에 충분합니다.

또한 저작자에는 자연인인 개인뿐만 아니라 단체 또는 법인이 있을 수도 있습니다. 그리고 저작물에는 1차 저작물뿐만 아니라 2차적저작물과 편집저작물도 포함되어 있으므로 2차적저작물 또는 편집저작물의 작성자 또한 저작자가 된다는 점에 주의해야 합니다. 만일 귀하가 인터넷에 떠도는 이야기들을 모아 책을 낼 경우 편집저작물의 작성자가 될 수 있습니다. 또, 저작물의 저작자는 1인에 한정되지 않으며 2인 이상의 사상이나 감정이 하나가 되어 구체화된 공동저작물의 경우에는 공동으로 창작한 사람 모두가 저작자가 됩니다. 만일 귀하가 인터넷에 떠도는 작품들을 모아 나름대로의 수정을 거쳐 책을 낼 경우 편집저작물의 작성자인 동시에 원래 이야기를 창작한 수많은 사람들과 공동저작물의 저작자가 될 수도 있습니다.

결국, 기획 중인 전체 출판물에서 인터넷에 떠도는 불특정 다수의 저작물이 차지하는 비중과 귀하가 직접 작성한 저작물의 비중, 그리고 그것들의 주종관계 등을 따져보아야 할 문제이긴 합니다만, 일단 인터넷에 떠도는 이야기들 그 자체는 별도의 저작물로서 저작권이 인정되는 것으로 파악됩니다. 문제는 그 저작자들을 일일이 파악할 수 없고 연락방법 또한 알 수 없다는 데 있는 것이지요. 법정허락제도가 저작권법에 규정되어 있기는 하지만 짧은 이야기들에 대한 저작권자를 일일이 다 확인하는 절차는 사실상 어렵다고 생각됩니다.

따라서 귀하는 위험부담을 감수할 수밖에 없겠습니다. 확인할 수 있는 한도 내에서 저작권자를 확인하려는 노력을 해 본 후 도저히 불가능하다면 일단 전체 내용에 대한 판권사항은 '지음'이 아닌 '엮음'의 형태로 표시하고, 머리말은 물론 판권지 등에 저작권자 확인 불능의 사유를 적시하시는 게 좋겠습니다. 불특정 독자들에 대한 배려라고 생각하고 최대한 겸손한 자세로 책을 만든다면 그나마 법적 문제가 크게 감경되지 않을까 생각합니다.

191. 인터넷에 떠도는 이야기의 저작권(2)

얼마 전 어느 인터넷 사이트에서 재미있는 이야기(비교적 짧은 50자 내외의 유머)를 공모한다고 하여 인터넷에서 떠도는 이야기를 적어서 보냈는데요. 이렇게 원작자가 불분명한 이야기들에도 저작권이란 게 주어지나요? 텔레비전 오락 프로그램에서도 인터넷에 떠도는 이야기들을 출연자들이 아무렇지 않게 하곤 하던데 이런 경우는 별 상관이 없는 건가요?

∾

저작권법에서 정의하고 있는 저작물이란 "인간의 사상이나 감정을 표현한 창작물"을 말합니다. 여기서 논란의 핵심은 과연 저작물의 요건은 무엇이며, 요건 중의 하나로 명시되어 있는 창작성 여부를 어떻게 판단하느냐 하는 것에 있지요. 이를 문맥 그대로 해석한다면 창작성이 없는 저작물은 저작권법의 보호를 받을 수 없다는 것으로 해석할 수 있기 때문입니다.

여러 학자들의 견해 그리고 판례에 따르면 여기서 말하는 저작물이란, 특별한 요건을 갖춘 것이라기보다는 문학적이든 학술적이든 혹은 예술적이든, 개인의 독창성이 엿보이는 것으로서 이용가능한 상태에 놓여 있는 것이라고 할 수 있습니다. 따라서 그것의 수준에 관계없이 저작권은 내포되어 있으며, 어떤 절차나 방식이 필요 없이 창작과 동시에 저작권이 생긴다는 점에 주의해야 합니다. 바꾸어 말하면, 어떤 저작물의 저작자는 자기가 창작행위를 했다는 사실을 입증할 수 있어야 합니다. 인터넷에 떠도는 짧은 이야기들의 경우 원래 창작한 사람이 따로 있는지는 모르겠지만 그것이 떠돌아다니는 과정에서 이리저리 각색이 되는 경우가 많다 보니 네티즌 공유의 저작물로 인식되는 것들이 많지 않을까 싶습니다.

결국 저작자가 누구인지 판단할 수 없다는 전제에서 살핀다면 인터넷에 떠도는 이야기는 누군가의 저작물이라기보다는 누구나 이용가능한 공유 저작물 (public domain)로 보이며, 만일 누군가 자신이 저작자임을 입증할 수 있다면 그 개인의 저작물로 볼 수도 있을 것입니다. 따라서 저작자가 누구인지에 대한 판단을 먼저 해 본 후 이용 여부를 판단하기 바랍니다.

192. 인터넷에 게시된 불법 저작물에 관한 처리

외국 서적에 대한 국내 출판권을 가지고 번역출판한 책이 인터넷에 불법으로 마구 올라 있습니다. 출판사에서 번역하여 정식으로 출간된 책이 올라 있는 경우도 있지만, 대부분 임의로 번역하여 인터넷 포털 사이트의 카페, 블로그, 미니홈피 등에 올려놓고 있어 정식으로 책을 낸 출판사 입장에서는 손해가 이만저만이 아닙니다. 문제는 직접 관련된 카페, 블로그, 미니홈피를 찾아 해당 포털 사이트 신고센터 또는 심한 경우 경찰서에 직접 고소장을 접수시켰지만, 이에 대해 원만하게 처리가 되지 않아 고심하고 있습니다. 시간이 가면 갈수록 더욱 더 퍼지고 있어 막대한 손해가 예상되고 있습니다. 이런 경우 어떻게 해야 할까요?

∾

해당 포털 사이트 운영자는 저작권 침해에 대해 책임 있는 조치를 취할 의무가 있습니다. 2003년 개정저작권법에서 신설된 것으로 '온라인서비스제공자의 책임제한' 규정이 있습니다. 곧, 인터넷 등 온라인을 통한 저작물의 유통이 증가하면서 이를 통한 저작권 침해 가능성도 높아진 상황에서 온라인서비스제공자의 책임 소재를 둘러싼 공방이 날로 거세지고 있기 때문에 법적 규정이 필요했던 것이지요. 이러한 제도는 1998년 미국의 '디지털밀레니엄저작권법'에 의해 처음 도입된 이래 전 세계에서 고루 채택되고 있는 중입니다.

먼저, 온라인서비스제공자가 저작물이나 실연·음반·방송 또는 데이터베이스의 복제·전송과 관련된 서비스를 제공하는 것과 관련하여 다른 사람에 의한 저작물 등의 복제·전송으로 인해 그 저작권이 침해된다는 사실을 알고 이를 방지하거나 중단시킨 경우에는 그 책임을 감경 또는 면제할 수 있습니다. 또, 이를 방지하거나 중단시키고자 했으나 그것이 기술적으로 불가능한 경우에는 그 책임이 전부 면제됩니다.

하지만, 온라인서비스제공자의 서비스를 이용한 저작물 등의 복제·전송에 의해 자신의 저작권 등 권리가 침해되었다고 판단하는 사람은 그 사실을 소명하여 일정한 절차에 따라 온라인서비스제공자에게 그 저작물 등의 복제·전송을 중단시킬 것을 요구할 수 있습니다. 그리고 온라인서비스제공자는 이러한 중단 요구가 있는 경우에는 지체 없이 그 저작물 등의 복제·전송을 중단시키고 그 사실을 복제·전송자에게 통보해야 합니다.

또, 이러한 통보를 받은 복제·전송자가 자신의 복제·전송이 정당한 권리에 의한 것임을 소명하여 그 복제·전송의 재개를 요구하는 경우 온라인서비스제공자는 재개 요구 사실 및 재개 예정일을 권리주장자에게 지체 없이 통보하고 그 예정일에 복제·전송을 재개시켜야 합니다. 그리고 온라인서비스제공자는 이러한 복제·전송의 중단 및 그 재개의 요구를 받을 자(수령인)를 지정해서 자신의 설비 또는 서비스를 이용하는 자들이 쉽게 알 수 있도록 공지해야 합니다. 아울러 온라인서비스제공자가 이러한 절차에 따른 경우에는 역시 자신의 서비스를 이용한 다른 사람에 의한 저작권 침해에 대한 책임이 경감 또는 면제됩니다.

한편, 정당한 권리 없이 저작물 등의 복제·전송의 중단이나 재개를 요구하는 자는 그로 인해 발생하는 손해를 배상해야 하므로 관련자들에게는 신중한 판단이 필요합니다. 그 밖에 복제·전송의 중단이나 재개 요구 등과 관련한 세부적인 절차와 요건은 대통령령인 저작권법 시행령으로 규정되어 있습니다.

193. 인터넷에 떠도는 글을 적법하게 이용하는 방법

인터넷(블로그 등)에 떠도는 좋은 글(시)들을 모아 책으로 내려고 합니다. 그런데 거의 대부분 작자 미상으로 출처가 불분명합니다. 저작권위원회에 문의했더니 '법정허락'을 받으면 된다고 하더군요. 그런데 그 절차가 복잡해요. 한두 건도 아니고 수십 편의 글을 일일이 허락받자니 못할 노릇이네요. 이럴 경우 어떻게 해야 할까요? 가장 손쉽고 안전한 방법을 알고 싶습니다.

❧

결론부터 말씀드리면 일일이 저작권자를 찾아 허락을 받거나 법정허락을 받는 것 이외에 "가장 손쉽고 안전한 방법"은 없습니다. 아니면 위험을 무릅쓰고 (나중에 저작권 침해에 대한 책임을 감수할 각오로) 일단 이용하고 보는 수밖에는……. 물론 "절대 고의가 아니며 나중에 저작권자가 확인되면 보상하겠다."는 취지를 판권란 등에 밝힐 수는 있지만 법적으로 '법정허락제도'가 분명히 제시되어 있는 만큼 설득력이 떨어집니다.

현행 저작권법에서는 저작물 이용에 관한 법정허락의 첫 번째 유형으로 저작재산권자가 누구인지 또는 어디에 사는지 알 수 없어서 저작물 이용에 따른 허락을 받을 수 없는 경우에 대해 규정하고 있습니다. 곧 "공표된 저작물의 저작재산권자나 그의 거소를 알 수 없어 그 저작물의 이용허락을 받을 수 없는 경우"라고 하여 다음과 같이 세 가지를 예시합니다.

첫째, 저작물이 공표된 것은 틀림없는데 저작자가 누구인지 알 수 없는 경우
둘째, 저작자가 누구인지는 알지만 그가 현재 어디서 살고 있는지 알 수 없는 경우
셋째, 저작자가 누구인지는 알지만 그가 이미 사망하였고 그의 유족 내지는 상속인으로서의 저작재산권자가 누구인지 알 수 없는 경우

법정허락이란, 저작권사용료의 지급을 전제로, 법으로 특정의 방법과 조건을 정하여 저작권 보호를 받는 저작물을 사용할 수 있도록 하는 허락을 말합니다. 즉, 법률이 정하는 일정한 요건이 충족되기만 하면 권한 있는 기관이 정하는 보상금을 지급 또는 공탁하고 저작물을 이용하는 것이 허용되는 제도라고 할 수 있지요. 이러한 법정허락이 갖는 의의는 저작물의 사회성과 공공성을 감안해서 어떤 원인 때문에 저작물이 이용되지 않을 때에는 저작권자 개인의 의사를 무시하더라도 저작물의 사회적 가치를 재생시키려는 의도에 있으며, 저작재산권자의 의사에 관계없이 다른 사람으로 하여금 저작물을 이용할수 있게 한다는 점에서 저작재산권자에게는 일종의 권리제한이라고 할 수 있습니다. 아울러 저작물의 이용을 활성화하려는 목적과 저작권 보호라는 목적 사이에 조화를 이루기 위한 조치가 곧 저작물에 대한 법정허락제도입니다.

194. 직접 입력한 소설의 게시

저는 개인적으로 소설 읽는 것을 좋아해서 제가 직접 사서 읽은 책을 타이핑하여 TXT 형태로 만들어서 사내 통신망에 올려놓으려고 합니다. 이런 경우에도 저작권 침해문제가 생기는지요?

❧

저작자가 사망한 지 50년이 지나지 않았다면, 즉 저작재산권이 살아 있는 경우 저작권자의 허락을 받지 않았다면 절대 안 됩니다. 만일 귀하가 임의로 사내 통신망에 저작권이 있는 소설을 올린다면 저작권 침해가 분명하므로 여러 가지 문제가 발생할 수 있습니다. 통신망 운영주체인 회사까지도 곤경에 처할 수 있으므로 귀하 임의로 소설을 올리면 안 되겠습니다.

다만, '저작재산권의 제한' 규정에 명시되어 있는 '사적이용을 위한 복제'에 해당하는 경우, 즉 귀하 혼자서 즐길 목적으로 타이핑하여 저장해 놓고 수시로 이용한다면 문제가 되지 않습니다. 따라서 다른 사람들까지 이용할 수 있도록 사내 통신망에 소설을 올리는 행위는 저작권 침해가 되는 것이지요.

195. 소설작품의 인터넷 게시에 따른 저작권 문제

제가 운영하는 인터넷 사이트에서 우리나라 대표작가들의 소설을 게시하고 유료 서비스를 할 예정입니다. 이럴 경우 저작권사용료 문제는 누구와 의논해야 할까요? 보통 작가들이 인터넷에 연재를 하다가도 그것을 책으로 출판하게 되면 출판사 측으로부터 연재중단 요청을 받는 걸로 알고 있습니다. 아무래도 출판사 측으로선 인터넷 게시가 반갑지는 않겠지요. 그만큼 책이 덜 팔린다고 생각할 테니까…… 어쨌든 작가의 이용허락만으로 그의 작품을 인터넷에 올려 유료화할 수 있을까요? 출판사와 법적 다툼이 생기지는 않을까요? 아니면 아예 처음부터 출판사와 의논하는 것이 좋을까요?

∾

현행 저작권법상 출판권은 '복제'의 여러 방법 중 인쇄방식에 의한 '종이책' 출판으로 국한됩니다. 더구나 아직 종이책으로 출판하기로 계약이 되지 않은 상태의 소설 창작물이라면 저작자와의 협의와 계약만으로 얼마든지 인터넷 연재를 할 수 있습니다. 저작권법상의 용어로는 저작자의 '공중송신권'에 기반하여 소설작품을 전송의 방법으로 이용하기로 계약하는 형식이 되는데, 그렇게 하더라도 저자는 나중에 얼마든지 종이책 출판사와 별도의 출판계약을 통해 책을 낼 수 있습니다. 다만, 인터넷 연재계약을 함에 있어 나중에 종이책으로 출판하더라도 인터넷에서의 연재(전송)에 대해서는 이의를 제기하지 않겠다는, 전송방식에 의한 이용방법까지 출판사에 허락하지 않겠다는 뜻의 내용을 계약서에 포함한다면 이후에도 걱정 없이 인터넷 연재를 계속할 수 있겠습니다.

한편, 이미 출판된 책이라면 저작자와 출판사가 어떤 내용으로 계약을 했는가 하는 점이 중요합니다. 요사이 출판계약을 하는 추세를 보면 대개 전자책을 포함한 디지털 방식의 활용에 대해서도 출판사가 권리를 획득하는 경우가 많기 때문이지요. 따라서 우선 저자에게, 또는 출판사에 문의를 해서 전송방식에 의한 인터넷 연재에 대한 권리관계가 어떻게 되어 있는지 확인한 후 해당 권리자와 협의해야 한다는 뜻입니다. 만일 출판사에 해당 권리가 있고 출판사에서 불가하다고 한다면 할 수 없는 일이지요. 다만, 대개는 저자와 출판사가 협의해서 결정하도록 규정하고 있는 경우가 많으므로, 그렇다면 협의과정에 기대를 걸어볼 수 있을 겁니다.

196. 문학작품의 인터넷 서비스를 위해 필요한 사항

우리 회사에서는 인터넷 동영상 편집기를 개발하여 서비스를 시작하려고 합니다. 서비스의 일환으로 한국 또는 외국에서 발표된 유명한 시나 에세이 같은 콘텐츠를 제공하려고 합니다. 예컨대, 동영상 위에 시가 자연스럽게 흐르는 모양으로 서비스를 제공하려는 것이지요. 이러한 서비스를 제공함에 있어서 우리 회사가 저작권과 관련하여 주의해야 할 사항은 무엇일까요?

～

저작물을 창작한 사람(저작자)에게는 기본적으로 저작인격권과 함께 저작재산권이 주어집니다. 저작인격권은 성명표시권과 동일성유지권이 대표적이며, 저작재산권은 복제권, 공연권, 공중송신권, 전시권, 배포권, 대여권, 2차적저작물작성권 등을 포괄합니다. 따라서 특정 저작물을 어떤 방식으로든 이용하려면 이용방법과 조건 및 범위에 관하여 저작권자와 협의한 후 허락을 받아 이용해야 하며, 이를 어기게 되면 저작권 침해에 해당하므로 형사상 처벌(5천만 원 이하의 벌금 및 5년 이하의 징역, 또는 병과)과 함께 민사상 손해배상 등의 책임을 질 수 있습니다. 다만, 해당 저작자가 사망한 지 50년이 지났다면 자유이용 상태에 있으므로 허락을 받지 않아도 됩니다.

결국 현재 저작권 보호대상인 저작물이라면 당연히 이용자가 저작자를 적극적으로 찾아서 허락을 받아야 하며, 일일이 저작자 확인이 어려운 경우 관련 단체에 문의해 볼 수 있겠습니다. 예를 들면, 국내 저작자의 경우에는 '한국문예학술저작권협회'를, 외국 저작자의 경우에는 저작권 대리중개업 등록을 하고 영업 중인 에이전시를 통해 문의할 수 있으며, 일정금액의 수수료가 부과될 수 있습니다.

197. 인터넷에서 내려받은 이미지에 대한 저작권 침해

제가 얼마 전에 책 표지작업을 하였습니다. 무료로 받을 수 있는 사이트에서 일러스트 그림을 하나 받아다가 조금 수정하여 표지에 넣었는데요. 출간된 지 두 달 지났는데 저작권 침해라는 내용의 연락이 왔어요. 이미지회사에서 바로 연락을 준 것이 아니고 법무사에게 의뢰하였더라고요. 출판사로 직접 연락하지 않고 저를 통해서 먼저 돈을 받아 내겠다면서 이미지 값이 150~200만 원이니 600만 원을 내라고 하더라고요. 근데 알아보니 그 이미지는 30만 원에 판매되고 있네요. 제가 궁금한 건 이걸 디자이너가 책임을 저야 한다고 저자와 출판사에서 그러는데요. 제가 계약서 쓰고 작업한 것도 아니고 비용도 작업이 끝나고 두 달 있다가 나눠서 받았습니다. 저작권이 있는지 모르고 쓴 1차적인 책임이 저에게 있는 건 알지만 출판사에서 아무 잘못 없다고 저보고만 해결하라고 하는 게 맞는 건가요?

࿇

저작권 침해의 책임은 행위 당사자에게 있습니다. 즉, 작업을 의뢰한 출판사에서 해당 이미지를 쓰라고 제공했거나 소개했다면 출판사에 책임이 있지만, 그렇지 않고 디자이너의 판단만으로 작업이 진행되었다면 해당 이미지를 사용한 디자이너에게 전적으로 책임이 주어지는 것이지요. 하지만 그 책임 또한 법적 테두리 안에서 합리적인 방식으로 물어야 하는 것이므로 과도한 손해배상 주장에는 휘말리지 않아도 됩니다. 만일 정상적인 이미지 판매금액이 30만 원이라면 30만 원 선에서 배상을 하면 되며, 그 이상에 대해서는 상대방으로 하여금 손해의 범위를 입증해서 법적 소송을 통해 해결하라고 하는 수밖에 없겠습니다. 더 이상의 압박이 없도록 내용증명 우편을 통해 귀하가 취할 수 있는 최선의 방안을 제시한 다음 그 이상의 배상 요구에는 응할 수 없음을, 그 이상을 원한다면 법적 소송을 통해 진행하라는 뜻을 명백히 밝히기 바랍니다.

198. 인터넷에서의 저작물 이용제한 표시와 이용범위

인터넷상에 GNU(저작물 자유이용운동) 형식으로 올라 있는 사진이나 그림을 이용해서 게임을 만들려고 하는데, 저작권자 표시 등 저작권과 관련한 일체의 형식을 모두 무시하고 이용해도 아무런 문제가 없을까요?

∽

해당 사진이나 그림에 라이선스 표시가 어떻게 되어 있는가에 따라 달라질 문제입니다. 다음과 같이 생각해 볼 수 있겠습니다.

- 아무런 표시나 대가 없이 마음대로 이용해도 좋은 경우
- 저작권자 표시는 해 주는 조건으로 이용해도 좋은 경우
- 비영리적인 목적으로만 이용해야 하는 경우

따라서 우선 어떤 취지로 공개된 저작물인지 확인할 필요가 있을 것입니다.

한편, 최근에는 CCL(Creative Commons License)이 보편화하고 있는 추세를 보이고 있습니다. 미국에서 시작된 CCL은 일반적으로 다음의 권리를 선택하여 사용할 수 있도록 개발되었습니다.

- 저작자 표시(by) : 저작물을 사용할 때 원저작을 반드시 표기해야 합니다.
- 비영리(nc) : 저작물을 영리목적으로 사용할 수 없습니다.
- 변경금지(nd) : 저작물을 변경할 수 없습니다.
- 동일조건 변경허락(sa) : 2차 저작물을 만들 때 그 저작물에도 원저작물과 같은 라이선스를 사용해야 합니다.

이 가운데 변경금지 조항과 동일조건 변경허락 조항은 동시에 사용할 수 없으므로 총 11가지의 라이선스를 사용할 수 있습니다. 그리고 많은 나라에서 저작자 표시를 기본사항으로 채택하고 있어 일반적으로 다음의 6가지를 선택할 수 있겠습니다.

- 저작자 표시(by)
- 저작자 표시—비영리(by—nc)
- 저작자 표시—비영리—변경금지(by—nc—nd)
- 저작자 표시—비영리—동일조건 변경허락(by—nc—sa)
- 저작자 표시—변경금지(by—nd)
- 저작자 표시—동일조건 변경허락(by—sa)

그리고 몇몇 국가의 경우 특수한 상황에 맞게 개발된 샘플링(sampling), 셰어뮤직(sharemusic) 등의 라이선스 조건도 사용할 수 있습니다.

199. 외국의 저작권 관련단체 혹은 사이트

저작권 관련해서 궁금한 점들이 몇 가지 있어 문의 드립니다.

1. 미국과 영국, 호주에서 출판된 책에 대한 저작권을 문의할 수 있는 곳은 각각 어디
   인지 혹시 알 수 있을까요? 각 나라별로 저작권을 관리하는 곳이 분명 있을 것 같은
   데요. 아니면 우리나라의 대한출판문화협회처럼 각 나라별 저작권에 대하여 문의
   를 하면 답을 얻을 수 있는 곳이라도 있다면 알고 싶습니다. 검색만으로는 찾기가
   무척 어렵네요.

2. 영국인이 미국에서 집필하여 출판한 출판물이 미국에서는 저자 사후 50년이 지나
   서 저작권이 소멸했지만, 영국에서는 유럽 관습을 따라 사후 70년을 저작권 소멸기
   간으로 간주하는 것으로 알고 있는데, 이 경우 미국 내에서는 해당 저작물을 마음
   대로 쓸 수 있지만 영국에서는 그렇게 할 수 없게 되는 건가요? 그리고 제3국인 한
   국에서는 어떻게 되는 건가요?

3. 저자가 죽기 전에 자신의 저작물에 대한 저작권을 법인 등에 넘길 수 있는 건가요?
   만약 법인이 넘겨받았고 그 법인이 없어지지 않고 계속 존재한다면 그 저작물에 대
   한 저작권은 영원히 소멸하지 않는 건가요? 아니면 법인이 해체되는 것을 저자 사
   망과 동일하게 간주해 그때부터 일정기간이 지나야 저작권이 소멸되는 것으로 간
   주하는 건가요?

4. 상기 3번과 똑같은 일이 해외에서 발생했다면 어떻게 되는 건가요? 해외에서도 법
   인이 저작권을 상속하여 무한정으로 저작권 행세를 할 수 있는 건가요?

∾

1. 아래와 같은 기관에서 저작권 관련 등록업무를 하고 있습니다.

  • 미국 : US Copyright Office(http://www.copyright.gov/)

- 일본 : Agency for Cultural Affairs(http://www.bunka.go.jp)

- 캐나다 : Industry Canada(http://www.ic.gc.ca/)

- 영국 : The Patent Office(http://www.ipo.gov.uk)

그 밖에 어문저작물과 관련하여 미국의 CCC, 영국의 CLA, 독일의 VG WORT, 일본의 복사권센터, 캐나다의 CANCOPY 등의 단체가 있고, 음악저작물과 관련해서는 프랑스의 SACEM, 미국의 ASCAP(1914), BMI(1939), 독일의 GEMA(1903), 일본의 JASRAC(1939) 등이 있습니다. 이처럼 외국의 저작권관리단체에 대해서는 저작권위원회((http://www.copyright.or.kr)의 '해외저작권정보플러스'를 참고하기 바랍니다.

2. 외국인의 저작물 보호에 대해서는 그 나라가 가입한 국제협약에 따라 보호하며, 아울러 상호주의 원칙이 적용됩니다. 즉, 유럽에서는 사후 70년까지 저작재산권이 보호되지만 우리나라에서는 사후 50년 규정이 적용되므로 유럽 작가의 작품이라도 우리나라에서는 사후 50년까지만 보호됩니다. 이 경우 우리 작가의 작품 역시 유럽에서 사후 70년이 아닌 50년 보호로 한정된다는 점에서 '상호주의'가 적용되는 것이지요.

3. 저작재산권은 양도 또는 상속이 가능합니다. 이 경우 보호기간은 '저작자' 사후 50년이며, 그 기산점은 사망한 다음 해 1월 1일 0시가 되므로 그 후 50년이 되는 해 12월 31일 자정에 만료되고, 이렇게 저작재산권이 소멸된 저작물은 자유이용 상태에 놓이게 됩니다. 이때 양도받은 사람이나 단체 또는 상속인을 기준으로 '사망 후'가 적용되는 것이 아니라 '저작자(권리를 넘겨준 사람)'의 사망이 기준이 된다는 점을 유념하기 바랍니다.

4. 해외에서도 마찬가지로 원저작자의 사망을 기준으로 적용됩니다.

200. 새 저작권법에 따른 친고죄와 비친고죄의 차이

2007년에 개정 발효된 새 저작권법에서는 비친고죄 부분이 대폭 늘었다고 하는데 그 것의 주요내용 및 문제점은 무엇인지요?

～

개정내용 중 무엇보다 눈에 띄는 부분은 비친고죄를 도입하는 동시에 문화체육관광부 장관에게 불법복제물 수거, 폐기 및 삭제 권한을 부여해서 불법복제로부터 우리 문화산업을 보호하고자 한 것입니다. 특히, 2007년 개정저작권법에서는 '고소'에 대해 규정하면서 아래와 같은 경우에는 비친고죄를 수용하고 있습니다.

> 첫째, 영리를 위해 상습적으로 '저작재산권'을 침해하거나 데이터베이스제작자의 권리를 복제·배포·방송 또는 전송의 방법으로 침해한 경우
>
> 둘째, 저작권·저작재산권 및 출판권의 권리변동·출판권·저작인접권·데이터베이스제작자의 권리 등에 관한 등록을 허위로 한 경우
>
> 셋째, 영리를 목적으로 저작권 및 저작권법이 보호하는 권리의 기술적 보호조치를 무력화하는 것을 주된 목적으로 하는 기술·서비스·제품·장치 또는 그 주요 부품을 제공·제조·수입·양도·대여 또는 전송하는 경우

친고죄(親告罪)란 "범죄의 피해자나 그 밖의 법률에 정한 사람의 고소(告訴)가 있어야 공소(公訴)를 제기할 수 있는 범죄"를 말하며 강간죄, 명예훼손죄, 모욕죄 등이 대표적이지요. 형사상의 범죄는 형사소송법의 규정에 따라 검사만이 공소의 제기, 즉 형사소추(刑事訴追, 검사가 특정범죄에 대한 피고인을 기소하여 그 형사책임을 추궁하는 일)할 수 있는데, 이처럼 피해자 등의 고소

가 없으면 공소를 제기할 수 없는 범죄를 친고죄라고 합니다. 이러한 친고죄의 공소시효는 "범인을 알게 된 날로부터 6개월"이며 고소를 일단 취소한 경우에는 다시 고소할 수 없습니다. 반면에 '비친고죄'의 경우에는 범죄의 피해자나 고소권자가 아닌 제3자가 수사기관에 대해 범죄사실을 신고하여 범인을 처벌해 달라는 의사표시를 할 수 있는 것으로 이를 '고발'이라고 하는데, 형사소송절차에서는 대체로 고소와 같은 것으로 취급합니다. 누구든지 범죄가 있다고 판단되는 경우 관계기관에 고발할 수 있으나 자기 또는 배우자의 직계존속은 고발하지 못합니다. 고발은 제1심 판결선고 전까지 취소할 수 있으며, 고소와 달리 고발은 취소한 후에도 다시 고발할 수 있습니다.

개정저작권법에서 이처럼 기존의 친고죄 부분을 비친고죄로 개정한 이유는 대체로 저작권이 정신적 산물로서 개인의 이익이라는 측면의 가치뿐만 아니라 공익성 또한 매우 높은데, 이러한 저작권 침해에 대한 범죄를 친고죄로 규정하다 보니 이를 침해하는 범죄행위에 대한 처벌의 실효성이 떨어진다는 점에 있습니다. 하지만 이런 개정 취지에도 불구하고 비친고죄 규정에 따른 고발의 남용이나 경쟁사끼리 무고(誣告)가 난무하는 등 악용의 소지가 예상된다는 점에서 구체적인 침해행위에 대한 규정 및 적용범위를 정할 수 있도록 업계별로 중지를 모아야 할 것으로 보입니다. 아울러 문화산업 전반의 합의에 의한 저작권윤리위원회의 활성화를 통해 회원사 상호간 고발 남용에 따른 선의의 피해자가 나오지 않도록 최선의 방안을 강구해 나가야 할 것입니다.